CEMR 2014

China Emergency Management Report 2014

中国应急管理报告

2014

主编　洪　毅

国家行政学院出版社

图书在版编目（CIP）数据

中国应急管理报告. 2014 / 洪毅主编 . —北京：国家行政学院出版社，2015. 4
ISBN 978-7-5150-1446-3

Ⅰ. ①中…　Ⅱ. ①洪…　Ⅲ. ①突发事件—公共管理—研究报告—中国—2014　Ⅳ. ①D63

中国版本图书馆 CIP 数据核字（2015）第 061737 号

书　　名　中国应急管理报告（2014）
作　　者　洪　毅　主编
责任编辑　陈　科
出版发行　国家行政学院出版社
（北京市海淀区长春桥路 6 号　100089）
（010）68920640　68929037
http：//cbs. nsa. gov. cn
编 辑 部　（010）68928789
经　　销　新华书店
印　　刷　北京京华虎彩印刷有限公司
版　　次　2015 年 4 月北京第 1 版
印　　次　2015 年 4 月北京第 1 次印刷
开　　本　787 毫米×1092 毫米　16 开
印　　张　17. 5
字　　数　237 千字
书　　号　ISBN 978-7-5150-1446-3
定　　价　56. 00 元

《中国应急管理报告（2014）》编委会
组成名单

《中国应急管理报告（2014）》编辑部组成人员

目 录

第一部分 权威要论

第二部分 2013年全国应急管理工作总体概况及分析

第三部分 2013年全国分类突发事件应急管理概况及分析

第五部分　2013 年应急管理典型案例介绍与分析

第六部分　2013 年全国应急管理工作大事记

第一部分

权威要论

1 加强政社合作　推进公共安全治理

国家行政学院副院长　洪　毅

自20世纪90年代以来,“治理”(governance)成为理论界和实践部门的新潮流。治理主张政府放权和向社会授权,实现多主体、多中心合作,强调社会自我治理、社会组织与政府平等共治。在公共安全领域,同样需要采取合作治理的理念。面对各种灾害,政府通常占据核心地位,但由于政府自身在资源分配、人员结构、组织体系等方面的局限,不可避免地存在失灵现象,许多问题仅靠政府难以完全解决。因此,基层社区、非政府组织、企事业单位、国际机构、媒体和公民个人等各种各样的社会力量,就成为政府的“左膀右臂”。吸纳社会力量、调动社会资源共同应对灾害,构建社会有序参与的公共安全治理体系,成为实现公共安全治理目标的重要保障。

近年来,世界各国围绕加强政府与社会的合作,建立多方参与机制,推进公共安全治理,进行了大量有益的实践,中国也做了大量努力,积极探索建立“政府主导、社会参与、优势互补、协同配合”的公共安全治理体系,不断提升公共安全治理的水平。借此机会,我就加强政社合作、推进公共安全治理的重要意义、当前中国取得的进展和面临的重点任务,谈几点认识,与大家一起交流。

一、社会参与是中国特色公共安全治理体系的重要组成部分

中国是一个灾害频发的国家。在应对灾害的长期实践过程中,中国逐渐形成了符合自己国情、政情、社情,独具特色的公共安全治理体系。中国特色公共安全治理体系,具有全民动员、军民一体、广泛参与的特点。

一方面,中国特色公共安全治理体系强调举国动员。中国特色社会主义制度最大的优势是组织动员能力强,能够集中力量办大事,在短时间内有效整合社会资源。中国共产党是中国特色社会主义事业的坚强领导核心,基层党组织是坚强战斗堡垒,广大党员是排头兵和先锋队。重大灾害发生后,中央高效决策,各级政府和各级党组织、党员干部紧急动员,在短时间内迅速高效地控制灾情。例如,

2008年5月12日汶川8.0级特大地震发生后，中国人民解放军、武警部队、公安消防特警突击队以及其他专业救援队伍迅速行动，赶赴灾区抢险救援。据统计，截至5月28日救援行动结束，中国共出动各类救援力量约20万人，动用解放军、武警部队兵力13.7万人，公安民警、消防官兵和特警2万余人，国内外地震专业救援队5257人。救援队伍在震后两天内即到达全部受灾县，三天内到达全部重灾乡镇，七天内到达全部受灾村庄；累计解救转移被困群众148.6万余人，从废墟中抢救生还者8.4万人，及时组织救援疏散受困中外游客5.5万余人。

另一方面，中国特色公共安全治理体系强调社会参与。中国有句古语："一方有难、八方支援。"意思是一个地方遇到了灾害，各方面要积极提供帮助。中国很早就认识到并不断强调，社会力量是政府不可或缺的重要基础和坚强后盾。面对灾害，既要发挥好政府的作用，也要发挥社会的作用；既要动员国家力量，也要动员社会力量。在公共安全治理工作中，民众不仅是政府保护的对象，也是应对灾害的主体，是政府不可或缺的重要合作伙伴。在近年来中国历次重大灾害发生后，都能看到非政府组织、企事业单位、国际机构、志愿者等活跃的身影。他们通过前线救灾、捐款捐物、心理救援、技术支持等不同方式，积极参与抢险救援，成为中国应对各种灾害的一个显著特点。2008年四川汶川地震发生后，全国累计接受的社会捐赠资金和物资高达797亿元，接受特殊党费93亿元。2009年甲型H1N1流感暴发后，中国建立了涵盖社区、学校、企业和农村的群防群控、群防群治机制，社区、社会组织、公众以及医药生产储备企业、隔离人员的场所、基础设施类企业，通过各种方式参与疫情防控工作。

正是有了举国动员和社会参与相结合、国家力量与社会力量相补充、政府与社会"双轮驱动"的政社合作机制，中国能在灾难发生后短时间内快速有效进行控制，并迅速完成灾后重建工作，展现应对急难险重任务的"中国速度""中国力度"和"中国效率"。2003年非典突如其来后，在短短两个月时间内，中国有效控制了疫情。2008年汶川地震发生后，三年重建任务两年基本完成，在13万多平方公里的国土面积上完成城镇再造，为近2000万受灾民众重建家园。在2011年利比亚撤侨行动中，中国在短短四天内撤出13 300多人，十二天共安全撤回中国在利比亚的35 680人，并帮助外籍雇员和外国公民2 103人撤离利比亚。2013年6.5级云南鲁甸地震发生后，震后第一天，救灾部队已覆盖3县重灾区；震后第二天，解放军和武警部队近万人、13支医疗队和4支防疫队全部进驻13个受灾最重的乡镇；震后第三天，最困难路段抢通；震后第五天，重灾区外所有农村公路抢通；震后第六天，所有行政村道路连通。

二、中国已经初步建立了全社会共同参与的公共安全治理体系

近年来，中国高度重视社会力量在公共安全治理中的地位和作用，初步建立起了“政府主导、社会参与、优势互补、协同配合”的公共安全治理体系。

一是制定社会参与相关法律法规。近年来，中国不断制定、修订相关法律法规，用法律来保障全社会有序参与公共安全治理工作。2007 年开始施行的《中华人民共和国突发事件应对法》、2008 年修订的《中华人民共和国防震减灾法》等相关法律，都对公民、法人和其他组织参与公共安全治理的义务作出明确规定。2007 年 8 月，国务院办公厅专门发布《关于加强基层应急管理工作的意见》，对街道、乡镇、社区、村庄和各类企事业单位的应急管理工作提出了明确要求，强调要形成全社会积极参与公共安全治理的良好氛围。中国还采取措施，支持慈善事业发展，推动慈善事业在公共安全治理中发挥更加重要的作用。在鼓励捐赠的税收优惠制度上，2008 年 1 月起施行的《中华人民共和国企业所得税法》，将企业公益性捐赠的税前扣除标准由年度应纳税所得额 3%以内统一规定为企业年度利润总额 12%以内。2008 年汶川特大地震发生后，国家规定企业、个人通过公益性社会团体、县级以上人民政府及其部门向受灾地区的捐赠，允许在当年企业所得税前和当年个人所得税前全额扣除。

二是开展全社会公共安全教育。中国把公共安全知识纳入干部培训和国民教育体系，广泛开展企业从业人员安全知识和应急技能培训，将每年 5 月 12 日设为全国防灾减灾日，开展公共安全知识进企业、进社区、进村组活动，普及预防、避险、自救、互救、减灾等应急防护科学知识，增强公民的公共安全意识和社会责任意识，提高应对灾害的综合素质。2006 年，国务院在国家行政学院设立了国家应急管理人员培训基地，各地应急管理培训结构也相继建立。几年来，中国全社会的公共安全意识和自救互救能力都得到了普遍提升，反过来也证明了社会参与对公共安全治理的重要性。例如，2005 年，中央电视台组织“中国骄傲”评选活动，深圳市南山区 7 岁的小学生袁媛入选。袁媛在父母煤气中毒昏倒的紧急关头，临危不乱，按照在学校学到的安全知识，先关煤气，后开门窗，再打电话报警，成功挽救父母生命。

三是建立社会组织有序参与机制。经过二十多年的建设与发展，中国社会组织迅速发育成长。据统计，截至 2013 年年底，全国共有社会组织 54.7 万个，吸纳

社会各类人员就业636.6万人。近年来,社会团体、行业组织、中介机构、志愿者团体等各类社会组织,在灾害防御、紧急救援、救灾捐赠、医疗救助、卫生防疫、恢复重建、灾后心理支持等方面发挥了越来越重要的作用,速度和力度超过以往任何事件。2008年四川汶川特大地震发生后,中国公众、企业和社会组织参与紧急救援,深入灾区的国内外志愿者达300万人以上,在后方参与抗震救灾的志愿者达1 000万人以上。中国慈善募款数量的变化,也说明社会组织、志愿者、公民个人等社会力量在中国公共安全治理中正变得越来越重要。2002年,中国全国慈善募款总额为20.8亿人民币。2008年至2010年,由于汶川和玉树两次地震,慈善募款超过了1 000亿人民币。

四是推进基层社区公共安全建设。中国有句俗语:"基础不牢,地动山摇","基础扎实,坚如磐石"。预防灾害的关键环节在基层,处置灾害的第一现场在基层,基层社区能力高低直接决定着灾害应对的效果。近年来,中国积极推进公共安全科普宣教进企业、进社区、进学校、进家庭、进企业、进农村活动,充分发挥城市社区居民委员会、农村村民委员会等基层组织和单位的作用,调动各方面力量,实行群防群控、群防群治。2006年3月1日,济南槐荫区青年公园街道成为中国内地第一个国际安全社区。截至2013年年底,全国已有2 355个街道和乡镇启动了安全社区建设,涉及居民人口1.37亿。目前,全国共有68个国际安全社区、458个全国安全社区。

五是加强国际合作交流。长期以来,中国积极参与联合国框架下的防灾减灾合作,与东盟和南亚国家讨论签署双边或多边减灾救灾协定,推动上海合作组织成员国政府间救灾协作。2004年12月印度洋海啸发生后,中国向各有关受灾国政府及联合国有关机构提供救灾援助总额达68 763万元人民币,并在第一时间派出中国国际救援队和医疗救援队赴印尼开展紧急救援。2005年8月29日,美国南部地区遭受"卡特里娜"飓风袭击,中国政府向美国提供500万美元救灾援款,并另提供一批救灾急需物资。在中国发生重大灾害后,有关国家和国际机构也及时向中国伸出援手。例如,2008年5月四川汶川特大地震发生后,先后有170多个国家和地区、20多个国际组织向中国提供了现金援助44亿多元人民币以及大批救灾物资;俄罗斯、韩国、新加坡等国家还派出专业救援队伍,参与地震灾区的紧急救援工作。

三、进一步推进公共安全治理中的政社合作

2013年11月召开的中国共产党十八届三中全会，把“完善和发展中国特色社会主义制度，推进国家治理体系和治理能力现代化”作为中国全面深化改革的总目标，把健全公共安全体系作为国家治理的重要内容。时代在发展，形势在变化。面对日益复杂严峻的公共安全形势，必须在国家治理现代化的大背景下，进一步加强政社合作、促进政社互动，不断完善社会有序参与、各方密切合作的公共安全治理体系。

一是转变观念，树立政社合作互动的治理理念。治理强调社会主体多元参与。1995年，全球治理委员会发表《我们的全球伙伴关系》，认为治理是各种公共或私人机构管理其共同事务的诸多方式的总和，是一种调和不同利益主体之间冲突和利益，并促使其联合行动的持续过程。治理理念同样适用于公共安全领域。面对形形色色的灾害，个别地方、个别部门还停留在政府包打天下、包办一切的传统思维，没有认识到社会参与的重要性，没有树立多方合作的治理理念，做了不少不该做、也做不好的事。为此，要切实树立起社会共治的理念，树立多元主体的责任意识，在法律法规中明确规定各级政府、企业和个人在公共安全治理工作中的相应责任，切实转变政府对灾害“大包大揽”“单打独斗”的观念，积极运用市场手段、社会手段，鼓励企业、社会组织或公民个人等社会力量积极参与公共安全治理工作。

二是壮大社会力量，完善公共安全治理的社会基础。各种各样的社会力量，既是灾害的直接受众，也是公共安全治理的重要主体。研究表明，重大灾害发生后绝大部分被救人员是由基层单位非专业救援人员自发救助完成的，专业救援队伍所救援的人员只占5%左右。目前，各国都坚持“自救优于互救、互救优于公救”的原则，强化公共安全治理第一响应人制度建设，充分依托基层力量和社会力量，让民众自主自发地参与公共安全治理工作。例如，有的国家强调“自己所在城市需要自己来守护”“自己的生命自己保护”“我们的城市我们保护”；有的国家提出“全社会力量”的新概念，动员全社会的力量全面加强应急管理工作；有的国家建立了庞大的专业化应急志愿者队伍，全国8 200万人中从事各类应急救援的志愿者人数达180万。做好公共安全治理，必须积极培育和充分吸纳社会力量，构建政府与社会良性合作的格局。

三是促进全球治理，建立公共安全治理的多边支持机制。在全球化时代，全球治理(global governance)问题正在日益引起国际社会的关注，重大灾难应对也已成为国际合作的一个重要领域。近年来，随着世界各国面临越来越多的“跨界”危机(transboundary crisis)，各国都在纷纷建立跨地区、跨国合作应对灾难的机制。例如，美国各州签订州际应急管理互助协议，实现互帮互助；德国内政部通过开展跨州应急演练，强化跨地区、跨部门的综合协调；欧盟及其成员国之间于2001年建立民事保护机制，作为应对各种人为事故或自然灾害的常备体系；联合国人道主义事务协调办公室加强人道主义援助协调，并为此设立了紧急救助协调员制度。面对气候变化、恐怖主义、国际金融危机、跨国犯罪、传染性疾病、严重自然灾害等全球性课题，必须强化政府间和区域间协作，建立共同应对灾难的多边支持机制。

四是加强基础工作，建立公共安全治理的防范保障机制。中国古语云，面对灾害，“防为上，救次之，戒为下”。美国学者戴维·奥斯本(David Osborne)和特德·盖布勒(Ted Gaebler)同样认为，有预见的政府应该是“使用少量的钱预防，而不是花大量的钱治疗”。治理非常强调前瞻性，重防火而不是救火，只有“平时多流汗”，才能“战时少流血”。同样，公共安全治理强调要把预防工作摆在更加重要的位置，不仅要举国救灾，更要全民防灾。目前，美国、德国正在开展巨灾情景构建工作，英国、澳大利亚等国家制定出台了风险管理标准。正如中国古人所讲的，“凡事预则立，不预则废”，“居安思危，思则有备，有备无患”。公共安全治理必须树立预防为主的理念，标本兼治、重在平时，通过提高全社会应对灾害的抗逆力和鲁棒性，有效减少灾害的发生，积极降低灾害损失。

2 健全机制 提升能力 持续推进卫生应急工作科学发展

国家卫生和计划生育委员会主任 李 斌

举行国家卫生应急演练，通过纪实短片和模拟地震灾害及次生的化学泄漏、核事故、传染病暴发等多种情形，开展多科目应急演练，整个过程真枪实弹，生动直观，效果很好，全面反映了卫生应急战线十年来的可喜进展，检验了相关部门的协同作战能力，展现了卫生应急工作者的精神风貌，实现了演练的预期目标。

肯定成绩的同时，我们也要清醒地看到，尽管这次模拟演练仿真程度很高，但还不能代替实战，我们要注重对演练的评估总结，不断改进工作，健全机制，提升能力，为接受实战检验做好准备。

下面，我结合演练活动，就进一步做好卫生应急工作讲几点意见。

一、认清形势，不断增强做好卫生应急工作的主动性自觉性

卫生应急工作肩负着有效应对和处置突发公共卫生事件和各种自然灾害、安全生产事故等突发事件的使命，既是卫生计生工作的重要组成部分，也是社会应急管理的重要组成部分。长期以来，广大卫生应急工作者始终牢记宗旨，坚持把人民群众身心健康和生命安全放在第一位，全面、扎实、专业、高效地做好工作，经受住了非典、汶川特大地震、H1N1 甲型流感等一系列重大疫情和重大灾害的实战考验，保障了北京奥运会和残奥会、世博会等各项大型活动的成功举行，把人民群众生命健康受到的威胁减少到最低限度，有力地保障了经济发展与社会和谐稳定，树立了我国负责任大国形象，做出了重要贡献。

国家卫生计生委组建以来，我们经历了人感染 H7N9 禽流感疫情、四川芦山地震、部分地区严重洪涝灾害等一系列突发事件应急处置工作，同志们以疫情、灾情为命令，舍生忘死、冲锋在前，争分夺秒、救死扶伤，人民群众说“看到了绿军装和白大衣，我们就放心了”，这是对包括卫生应急队伍在内的广大卫生计生工作者

的高度评价。同时,卫生应急战线的出色工作,也避免了整个卫生计生系统为应对各类突发事件而进行频繁的动员,可以更加集中精力,深化医药卫生体制改革,持续推进卫生计生各项重点工作。实践证明,卫生应急队伍是一支"召之即来,来则能战,战则必胜"的人民群众完全可以信赖的队伍。

肯定成绩的同时,必须清醒地看到,随着经济全球化、自然生态环境恶化、人类生产生活方式和行为的改变,卫生应急工作面临的形势更加复杂严峻。一是新发传染病和境外传入疾病的威胁时刻存在,借助现代交通工具,疾病传播速度大大加快,公共卫生类事件防控难度加大。二是我国属于自然灾害高发国家,每年都有暴雨洪涝、台风、干旱等极端天气事件,存在地震等自然灾害的潜在危害。三是矿难、交通事故、危险化学品泄漏等安全生产事故时有发生。四是全球范围内恐怖威胁现实存在,国内社会治安事件和暴力袭击事件也时有发生。卫生计生部门不仅要牵头负责突发公共卫生事件应急处置,同时还要参与其他类型突发事件医疗卫生救援工作,任务十分艰巨、责任非常重大。必须牢固树立忧患意识、责任意识和担当意识,居安思危,枕戈待旦,做人民群众生命健康的守护神。

二、突出重点,有效提升卫生应急处置综合能力

突发事件的最大特点是具有突发性和不可预料性,我们必须时刻保持警惕,时刻做好准备,把真功夫下在平时,切实提升应急处置综合能力,关键时候才能"拉得出、冲得上、打得响"。我国幅员辽阔,区域间差异大,经济发展不平衡,卫生应急处置需求不同,应急能力建设发展的基础也不同。各地要根据国家统一规划和卫生应急工作规范要求,结合本地区实际,科学开展卫生应急需求和能力的评估,合理确定加强能力建设的目标和重点,稳步推进。

当前,各地要重点加强两项卫生应急核心能力建设,也是这次演练重点检验的两项内容。一是加强卫生应急指挥决策系统建设。信息是卫生应急的魂,信息抓得快不快、准不准,直接关系到突发事件卫生应急处置的成败。卫生应急指挥决策系统是卫生应急的中枢神经。各地卫生计生部门要从实际运用出发,加强指挥决策系统建设,边运用、边建设、边完善。加快完成本地卫生应急信息化管理平台、基础数据库的建设和指挥决策软件的开发应用,实现国家、省、地市三级卫生应急平台之间、卫生计生行政管理部门和各相关医疗卫生机构之间的互联互通。同时,要制定完善卫生应急信息化管理工作制度、标准和流程,以信息化促进卫生

应急指挥的精细化、同步化。

二是加强卫生应急现场处置队伍建设。应急现场处置队伍是卫生应急工作的拳头。只有拳头硬，遇到突发事件才能有力出击、有效处置。我委在全国按区域规划设置了35支国家卫生应急队伍，分批开展建设和评审验收工作。截至目前，16支队伍已验收授牌，2014年要全部完成验收工作。下一步，我委将根据《国家卫生应急队伍管理办法》，细化制订相关管理制度、工作规范和技术指南，加强队伍日常培训和操作演练，实现规范化、动态化和信息化管理。各地也要根据《卫生部　发展改革委关于加快突发公共事件卫生应急体系建设和发展的指导意见》等规划和文件要求，积极争取相关政策和投入，以地市级卫生应急综合队伍建设为重点，大力推进本区域地方应急队伍建设，尤其是现场处置队伍建设，使各级地方部门都有一个战斗力很强的“突击队”。

三、健全机制，持续推进卫生应急工作科学发展

卫生应急是一项实践性很强、发展也很快的工作，要求我们善于从实际出发，不断摸索经验，又不能停留在经验层面，更要善于总结，把好的经验转化成长效工作机制和规范，持续推进卫生应急工作按照“依法、科学、规范、统一”的要求，实现科学发展。这方面要重点抓好三项工作。

一是抓好基层卫生应急机制建设。我委2012年启动了国家卫生应急示范区县创建活动，计划用两年左右的时间，在全国创建200个左右的示范区县。部分省(区、市)同时组织开展省级卫生应急示范区县创建活动。各省级卫生计生部门要充分利用示范区县创建活动，以评促建，有效提升基层卫生部门应对突发事件的综合能力。

二是加强卫生应急队伍的日常建设和管理。养兵千日，用兵一时。要长期有效保持队伍的应急处置能力，不仅要重视投资建设队伍和装备，更要坚持平急结合，运维演练与医疗服务结合，多开展演练活动，磨合机制，锻炼队伍。在卫生下乡、医疗对口支援等工作中，要组织应急队伍深入农村、灾区和贫困地区，集中一段时间提供医疗服务，不仅满足当地群众的医疗需求，同时也是对卫生应急队伍的意志品质、业务能力、装备设备的有效检验。

三是加强应急救治基地和指定医院的建设和管理。近年来，国家制订了突发公共卫生事件医疗救治体系建设规划，院前急救机构、传染病医院和专科、中毒救

治和核辐射救治基地建设得到普遍加强，国家级和省级紧急医疗救援基地和能力建设也已经纳入国家突发事件应急和卫生事业发展“十二五”规划。各地要根据相关规划和文件要求，充分依托现有医疗卫生资源，结合实际，合理确定各类应急救治基地和指定医院，填平补齐，加强机制、预案和能力建设，确保突发事件伤病员等得到及时有效救治。

卫生应急工作任重道远，机制和能力建设时不我待。我们一定要开拓进取，敢于担当，立足实际，稳步推进，有力、有序、有效、有度地应对每一个突发事件，为维护人民生命健康、促进社会和谐稳定、实现国家长治久安做出应有的贡献。

3 在全国减灾救灾工作会议上的讲话

民政部副部长　姜　力

2012 年,我国总体灾情较常年偏轻,但局部地区受灾严重。在党中央、国务院的坚强领导下,国家减灾委、民政部和地方各级民政部门及时启动应急预案,有序应对了甘肃岷县特大冰雹山洪泥石流、南方及华北地区洪涝风雹、台风,以及云南彝良地震等自然灾害,救助受灾群众 7 800 万人次,帮助维修和重建住房 410 万间,有效保证了受灾群众基本生活。一年来,各级民政部门着力固本强基,促进规范管理,狠抓能力建设,在共同努力下,取得了明显成绩。

加强政策创制,出台了一批规范性规章制度。我们加强与财政、卫生、保监等部门合作,制定了推进农村住房保险的指导意见,在运用市场机制助力救灾工作方面迈出重要一步;出台了加强自然灾害社会心理援助的指导意见,开始探索建立灾后社会心理援助模式;修订中央救灾物资储备管理办法,规范和细化了救灾物资的发放、使用、回收程序。出台了综合减灾示范社区创建管理、自然灾害救助评估、减灾救灾志愿服务、救灾捐赠导向机制建设、倒损住房核查评估规范等一系列文件,颁布 7 项减灾救灾国家标准,审查通过 6 项民政行业标准,组织开展政策制度的宣传、培训和落实,进一步规范了各项减灾救灾工作。各地也从完善制度入手,加强减灾救灾制度建设和规范管理。有 14 个省和新疆兵团出台了自然灾害生活救助资金管理办法,多数明确了地方各级对重特大自然灾害和一般自然灾害所需救灾资金的分担比例,云南省以政府令形式发布《自然灾害救助规定》。全国有 14 个省修订完成省级自然灾害救助应急预案,体现与国家预案的衔接和细化。有 15 个省和新疆兵团建立灾情报送通报机制。江西建立省、市、县三级灾情核查和评估新机制,湖北基本实现省内除应急资金和抚慰金外的全部救灾资金社会化发放;湖南制定和实施了救灾资金社会化发放试点制度;河北、吉林、海南等省制定了救灾捐赠管理办法或工作规程;北京以市政府名义出台加强城乡社区综合防灾减灾工作的指导意见。各级民政部门减灾救灾工作的规范管理水平有了新的提升。

认真落实规划,启动了不少重点项目。部里印发了贯彻落实综合防灾减灾规划的任务分工方案,在发改委的支持下,启动了全国综合减灾示范社区和避难场所建设工程项目。民政部、环保部委托国防科工委、航天科技集团总公司研制的环境减灾C星成功发射并已获取影像,灾害应急救助指挥平台、综合减灾与风险管理信息化建设等项目论证取得进展。遥感监测服务开始在江西等省开展洪涝灾害风险监测试验,为20多个地区民政部门提供了灾害遥感监测产品服务。启动实施了"综合减灾空间信息服务与应用示范""典型地质灾害遥感监测与应急关键技术及应用""重大自然灾害救助标准体系研究"等项目,高分灾害监测与评估信息服务应用示范系统一期项目顺利推进。全国有20个省已出台省级综合防灾减灾规划,有6个省的规划上报省政府待审批。各地认真落实规划,努力加强防灾减灾能力建设。甘肃制定出台了《综合防灾减灾责任体系》,与地方签订项目建设责任书,加快推进实施;青海建成省、州、县三级救灾应急指挥平台;吉林、浙江、福建、西藏、新疆等地积极推进应急避难场所建设,其中福建率先开展应急避难场所标准化工作,探索建立应急避难场所长效管理机制。有10个省确定安排资金参与全国北斗减灾示范项目建设,合力增强减灾救灾科技支撑能力。

强化备灾建设,提升了应急保障能力。各级民政部门继续落实"以防为主"的工作理念,加强救灾物资储备体系建设。格尔木和乌鲁木齐两个中央救灾物资储备库竣工,中央新增储备指挥帐篷、场地照明设备和取暖炉等物资。受灾群众救助和转移安置的保障水平有新的提高。有9个省建设省级储备库,内蒙古通过福彩公益金资助带动地方加大投入建设自治区、市县三级储备库。13个省当年新储备物资价值超过1 000万元,北京完成上亿元的储备物资采购任务。目前中央和省级民政部门累计储备帐篷近50万顶,棉衣被180余万件(床),可以适时保障重特大自然灾害的紧急救助。针对基层救灾装备困难,福建从2010年开始每年从省级财政预算中安排200万元补助基层救灾装备建设,云南分三年完成全省1 366个乡镇救灾车辆的配备,宁夏为全区县级民政部门配备救灾车辆。灾害信息员队伍建设取得新进展。中央财政开始专项支持灾害信息员培训,各地常态化培训机制和全国信息员数据库基本建立,全年共组织培训信息员13万人次。青海省通过项目实施,建立起适应当地灾害特点、城乡全覆盖、懂业务、有装备的民政灾害信息员队伍。甘肃建立起2.6万人的村级灾害信息员队伍,并配发了工作装备,基层信息员在2012年甘肃岷县特大冰雹山洪泥石流等灾害预警中发挥了关键作用。

积极组织协调，综合减灾作用进一步发挥。部里牵头制定全国“防灾减灾日”活动主题和工作方案，进一步规范全国综合减灾示范社区创建管理，指导各地明确“十二五”期间年度创建目标。各地履行减灾委的综合协调职能，积极开展防灾减灾宣传教育活动。河北、江西、湖北等地减灾委统一组织民政、公安、卫生、地震、气象等部门集中开展活动。四川在全省范围内开展防灾救灾综合大演练，山东、陕西举行台风灾害应对和社区防灾减灾演练，上海、贵州等地针对住房安全隐患、地质灾害隐患开展大排查，营造了全民参与防灾减灾的社会氛围。全国有9个省和2个计划单列市同时开展省级综合减灾示范社区创建，黑龙江、浙江、广东、青岛等地用福彩公益金鼓励支持示范社区创建。北京初步实现社区应急管理和防灾减灾电子化运行、网络化管理，启动社区应急广播系统试点工程，与社会组织共同推进社区救援队伍建设。上海研究开发评估模型指导社区编制风险地图。浙江、江西、四川、宁波等地探索建立政府、企业、民间组织和个人参与社区减灾的联动机制。综合减灾示范社区创建工作继续向规范化、科学化方向发展。

总体看，在各级民政部门的努力下，在国务院应急办、财政、发改、保监等部门的支持下，2012年减灾救灾工作取得明显成效，同时还面临着一些急需解决的问题。一是统筹推进工作的能力与减灾救灾工作的系统性不适应。仍然存在重灾害救助轻能力建设问题，不够重视减灾备灾的重要支撑作用，工作推进力度不大；一些地方仍然习惯坐等上面分配资源，协调争取当地资源不够，个别省还没成立减灾委。二是现有的工作理念和工作机制与减灾救灾工作的新形势不完全适应。当前民政救灾工作已经处在社会广泛关注、媒体强烈聚焦之下，从灾情的获取判断到向上传递和应急响应的启动，从救助对象的准确认定到灾后的抚慰救助的效果，从救灾款物的发放到物资的回收利用，每一环节都可能引发社会热议，需要我们加强对救灾工作的精细化、过程化、标准化管理，做实做细每一项工作，既切实保障受灾群众的基本生活，又树立党和政府一心为民、高效救灾的良好形象。三是评价工作的标准与减灾救灾工作的新要求不适应。随着经济社会的发展和人民生活水平的提升，当前的救灾工作既要求救助时效，又要保证救助水平；既要求做好应急救助，又要统筹考虑过渡安置及恢复重建；既要求做好物质保障，还要兼顾到精神抚慰。需要我们在推进工作时，分析把握群众的需求和心理预期，在此基础上科学设定新时期的减灾救灾评价指标和标准。

2013年是全面深入贯彻落实党的十八大精神的开局之年，是实施“十二五”规划承前启后的关键一年，也是为全面建成小康社会奠定坚实基础的重要一年，做好减灾救灾工作意义重大。我们要贯彻落实党的十八大精神，坚持以人为本，完善以防为主、防抗救相结合的联动机制，确保防灾减灾与应急救灾统筹推进，切实增强自然灾害综合防御能力，确保受灾群众能够及时得到救助，做好受灾群众住房恢复重建，为经济社会健康发展和社会和谐稳定提供有力保障。

要抓好政策落实，确保受灾群众基本生活。一是继续做好冬春救助工作。1月下旬，财政部、民政部下拨了第二笔中央冬春救灾资金13.6亿元，支持各地统筹解决冬春期间受灾群众口粮、衣被取暖等基本生活困难。各地要进一步加大救灾资金和物资投入力度，将冬春救灾资金发放到户、到人，加强督促检查，保障受灾困难群众安全度荒。二是加快推进倒损住房恢复重建。2012年的倒房重建任务还有30%尚未完成，维修加固任务还有13%尚未完成。只要天气、施工等条件允许，要抓紧倒房重建工作，争取在入汛前全部完成上年倒房重建和维修加固任务。在本地农房恢复重建工作中负有牵头职责的省，要发挥好牵头作用，协调落实相关政策，组织开展监督检查，调动受灾群众建房积极性和主动性，确保农房重建取得实效；其他省份要按照民政部《因灾倒塌、损坏住房恢复重建补助资金管理工作规程》要求，在完成补助对象核定的基础上，抓紧组织发放补助资金。三是扎实做好应急准备。尽快商财政等部门做好全年救灾资金预算的安排和落实，进一步完善救灾资金分担机制，组织开展人员培训和预案演练，抓紧采购、补充救灾物资，结合实际加大救灾应急装备、设备的配置更新，提前做好人员、资金、物资、装备、设备等各项准备。四是切实做好新灾应对。进一步加强应急值守，坚持24小时值班制度，领导干部亲自带班，值班人员坚守岗位，确保通信联络畅通，及时做好灾情上报和应急处置。要加强会商联动，随时掌握灾情发生、发展趋势，及时发布预警信息，完善救灾预警、应急响应和灾害评估机制，强化应急响应时效，提升灾害评估精准度，准确研判灾区需求，协调安排救灾款物，落实各项救灾政策。

要加强政策创制，完善减灾救灾政策体系。部里要进一步加强灾害救助规范化、精细化管理，进一步完善中央救灾补助政策，适时提高中央救灾补助标准，推动各省在市、县开展制定出台受灾人员救助标准试点工作，明确紧急转移安置、过渡期生活救助以及遇难人员善后工作程序。修订《自然灾害情况统计制度》《救灾捐赠款物统计制度》《全国综合减灾示范社区标准》，启动国家综合减灾培训教育基地建设前期研究，研究提高现有储备物资性能标准，推进救灾物资标准化和备灾制度建设，推动完成2个国家标准和6个民政行业标准的立项。有条件的省要加快《自然灾害救助条例》配套法规政策的立法步伐，指导市、县民政部门制定出台本地受灾人员救助标准，尚没有制定本省自然灾害生活救助资金管理办法的，要加大协调力度，争取年内全部出台，普遍建立省以下各级自然灾害生活救助资金按比例分担机制，2013年各省要全部完成省级预案修订工作，并指导市、县完善和修订救灾预案。

要抓紧项目实施，推动减灾规划落实。要加大沟通协调力度，认真做好减灾规划重大项目论证，论证成熟的尽快立项，推进防灾减灾人才发展规划实施，推动各级特别是省以下减灾救灾综合协调机构建设，完善综合协调机制，发挥各级减灾委职能，做好全国防灾减灾日、国际减灾日等宣传教育活动，组织开展防灾减灾公益宣传，新创建全国综合减灾示范社区1200多个，结合实施国际合作项目，启动社区减灾培训。各省要抓紧出台和组织实施综合减灾规划和防灾减灾人才发展规划，特别要重视省、市级救灾储备库点的建设，存储必要的救灾物资，辽宁、黑龙江等11个省要抓紧中央救灾物资储备库项目的实施。

要提升灾情管理水平，确保灾情报送及时准确。各地民政部门要严格按照《自然灾害情况统计制度》要求报送灾情。对于造成或可能造成10人以上遇难的自然灾害，应按照"2小时内上报部里"的要求及时报送，紧急时可先电话通报。要不断完善部门会商机制，准确审核市县上报的灾情，尤其要对转移安置、需紧急生活救助、房屋倒损等主要指标进行认真会商评估，提高灾情判断准确度。要针对近年来工矿企业灾害事故明显增多的情况，加强与辖区内施工企业的沟通协调，做到灾后及时向民政部门报告灾情。要适应精细化管理要求，及时发布灾情，连续通报动态，主动宣传成效，切实提高灾情管理水平。要落实"十二五"时期基层灾害信息员轮训一遍的任务，按照分级负责的原则，继续加大培训规模和力度，让信息员队伍尽快发挥作用。

要注重科技支撑，增强减灾救灾科技含量。继续完善专家参与的工作机制，充分发挥省级减灾委专家委在灾害评估、决策咨询、项目论证等方面的作用。指导各地继续推进减灾中心建设，争取年底前60%以上省份成立省级减灾中心，在确定的辽宁、上海等8个示范区开展遥感技术、北斗导航等应用示范和服务，协调开展环境减灾C星在轨测试和减灾应用能力评价，做好移动智能终端报灾平台的试点推广，推进高分灾害监测与评估信息服务应用示范系统一期建设项目，推动国家民用空间基础设施中长期规划和国家自然灾害空间信息基础设施专项的论证和立项，完善重大自然灾害无人机应急监测合作机制，适时组织开展无人机应急监测与评估。

要重视社会动员，规范开展救灾捐赠和志愿服务工作。要贯彻《民政部关于完善救灾捐赠导向机制的通知》精神，进一步规范民政系统接收救灾捐赠资金的管理和使用，建立灾区募捐需求信息发布、捐赠接收机构评估结果公开、捐赠资金使用引导等机制，为公众和社会组织参与救灾提供途径。利用全国救灾捐赠统计信息系统做好捐赠信息录入、管理和更新，切实履行好民政部门组织指导救灾捐赠的工作职能。要按照《民政部关于加强减灾救灾志愿服务的指导意见》要求，组织开展减灾救灾志愿服务，逐步将其纳入应急演练和灾害救助实践。

最后，我再强调一下农村住房保险工作。开展农村住房保险是贯彻落实中央关于保障和改善民生决策的重要举措。保监会作为这项工作的牵头部门，一直努力扩大农村住房保险覆盖面，不断提升管理水平，财政部积极指导和支持，民政部作为保障受灾群众基本生活的职能部门，在协助配合方面做了一些工作。2012 年底，民政部、财政部和保监会联合发出《关于进一步探索推进农村住房保险工作的通知》，明确了探索推进农村住房保险工作的原则、实施办法和保障措施，为开展农村住房保险工作提供政策依据。从各地的实践看，广泛开展农村住房保险工作有积极的作用：2007 年以来，中央不断调整救灾补助政策，倒房重建补助资金标准从户均 3000 元提高到户均 1 万元，但由于物价上涨较快，农村建房及装修材料价格累计上涨 25%，因灾倒房农户恢复重建资金不足的矛盾十分突出。从浙江、福建、广东、广西等地开展的农村住房保险来看，参加了住房保险的农户在政府补助资金的基础上，可再从保险公司获得 1 万～2 万元甚至高达 4 万元的赔付，补充了政府救助资金的不足，减轻了财政资金的负担。近年来，国际上地震、洪涝、台风等重特大自然灾害多发、频发，许多国家和地区将灾害保险作为应对自然灾害的有效手段，注重发挥保险机制的作用，如美国洪水保险计划对参保房屋可赔付 5 万～25 万美元，日本地震保险对家庭住宅最高可赔付 22.6 万美元，我国台湾政策性地震保险对家庭住宅最高可赔付 4 万美元；同时注重完善再保险机制，调动更多机构参与灾害管理，转移灾害风险，分担风险责任，提高全社会抗风险能力。农村住房保险作为灾害保险的一种，通过经济手段补偿灾害损失，对投保人给予及时赔付，能够转移和分散灾害风险，减少自然灾害造成的损失。

各地已开展的农村住房保险工作引入了市场化风险管理机制，发挥保险机制的经济补偿、资金融通和协助社会管理等功能，尊重农户意愿，保证了农户的自主投保权，动员保险公司、农户参与灾害风险管理，取得了农户欢迎、政府满意的良好效果。

各级民政部门要贯彻落实好三部委通知精神，在前期开展工作的基础上，认真配合保险监管、财政部门，协助做好农村住房保险工作，年内各省（区、市）都要开展农村住房保险试点，有条件的省争取扩大些范围。

要建立工作机制。各地民政部门要主动配合保险监管、财政等部门，进一步明确工作职责，分解落实相关责任，研究制定农村住房保险制度和具体实施措施，及时研究解决工作中遇到的新情况、新问题，做到信息互通共享、沟通渠道畅通。

要争取政策支持。要按照政府引导、市场运作、自主自愿、协同推进的原则，根据本地经济社会背景和自然灾害实际，结合其他支农惠农政策，逐步完善相关制度措施。要争取财政部门的支持，建立完善财政补贴和农户自愿参与的保费分担机制，引导和鼓励农户参保，推动农村住房保险市场化运作，保障农村住房保险持续健康发展。要对受灾困难家庭、分散供养五保户、农村低保户和重点优抚对象等给予参保补助，部里拟适时会同财政部、保监会赴地方开展调查研究。

要重视推广宣传。各地民政部门要注重利用减灾委的平台，结合防灾减灾宣传教育、全国综合减灾示范社区创建等工作，积极开展防灾减灾和保险知识宣传教育，引导农民群众认识保险机制的功能，认识风险转移和风险共担的意义，鼓励农民群众自愿参保投保。部里将及时通报各地工作开展情况，促进相互借鉴和交流。

4 坚持强基固本　强化应急处置 努力守好安全生产的最后一道防线

国家安全监管总局副局长　王德学

一、关于应急管理工作成效

2013 年，各地区、各有关部门和单位坚决贯彻落实党中央、国务院的一系列重要决策部署和习近平总书记、李克强总理等中央领导同志的一系列重要指示精神，按照总局党组的具体要求，真抓实干、攻坚克难，各项工作取得了新的发展。

(一)应急体系建设步伐明显加快

一是重点行业领域应急救援体系建设取得重大进展。7 支国家矿山应急救援队全部建成，14 支区域矿山应急救援队建设全面展开，16 支中央企业应急救援队和 10 个培训演练基地建设投资全部下达到位，整个建设正在推进之中。水上搜救、海上溢油等其他行业的专业救援体系建设不断加强。各类应急救援队伍功能集救援、培训、储备和科研于一体，综合救援能力明显提高。截至目前，全国安全生产应急救援队伍已达 35 万余人。二是省、市(地)及重点县(市、区)的安全生产应急管理机构逐步建立健全，人员得到充实，职能逐步强化。三是应急平台建设取得新的进展。全国省级安全生产应急平台建设已全部纳入国家安全监管监察能力建设规划，18 个省(市)、19 家中央企业和部分地方大中型企业的应急平台建成投入运行，11 个省级安全监管局、7 支国家矿山应急救援队与国家安全监管总局应急平台实现了互联互通，还有 39 台应急指挥车系统分布在全国各地，有效保障了日常应急救援工作需要。道路、交通、水上交通、铁路运输、民航飞行等其他行业领域的应急平台体系日趋完善。四是科技支撑基础越来越扎实。第一批安全科技“四个一批”应急救援项目顺利实施，完成了重大矿山事故钻孔救援关键技术与配套装备研究攻关课题。面向全国征集了安全生产应急救援关键技术科技项目 88 个、新技术新成果 79 个。地面大口径快速钻机、大重量提升装置、矿用潜水电泵、涡喷消防车等一大批新型救援装备推广运用。与此同时，从全国遴选了矿山、危险化学品、建筑、交通、医疗等十大行业领域应急救援专家310名入库管理。

(二)应急培训演练工作深入推进

一是应急管理培训逐步向基层延伸。各地区、各有关部门和单位注重将应急管理培训纳入安全生产培训中统一计划、统一管理，取得了很好效果。一些省(区、市)组织了对安监系统、安委会成员单位、高危行业(领域)应急管理人员和应急救援队伍进行培训；各级安全监管机构和一些中央企业也开展了各种形式的应急培训。二是应急演练得到普遍重视。据不完全统计，年内全国共开展安全生产应急演练67.7万余次，参演人员达876.6万人次。交通运输部、安全监管总局会同有关地区和单位分别组织了海上重大溢油应急处置、重大危险化学品道路运输事故处置综合演练，探索了复杂条件下多部门联合应对事故灾害的方法路子。一些省(区、市)和中央企业组织的演练要素全、实战性强，应急演练已成为推动和宣传应急管理工作的重要抓手，社会化效应越来越好。三是应急管理国际交流与合作成效明显。成功举办了第四届中国国际安全生产应急管理论坛暨应急技术与装备展览会，有15个国家、国际组织和国内代表1 500多人次参加论坛，国内外39名政府官员、专家和学者进行了演讲；组织中国、美国、德国、澳大利亚等8个国家的130家企业先进技术设备参展。同时，组团赴美国、加拿大就加强矿山应急救援工作等进行了沟通交流，达成了合作共识。

(三)应急法制机制建设得到加强

一是完善了应急处置规定。为了深刻吸取事故教训，解决好地方和行业领域存在的应急主体责任不落实、救援指挥不科学、救援现场管理混乱等突出问题，组织起草并以国务院安委会名义印发了《关于进一步加强生产安全事故应急处置工作的通知》(安委〔2013〕8号)，从政策和制度层面规范了生产安全事故应急处置工作，堵塞了管理漏洞。二是推进了立法工作。交通运输部、国务院国资委、国家能源局等部门制定出台了加强应急管理工作的规定、制度和办法，修订了事故应急预案；安全监管总局组织开展了安全生产应急管理条例立法研究和煤矿安全规程、矿山救护规程修订工作。三是加强了地方和企业法规制度建设。江西省出台了《江西省突发事件应对条例》，湖北省确定了矿山救护服务收费标准，尤为可贵的是河南省在国务院安委会8号文件出台一个月内就制定印发了《河南省生产安全事故应急处置评估办法》，山东、安徽、青海、浙江、上海、贵州等地也出台了一系列救援队伍管理、预案管理、应急机制建设、应急物资储备等方面的制度。一些中央企业和地方骨干企业也制定了一批应急管理规章制度和标准规范，安全生产应急管理法制基础得到全方位加强。四是强化了应急联动机制。国家和地方各个层面的应急机制建设有了新的进步，事故应急处置指挥更加统一有序，应急响应更加快速有效，应急资源协调更加灵活有力，部门之间、区域之间的协作配合更加娴熟默契，在预防和应对事故灾难中发挥了重要作用。与此同时，国家安全生产应急救援指挥中心会同广东省安全监管局组织开展了广东大亚湾化工园区应急管理创新试点工作，从体制机制上探讨了新形势下加强园区应急管理的方法和路子。

(四)应急队伍素质能力大幅提升

一是思想建设明显加强。国家和省级安全生产应急管理机构利用开展群众路线教育实践活动的有利时机，深入查找队伍建设存在的问题，研究整改措施，做到立查立改、立改立行，纯正了思想、振奋了精神、激励了士气，达到了凝心聚力的目的。二是作风建设明显加强。各级应急管理机构认真贯彻中央八项规定和总局党组及地方党政的实施办法，减少文山会海，改进调查研究，树立良好形象，大力弘扬爱岗敬业、联系实际、雷厉风行的优良作风，队伍的精神风貌发生很大变化。三是履职能力明显提高。各级应急管理机构牢固树立“以人为本、安全第一、生命至上”的理念，狠抓业务建设，加大落实力度，依法开展应急管理，坚守红线的能力有了很大增强。同时，各级应急管理和救援人员积极参加全国安全生产大检查和“打非治违”行动，年内共有 3 400 余人次参加检查督导和事故处置，在实践中锻炼了队伍、提升了能力。四是各类应急救援队伍战斗力显著提高。在抓好政治训练、常规救援装备训练的同时，进一步加大了新技术新装备训练力度，一些地区和企业还采取以赛促训、以演促训的方法提升应急救援能力，年内有 230 余支队伍计 6 800 余人参加了技术比武和救援演习活动。与此同时，加强了军事化管理，狠抓了制度落实，规范了工作秩序，国家安全生产应急指挥中心依托 6 支国家队共对 1 582 名矿山救援队指战员进行了集中轮训，进一步培育了指战员服从命令、听从指挥的意识和在事故灾难抢险救援中的作战能力。

(五)应急处置效果明显提高

各地区、各有关部门和单位高度重视安全生产应急值守工作，完善工作制度，规范工作流程，坚持“应急值守无小事”的思想，及时准确地接报处理各类事故救援信息，始终保持了高度灵敏和快速反应态势。2013 年，全国安全生产应急救援队伍共参与事故救援 14 601 起，抢救遇险被困人员 33 932 人(直接抢救生还 1 708 人)；公安消防部队共接警出动 97.7 万起，抢救遇险被困人员 17.1 万人；海上搜救机构共处置水上险情 2 169 起，成功搜救海上遇险船舶 1 750 艘、20 712 人。

二、关于当前面临的形势和任务

当前，全国安全生产应急管理工作站在了新的历史起点上，我们面临着难得的历史性机遇和前所未有的挑战，我们必须积极适应新形势、新任务、新要求，抓住机遇、直面挑战、乘势而上，主动作为、勇于作为、善于作为，不断推动安全生产应急管理工作向前发展。

(一)要抓住难得的历史机遇

党中央、国务院对安全生产应急管理工作高度重视。2013 年，中央政治局常委会连续两次研究部署安全生产工作，强调要加强安全生产应急管理工作。特别是习近平总书记在青岛实地考察“11·22”特别重大爆炸事故现场时对加强应急管理工作作出了重要指示。2013 年 1 月 9 日，在中央政治局常委听取“11·22”事故查处情况汇报时，习近平总书记特别强调：应急处置能力是国家治理能力的重要组成部分，要健全完善应急预案，加强日常应急演练，强化应急和处置业务培训，搞好应急处置评估，不断提高快速反应、科学处置能力。党中央、国务院这样高度重视应急管理工作，在共和国历史上实属罕见，充分反映出新一届中央领导集体治国理政的新理念，为我们进一步加强安全生产应急管理工作指明了方向、提供了动力，为应急管理工作发展带来了前所未有的机遇。我们必须紧紧抓住这一难得的历史机遇，采取切实措施，推动各项建设大发展。

(二)要勇于直面严峻挑战

我国社会主义初级阶段的基本国情决定了安全生产深层次矛盾和问题在短期内难以解决，安全生产工作具有长期性、艰巨性、复杂性、反复性特点。这就凸显了应急管理的重要地位和作用，同时也给我们履职尽责提出了更严的要求。面对党中央、国务院寄予的厚望，面对人民群众寄予的期盼，我们如果履职不到位、甚至出了问题，带来的后果将是巨大的。所以，我们必须以更大的力度、更硬的措施、更高的标准加强应急管理工作，适应形势需求，直面现实挑战，做到勇往直前。

(三)要看到工作中存在的问题

吉林通化矿业集团八宝煤矿、四川芙蓉集团杉木树煤矿瓦斯爆炸事故和山东青岛中石化东黄输油管道原油泄漏爆炸事故救援中存在的问题，集中反映出我们在安全生产应急管理中存在的问题。一是应急管理基础不牢靠。在应急管理机构建设上，一些地区存在着人员配备不全、职责定位不清、业务建设滞后等问题；全国还有17个地市没有建立应急管理机构。二是应急职能发挥不充分。一些应急管理机构习惯于承担责任小、风险小、难度小的任务，存在着怕出现场、怕担责任、怕碰钉子的问题，主动抓落实的力度不够，开拓创新的勇气不够，不解决问题不撒手的韧劲不够，缺乏独当一面、善担大任的精神，在一些重大事故应急救援中作为不够。三是应急处置预案不实用。一些地区和单位的应急预案针对性、操作性不强，特别是缺乏便于基层、车间、班组和岗位人员进行现场处置的方案；政府与企业应急预案衔接不紧密、修订不及时，遇有紧急情况很难形成联动效应；一些单位为了应付上级检查，照搬照抄其他单位和企业的应急预案；还有的地区和单位应急演练不经常或在预案演练工作中存在着重场面、图形式的情况。四是应急机制不健全。主要是政企、地企之间的通报告知、联合应对、协作处置机制不完善。此外，还有应急评估机制不健全的问题，特别是事故发生后，我们往往是查原因、追责任的时候多，对应急处置工作进行评估的情况少，无论是评估的内容、方式、标准、要求等都缺乏制度上的刚性约束。五是应急处置能力亟待提高。一些地方、部门和企业负责人法制意识淡薄、应急知识匮乏、应急技能不高，违章指挥、违章施救现象时有发生；有的应急救援队伍技术水平不高、战斗力不强或存在着新装备不会用、用不好的问题；等等。

我们今后一个时期的总体任务是：深入贯彻落实习近平总书记、李克强总理等中央领导同志的一系列重要指示精神和全国安全生产电视电话会议、全国安全生产工作会议精神，坚持问题导向，大力强基固本，完善救援体系，健全一案三制，提升应对能力，把好“红线”的最后一道防线，为促进全国安全生产形势持续稳定好转做出贡献。

三、关于下一步重点工作

(一)规范应急处置

一要组织开展安委〔2013〕8号文件的宣传贯彻工作，分地区、分行业召开应急管理宣讲会和座谈会，全面掌握文件精神，准确把握工作重点，认真落实应急管理工作的企业主体责任、部门监管责任、政府属地责任。二要认真对照文件要求，查找应急处置工作中存在的问题，逐项制定整改措施，并狠抓措施落实。下半年，要组织开展对文件贯彻落实情况的专项检查，总结工作经验，通报落实情况。三要督促指导县级以上地方政府及其有关部门抓紧制定完善应急处置工作制度，建立完善事故应急处置分级指导配合制度、总结和评估制度、应急处置奖励与责任追究制度，规范事故救援现场管理，提高应急处置工作效率。四要围绕应急响应、指挥协调、现场管控、应急保障、信息发布、医疗救护、善后处置等重点环节，大力加强应急管理。2013年国家安全生产应急救援指挥中心分别在河北、广东组织进行矿山、化工园区试点工作，发挥典型示范作用。五要加强对重特大事故现场应急处置工作的督促指导，严格事故应急处置工作的责任追究，对影响和妨碍事故应急处置工作的单位和个人，要加大责任追究力度，以达到警示教育的目的；对于因违章指挥和工作不力导致责任事故发生的有关单位和人员，要依法严厉查处。

(二)加强基础建设

一要以推动安全生产应急管理条例立法研究为抓手，加强安全生产应急管理法规制度建设和相关标准制定工作，进一步规范政府、企业、社会组织在平时应急准备、战时应急救援中的责任与义务，依法推动应急管理工作深入开展。二要进一步加强应急救援队伍建设，通过深化国家矿山应急救援队“四队一组”功能建设，强化区域矿山、国有大(中)型企业等应急救援队能力建设，推动实训演练基地和矿山医疗应急救援队项目建设，进一步优化队伍体系。要在国家矿山应急救援队“六加一”试点成果的基础上，健全完善应急救援队伍建设标准，加快救援队伍由单一救援功能向预防、救援、培训、储备等多功能于一身综合性救援队伍转变，强化以新装备、新技术、新战术应用为重点的救援队伍指战员培训工作，全面提升应急救援队伍实战能力。三要进一步加强应急预案建设，突出企业班组、重点岗位编制完善各类应急处置要领、现场处置方案和专项处置措施，提高应急预案的针对性、实用性、操作性和地企预案的衔接性。深入开展安全生产月应急预案演练周活动，推动实案化、实战化应急演练活动广泛开展。四要大力开展应急培训和宣传教育工作，着力提高政府分管领导和监管监察机构、相关企业负责同志的应急处置指挥能力，地(市)级、重点县应急管理人员的业务水平和履职能力，从业人员尤其是一线员工的应急意识和自救互救能力。五要加强应急救援关键技术与装备的科技攻关与研发，推动科技成果转化、推广应用及示范工程建设，结合事故现场救援开展应急救援大型(特殊)装备的成套性、适应性评估，改进完善国家队、区域队、央企队装备配备工作。

(三)完善体制机制

一要继续下大力推进地方应急机构建设，没有建立安全生产应急管理机构的市(地)和重点县，要按照安委〔2013〕8号文件要求完善组织系统、配备专职人员、明确工作职责、落实保障条件；已经建立安全生产应急管理机构的地区和负有安全生产应急管理监管职责的有关部门，应进一步完善制度机制、理顺工作关系、创新运行模式、积极发挥作用。二要全面总结广东惠州大亚湾化工园区在救援基地建设、应急救援队伍建设、应急资源整合及相关配套规章标准制度建设等方面的经验做法。按照国家应急平台体系建设要求和标准，加快推进省级、地(市)级、重点县和有关部门、中央企业、国家矿山应急救援队应急平台建设。进一步深化应急资源普查，全面摸清和掌握应急资源情况。三要加强地企、政企联动机制建设，完善联合应对事故灾难的预测预警、指挥协调和救援保障机制，强化预防和处置生产安全重特大事故区域联动协作机制、军地应急救援联动机制，形成地企一体、政企一体协调应对事故灾难的能力。

(四)加强队伍自身建设

巩固发展教育实践活动成果，着力提高杨栋梁局长提出的“五种能力”，进一步强化工作职能、创新工作方法、转变工作作风，在提高执行力和落实力上下功夫。一是要加强思想政治建设，健全基层党的组织，抓好党的创新理论和现阶段党的路线方针政策学习，进一步坚定理想信念。要加强经常性思想教育工作，培育职业意识、强化敬业精神、激发工作动力，凝聚人心，稳定队伍。二是要加强业务建设，要根据应急管理机构工作特点，进一步调整充实人才队伍，切实把那些热爱本职、思想稳定、职业内行、作风过硬、具有丰富实践经验的人员吸纳到应急管理队伍中来，奠定履行职责的组织基础。三是要加强现场处置能力建设，要多给应急管理机构压担子、压任务，在实践中强化履行安全生产应急管理综合监管的职责，特别要注重在应对突发事件和处置重大生产安全事故中锻炼队伍、锤炼作风，培养他们勇于担当、敢于负责、善抓落实的能力。

(五)加大落实力度

各地区、各有关部门和单位一定要认真落实习近平总书记“党政同责、一岗双责、齐抓共管”指示要求，将安全生产应急管理责任纳入安全生产责任体系之中，进一步强化政府的属地监管责任、企业的主体责任和行业主管部门的直接监管责任、安全监管部门的综合监管责任，党政一把手要亲力亲为、亲自动手抓，各部门要依法依规、严管严抓，一级抓一级、一级管一级、层层抓落实。要切实搞好安全生产应急管理大检查，充分发挥应急机构的综合监管职能，采取暗查抽查方式，在全国范围内组织开展以应急预案、应急演练、应急培训、应急机构、应急队伍建设和重大危险源监控、应急物资储备、国家投资的应急救援装备使用情况等为主要内容的现场检查工作，通过检查发现问题、整改落实，推动应急管理工作进一步深化细化。要深入开展与煤矿矿长谈话工作，督促落实煤矿安全“双七条”规定和应急管理工作要求，进一步强化煤矿企业应急管理工作。

第二部分

2013 年全国应急管理工作总体概况及分析

2013年全国应急管理工作总体概况及分析

2013年我国自然灾害多发频发，干旱、洪涝、地震、地质、台风等灾害影响较为突出；生产安全事故总量和死亡人数同比大幅下降，但重特大事故时有发生，非法违章行为屡禁不止；公共卫生形势整体平稳，但食品药品安全问题仍为社会关注热点，人畜共患病和输入性疫情威胁较大。总体来看，在各方面的不懈努力下，我国应急管理工作成效明显，但对存在的问题需高度重视，下大力气予以改进。

一、基本情况

1. 自然灾害

全年各类自然灾害共造成3.9亿人(次)受灾，因灾死亡(失踪)2 284人，紧急转移安置1 215万人(次)；农作物受灾面积3 135万公顷，其中绝收384.4万公顷；房屋倒塌87.5万间、损坏770.3万间；因灾直接经济损失5 808.4亿元。总体上看，2013年属于近年来灾情中等偏重年份。主要特点为以下四方面。一是“南旱北涝”特征明显。主汛期，南方多个省份发生严重高温伏旱，降雨之少、气温之高、持续时间之长，为六十多年来所罕见。与此同时，东北地区出现1998年以来最严重洪涝灾害，松花江、嫩江、黑龙江发生流域性大洪水，辽河流域浑河上游发生超五十年一遇特大洪水。二是中强地震异常活跃。全年发生5级以上地震43次，远高于20次的历史年均水平，特别是吉林松原震群，一个月内密集发生5次5级以上地震。四川芦山、甘肃岷县漳县等地震灾害造成294人死亡，直接经济损失上千亿元，列2 000年以来第二位。三是地质灾害较为突出。共发生地质灾害15 403起，造成669人死亡(失踪)，直接经济损失102亿元，同比分别增加7.5%、78.4%、93.2%，经济损失为近十年来最高，云南镇雄、西藏墨竹工卡、四川都江堰3起特大地质灾害造成300人死亡(失踪)。四是台风影响偏多偏强。全年受到13个台风影响，有9个在大陆登陆，登陆时最大风力达12级及以上的有5个，均较常年偏多2个。强台风“尤特”造成95人死亡(失踪)，“蝴蝶”造成在西沙作业的3艘渔船沉没、船上62人死亡(失踪)。

2. 事故灾难

全国共发生各类生产安全事故 309 295 起、死亡 69 434 人，同比减少 27 693 起、2 549 人，分别下降 8.2%和 3.5%，实现连续十一年"双下降"，安全生产形势持续稳定好转。主要特点为以下五方面。一是事故起数和死亡人数双下降。全国事故总量继续下降，较大事故起数和死亡人数分别下降 17.8%、17.2%，重特大事故起数和死亡人数分别下降 16.9%、5.9%。二是煤矿等重点行业领域事故明显下降。煤矿事故起数和死亡人数同比分别下降 22.5%和 22.9%；道路交通较大以上事故同比下降 18.3%，二十多年来首次实现重大事故起数降至 20 起以下，未发生特别重大事故。金属非金属矿山、危险化学品、水上和铁路交通等其他行业领域事故也明显下降。三是反映安全发展水平的相对指标进一步降低。亿元 GDP 事故死亡率下降 12.7%，工矿商贸 10 万就业人员事故死亡率下降 7.3%，道路交通万车死亡率下降 8%，煤矿百万吨死亡率下降 23%。四是重特大事故仍未得到遏制。全年发生重特大事故 49 起，其中特别重大事故 4 起，同比增加 2 起。吉林长春德惠火灾事故造成 121 人遇难，是近年来死亡人数最多的事故。中央企业事故多发，油气方面事故频繁发生，特别是山东青岛中石化输油管道泄漏爆炸事故造成 62 人死亡、136 人受伤，社会反响强烈。五是非法违章行为屡禁不止。因非法违法造成的较大以上事故仍占全国总数的 45%。吉林通化八宝煤业公司在发生"3·29"特别重大瓦斯爆炸事故后，企业负责人违章指挥、冒险作业，导致再次发生瓦斯爆炸事故，共造成 53 人死亡，其中 26 名矿山救护队员牺牲。

3. 公共卫生事件

全国共报告突发公共卫生事件 1 077 起(不含动物疫情)，同比下降 11.6%；报告病例 36 965 例，同比下降 11.7%；死亡 352 人，同比上升 18.9%。全年发生重大突发公共卫生事件 3 起，未发生特别重大事件。主要特点为以下四方面。一是传染病事件维持稳定状态。全年共报告传染病事件 783 起、病例 30 271 例、死亡 61 人，分别占报告总数的 72.7%、81.9%和 17.3%。4—6 月是传染病高发期，学校仍然是传染病高发的场所。手足口病、水痘、流行性腮腺炎、季节性流感、霍乱占传染病报告事件总数的 56%。二是食品药品安全关注度越来越高。"假羊肉"、中药材掺杂使假、大米镉超标、台湾"黑心油"等引发社会广泛关注，尤其是婴幼儿乳粉、疫苗等食品药品安全事件涉及人群敏感，舆论影响和热度居高不下。三是人畜共患病对公共卫生的威胁依然很大。某些野生动物源性人畜共患病严重威胁从业人员生命健康，禽流感病毒重组变异并向人类、家禽传染的风险增加。全年人感染H7N9禽流感疫情共报告144例确诊病例，造成48人死亡，并对家禽业造成较大损失。黄浦江死猪漂浮事件引起社会高度关注。四是输入性疫情对我国威胁日益显现。公共卫生事件诱因和影响呈现较强的国际性特点，来自非洲、东南亚的输入性恶性疟疾、登革热等疫情在我国多次发现并得到及时处置，非洲猪瘟等动物疫病传入我国的风险不断加大。

二、应对工作情况

党中央、国务院高度重视应急管理工作。习近平总书记、李克强总理等中央领导同志多次对重特大突发事件防范和处置作出重要指示批示，并亲赴地震灾害和事故灾难现场视察指导救援处置工作，慰问干部群众。各地区、各部门认真落实中央决策部署，团结协作、密切配合，大力推动应急管理工作，全力防范应对各类重特大突发事件，最大程度减轻影响和损失。

1. 组织领导体系方面

一是指挥协调机制更加完善。新一届政府在应对重大灾害过程中坚持以人为本、科学应对、依法依规，探索建立“根据灾情级别实行分级负责，抢险救援和应急救助工作一般以地方为主”的新机制，有效调动和发挥了各方面特别是地方的积极性。国家防汛抗旱、综合减灾救灾、安全生产、抗震救灾、森林防火等议事协调机构充分发挥指挥协调、统筹调度作用，泛珠三角、苏皖鲁豫、沪苏浙、粤港澳、东北四省区、中部六省、西部十三省区市、黄河中游四省区以及黄渤海区域等跨区域应急管理合作机制不断深化。二是应急体系建设取得积极进展。国务院办公厅制订印发《推进应急体系重点项目建设实施意见》和《公共卫生应急核心能力建设指导意见》；推进航空应急救援体系建设“十二五”规划实施。国务院安委会积极推动建立健全“党政同责、一岗双责、齐抓共管”的安全生产责任体系，甘肃、湖南、广东、陕西等二十多个省份出台了相关文件和办法。环境保护、食品药品监管等部门加强应急管理机构建设，制定应急能力标准化建设方案。北京、天津、辽宁、重庆等省市将应急管理机构延伸至乡镇，海南、吉林、安徽、四川等地制订应急管理工作绩效考核具体办法。三是政策措施不断完善。国务院办公厅制订出台加强煤矿安全生产、加快煤层气抽采利用、创新群众工作方法解决信访突出问题和依法处理涉法涉诉信访问题意见等政策文件。国务院安委会印发《加强生产安全事故应急处置工作的通知》。有关部门制订修订食品药品安全事件防范应对规程、救灾捐赠款物统计制度、海洋灾情调查评估规定以及中央企业应对境外突发事件工作指导意见等。四是重点工作督导检查更加深入。国务院领导同志多次主持召开涉及突发事件防范应对的专题会议,并亲自到现场进行专项督导检查。国家防总组织对七大江河防汛、山洪和台风灾害防御、抗旱工作进行检查。国务院安委会组织16个由部级领导带队的综合督查组,对32个省级单位进行多轮全覆盖督查。安全监管总局开展经常性暗查暗访,将典型问题在主流媒体曝光,同时建立绩效考核点评机制,确定一批煤矿等行业安全生产重点县进行重点监控、直接指导。

2. 应急准备方面

一是法制预案制度建设不断加快。《安全生产法修正案(草案)》提交全国人大常委会审议。国务院办公厅印发《突发事件应急预案管理办法》和《国家核应急预案》。河北、安徽等省出台突发事件应对条例。有关部门制修订生产安全事故、公共卫生事件、城市轨道交通和铁路交通事故、恐怖袭击、群体聚集上访以及境外安全事件处置等专项应急预案。重庆制订应急预案评估办法,湖北、广西、贵州、宁夏等地修订了防汛抗旱、地震应急等省级专项预案。综合防灾减灾规划及城市排水防涝、抗旱、防沙治沙、防震减灾等专项规划稳步实施。二是应急演练实战性增强。全国各地开展安全生产应急演练79万次,参演人员1 000余万人次,并组织开展"安全生产月""应急演练周"活动。有关部门和地区联合开展地震救援、公路交通、反恐处突、突发环境事件、海上溢油、卫生应急、危险化学品运输、大面积停电事件等综合演练。民航局通过组织近3 000次应急演练,排查风险隐患2 729项,整改率达到97%。三是应急队伍持续壮大。总参作战部、国务院应急办会同有关单位开展军队国家级应急专业力量建设情况调研,推动编制军队应急专业力量建设与使用规定。灾害信息员达63万人,气象信息员达69万人,群测群防监测员35.3万人。7支国家矿山应急救援队、35支国家卫生应急队全部建成,有关部门相继建立了地质灾害、房屋建筑应急评估、企业安全生产和应急管理等方面的专家库和专家队伍。四是资金投入不断加大。中央财政安排各类防灾减灾救灾资金1 340.9亿元,其中自然灾害生活救助资金102.67亿元,防汛抗旱资金98.9亿元。中央和地方投入地质灾害防治资金200亿元。财政部下拨近10亿元支持中央企业应急救援队伍和培训演练基地建设,地方政府和企业投资20多亿元配备了各类应急救援装备。中央财政支持6.47亿元关闭小矿山1 146处，安排14.83亿元专项资金对790个无主尾矿库进行了治理。五是应急保障水平明显提高。国家应急平台体系基本建成，平台标准规范体系初步建立，现场通信联络和视频图像采集传输能力大大增强。发展改革委制定国家物资储备应对突发事件预案。29个中央防汛抗旱物资仓库储备价值5亿元的物资，各流域机构和各地共储备34种价值52亿元的防汛物资。农业部建设草原防火物资库(站)26个。河北、山西、浙江、西藏等省区制订完善应急物资储备和调配管理办法，新建成一批应急物资储备库。六是科技支撑能力有所提升。有关部门在气象灾害预警、抗震设防、卫星遥感、海上溢油监测鉴定、航空安全、污染处置、卫生应急救援等方面的科技研究和应用取得明显进展，加快应急产业发展的有关政策研究顺利推进。国家减灾委专家委举办第四届"国家综合防灾减灾与可持续发展论坛"，深入开展防灾减灾战略研究。应急救援领域安全科技项目顺利实施，已有60个市建成隐患排查治理信息系统并投入使用。

3. 预警防范方面

一是灾害监测预警能力持续增强。国家预警信息发布系统二期工程和国家应急广播体系建设顺利推进，气象信息服务站乡镇覆盖率达95.6%。全国绝大多数省市县建立了地质灾害气象预警体系。上海等地成立预警信息发布中心，搭建信息发布共享服务平台。海洋局建成15个海啸预警观测台，研发完成全球业务化海洋学数值预报系统。林业局升级卫星林火监测系统，发布实施陆生野生动物疫源疫病监测管理办法。地震部门在震后2分钟就公开发布地震基本信息，公众在半个小时左右就能了解到震情灾情和抗震救灾动态。二是安全生产源头治理深入推进。国务院在全国范围内组织开展了安全生产大检查和"回头看"，排查治理隐患681.5万项，并部署开展油气输送管线等安全专项排查整治。国务院安委会深化安全生产领域"打非治违"专项行动，查处六种共性非法违法行为112.5万起，治理纠正违规违章行为222.8万起，关闭非法违法企业9 408家，全年因非法违法行为导致的较大以上事故起数与死亡人数同比分别下降13.8%、16.8%。有关部门颁布实施了数百项安全生产和行业标准规范，标准化达标企业达到22.4万家。三是卫生风险监测评估进一步拓展。卫生计生委创建104个国家卫生应急综合示范县(市、区)，完成市县级公共卫生风险评估试点。农业部进一步完善动物疫情报告网络，四种重大动物疫病免疫密度达到95%以上。质检总局实施进出口食品化妆品安全风险监控计划，开展出入境传染病及核生化因子监测。食品药品监管总局开通应急管理信息传输系统，实时监测食品药品安全网络敏感信息和舆情热点。

4. 应急处置与救援方面

全年有效应对处置了四川芦山地震、甘肃岷县漳县地震、东北地区流域性大洪水、南方严重高温干旱、沿海地区强台风、吉林德惠火灾、青岛输油管道泄漏爆炸、人感染H7N9禽流感以及厦门公交车纵火、新疆吐鲁番鄯善暴恐等一系列重特大突发事件。一是抢险救援及时高效。全国安全生产应急救援队伍共参与事故救援14 601起，抢救遇险被困人员33 932人；防汛抢险部门紧急转移群众1 112万人次，解救洪水围困群众195万人次；公安消防部队共接警出动97.7万起，抢救遇险被困人员17.1万人，疏散及营救群众108.9万余人；海上搜救机构共处置水上险情2 169起，成功搜救海上遇险船舶1 750艘、20 712人。军队和武警部队出动12.4万人，组织民兵预备役29.9万人，转移安置群众151.3万人。四川省泸州市泸县桃子沟煤矿“5·11”重大瓦斯爆炸事故发生后，经全力组织救援，成功救出80名矿工。二是受灾群众安置稳妥有序。各地区和有关部门按照灾后24小时内救助措施基本到位的要求，及时组织开展救灾资金物资筹集调拨、医疗救治等工作。民政部调拨19.6万顶救灾帐篷、62.8万床(件)棉衣被等救灾物资，救助受灾群众8 000万人次，并创新捐赠组织模式，应用导向机制指导芦山地震救灾捐赠。卫生计生部门认真开展灾区防病治病工作，芦山地震灾区累计出动救护车和防疫车辆28 469台次，开展环境消杀面积4 637万平方米，确保了大灾之后无大疫。三是工作协调配合积极紧密。各地区、各部门和军队单位协同一致、加强协作，共享信息和资源，圆满完成了一系列应急处置任务。卫生计生委将卫生应急协作内容纳入军地合作框架协议，会同联防联控工作机制各成员单位共同做好应对工作。金融监管机构会同公安等部门妥善应对处置了多起金融突发事件，严肃查处涉众型经济犯罪和证券、金融领域的违法犯罪活动。外交、公安、商务、国资监管等部门密切配合，有效应对了加纳政府大规模抓扣我在加采金人员事件，安全撤离千余名我在南苏丹人员，维护了境外我机构和人员生命财产安全与合法权益。

5. 恢复重建和善后工作方面

一是灾后恢复重建科学推进。国家减灾委多次召开专题会议，研究协调支持灾区有关政策措施，组织开展四川芦山、甘肃岷县漳县地震灾损评估等工作，为灾区重建提供科学依据和有力支撑。发展改革委牵头组织编制芦山地震灾后恢复重建总体规划，有关部门围绕维修校舍及复学复课、整治洪水冲毁路段、恢复商业网点、清理废墟方面，支持灾区开展恢复重建工作。按照中央要求，四川、甘肃、黑龙江、辽宁等地着眼当前和长远，坚持科学规划、科学重建，积极开展灾后恢复重建各项工作。二是灾害保险制度不断完善。全国 28 个省和厦门、宁波两个计划单列市开展了政策性农房保险试点工作，全年参保农户 5688 万户，保险理赔 4.9 亿元。山东、河北、辽宁等地不断扩大试点范围，提高农户参保率，进一步加大金融保险对农房重建的支持力度。黑龙江省级财政一次性下拨补助资金 8.8 亿元，全力推进倒损农房恢复重建。云南省和深圳市率先启动了巨灾保险试点工作。三是事故调查处理严肃认真。安全监管总局加大事故查处和挂牌督办力度，全国查处结案重特大事故 44 起，追究责任 948 人，移交司法机关处理 299 人，查处结案时间同比缩短 109 天，并在第一时间公布了事故调查报告。全年共接到事故、隐患、非法违法行为等举报信息 31 253 件，查实20 630件，查实率 70%，兑现奖励金额 289.7 万元。

6. 培训宣教和国际交流合作方面

一是应急教育培训力度广度加大。国家行政学院举办数十期应急管理专业干部培训班。教育部将应急管理全面纳入国家教育行政学院各类培训班的培训内容。安全监管部门培训高危行业特种岗位人员 561 万人次、农民工 1 320 万人次。民政部组织各地培训灾害信息员 12 万人。有关部门组织编写了卫生应急管理、紧急医学救援、食品药品突发事件处置等培训教材和案例。二是科普宣传不断强化。各地区和有关部门结合“防灾减灾日”“安全生产月”“119 消防日”“122 交通安全日”等活动，广泛利用各类媒体开展应急宣传教育活动，参与人数超过 5 000万人次。国家核应急协调委成功举办首次核应急宣传周活动。卫生计生部门利用微博、专家访谈等载体，开展卫生防疫、防灾减灾、胡蜂袭人、核辐射与健康等专题防护宣传。有关部门继续组织开展安全发展示范城市、安全社区、综合减灾社区等创建活动，新创建全国综合减灾示范社区 1 200 余个。三是国际合作交流不断深入。有关方面充分利用联合国各有关机构、上海合作组织、东盟地区论坛、亚太经合组织等框架和机制，不断拓展交流领域，推动应急管理务实合作。在防御黑龙江流域洪水过程中，中俄总理两次通电话协调有关事宜，建立水情雨情灾情信息通报机制,加强汛情监测预警、工程调度和受灾人员救助等多方面合作,防灾减灾效果显著。第四届中国国际安全生产应急管理论坛暨应急技术与装备展览会成功举办。卫生计生委、总参谋部和红十字会总会派出救援队、医疗队赴菲律宾"海燕"台风灾区实施救援。

三、突出问题

在各方面的共同努力下,2013 年突发事件应对处置工作取得明显成效,但也暴露出一些不可忽视的问题和薄弱环节。一是应急管理体系仍需健全完善。一些地区和部门应急管理机构仍存在职能弱化、职责不清、人员和装备不到位情况,特别是基层应急力量较为薄弱。应急管理法律法规和政策规定不够完善,区域、部门、军地以及政企之间协调联动机制不够顺畅。二是应急处置能力有待提高。各级应急平台建设进展不平衡,互联互通、信息共享、资源整合不够。部分应急预案功能定位不清,可操作性不强,因处置不当导致伤亡扩大的现象屡有发生。应急救援和处置力量建设滞后,特别是危险化学品救援队伍建设和装备投入严重不足。应急物资储备数量和品种不够丰富,储备方式和布局有待完善。预警信息传播"最后一公里"不到位等问题仍不同程度存在。三是城乡基础设施防灾能力偏低。江河防洪标准偏低,工矿企业、城市社区、旅游景点等人口聚集区防洪减灾压力大,局地性强降水常常导致城市运行受到较大影响。城乡建筑物抗震能力亟待提高,公路护栏等安全设施建设滞后,不少重要基础设施尤其是一些生命线工程和居民楼房已经逐步进入老化期,安全隐患突出。四是风险隐患排查治理需全面加强。一些地方和单位风险管理意识淡薄,对危及人民群众生命安全的建设项目、重大隐患视而不见。油气输送管道和城市地下管网等缺乏统一科学的规划,腐蚀老化严重,隐蔽性致灾因素大量存在。一些地方无证无照、证照不全、私挖滥采、非法用工、违法承包转包等行为屡禁不止。一些企业特别是高危行业企业现场管理混乱,经常违章指挥、冒险作业,甚至非法违法组织生产。五是涉外突发事件影响日渐突出。随着我国"走出去"战略的加快实施,对外投资、在外机构和人员日益增加,境外突发事件涉我因素剧增,国际和地区热点问题引发政治类涉我突发事件的风险不容忽视,境外涉我劳务、华商权益、渔业纠纷等事件和恐怖暴力活动持续多发,境外敌对势力滋事破坏活动突出。

四、相关工作建议

(一)进一步加强应急体系建设

按照党的十八届三中全会要求，全面深化安全生产管理体制改革，完善防灾减灾救灾体制，研究改革信访工作制度。抓紧推进落实国家突发事件预警信息发布二期工程等重点项目，启动“十三五”应急体系建设规划研究工作。加快修订制定安全生产、公共卫生事件等应急管理法规条例，健全完善灾害保险等政策措施，提高政策性农村住房保险覆盖面。

(二)进一步完善协调联动机制

充分发挥各有关议事协调机构和部际联席会议作用，建立健全部门间、区域间、军地间应急协作机制，完善调度指挥、现场管控、转移疏散、医疗救治、善后处理等联动制度和措施，开展实战化的联合综合演练。积极推进社会力量参与突发事件防范应对，完善志愿者招募管理机制，探索开展向社会力量购买公共服务，努力形成有利于资源整合、效能提升的应急管理工作格局。

(三)切实提升应急处置能力

认真落实《突发事件应急预案管理办法》，强化基层企业现场处置方案和专项处置措施。进一步加强应急平台互联互通和资源共享，推进平台功能完善和应用。不断完善监测预警和信息发布体系，推进地质灾害群测群防体系和专业预警网络建设，全面开展市县级公共卫生风险评估。强化高危行业企业专兼职应急救援队伍建设，积极推动军队应急专业力量建设。加强救援、救灾、医疗等物资储备，完善科学合理的调用机制。

(四)提高基础设施防灾抗灾和安全保障能力

着力提升城乡生产生活设施的安全设防标准和抗灾能力，不断健全防汛抗旱工程体系，抓紧实施抗旱规划。加强城市防洪排涝能力建设，有效减轻城市暴雨内涝灾害。加快实施地震高风险区抗震安居工程和校舍安全工程，提高房屋抗震性能。做好重大基础设施特别是核设施、大中型水库、输油气管线等的安全防范工作，制订专项应急预案，严防次生灾害事件。

(五)切实加强风险隐患源头治理

认真开展油气输送管线、城市燃气等重点行业领域专项整治,抓紧推动制订易燃易爆地下管网安全管理标准规范,严厉查处各类非法违法建设、运营和使用行为。支持养殖场加强生物安全全过程监管,做好人畜共患病源头控制工作。健全社会稳定风险评估和矛盾纠纷常态化滚动排查化解机制,最大限度地把矛盾纠纷解决在当地、化解在萌芽状态。

(六)完善涉外突发事件应对处置机制

密切关注研判相关国家局势,做好我人员、资产等信息的收集工作,制订专项应急预案,做到有备无患。进一步研究完善海外领事保护等涉外应急机制,充分发挥我境外公民和机构安全保护工作部际协调机制作用,加强驻外使领馆领事保护力量建设,提高防范和应对涉外突发事件能力。

第三部分 >>>

2013 年全国分类突发事件应急管理概况及分析

1 自然灾害类突发事件应急管理概况及分析

2013 年全国自然灾害应对工作总结评估报告

一、自然灾害情况

(一)灾害总体情况

2013 年,我国自然灾害以洪涝和地质灾害、地震、台风、干旱灾害为主,风雹、低温冷冻、雪灾、海洋灾害、森林火灾等灾害也均有不同程度发生。全年相继发生了四川芦山“4·20”7.0 级强烈地震、甘肃岷县漳县“7·22”6.6 级地震、7 月四川盆地及西北地区东部暴雨洪涝、夏季南方地区持续高温干旱、8 月东北地区洪涝风雹等重特大自然灾害,给灾区经济社会发展和人民生命财产安全造成了严重影响。经核定,全年各类自然灾害共造成全国 38 818.7 万人次受灾,1 851 人死亡,433 人失踪,1 215 万人次紧急转移安置;87.5 万间房屋倒塌,770.3 万间房屋不同程度损坏;农作物受灾面积 31 349.8 千公顷,其中绝收 3 844.4 千公顷;直接经济损失 5 808.4 亿元。

总的看,2013 年我国自然灾害情况较 2012 年明显偏重,属于 2000 年以来中等偏重年份。其中,西南地区、西北地区灾情较为突出。

(二)灾害主要特点

1. 极端天气气候事件频发,汛期呈现南旱北涝格局

2013 年,我国极端天气气候事件频发,灾害异常性特征明显,汛期呈现南旱北涝的灾害格局。7 月初至 8 月中旬,江南、江淮、江汉和西南地区东部遭遇历史罕见高温干旱,湖南、浙江部分地区连续 30 天日最高气温超过 35 摄氏度,局地日最高气温超过 40 摄氏度,浙赣皖鄂湘黔渝 7 省(直辖市)区域平均降水量仅为 135.2 毫米,区域平均无降水日数有 39 天,最长连续无降水日数达 15.6 天,均为 1951 年以来历史同期极值。温高雨少叠加,给上述地区水电供应、农业生产和群众日常

生活造成严重影响。7月中旬，四川盆地、西北地区东部、华北南部及黄淮北部遭遇强降雨过程，多地降雨量超历史极值，四川都江堰市幸福镇7日晚至11日累计降雨量达1 105.9毫米，相当于当地年均降雨量。7月，陕西省延安市平均降水量427.5毫米，是常年同期降水量的近4倍。7—8月，松花江、黑龙江发生流域性大洪水，辽河流域浑河上游发生超五十年一遇特大洪水，东北地区出现1998年以来最严重洪涝灾害，受灾人口、死亡失踪人口、农作物受灾面积、农作物绝收面积均为1998年以来最大值。

2. 中强震异常活跃，地质灾害损失较重

2013年，我国大陆地区共发生5.0级以上(含5.0级)地震43次(其中含黄海2次)，远超常年年均20次水平。地震灾害造成的倒损房屋数量位列近十年以来第二位，仅次于2008年，占全年各类自然灾害造成的倒损房屋数量四成左右。其中，四川芦山"4·20"7.0级地震和甘肃岷县漳县"7·22"6.6级地震震级高、破坏性强，两次地震造成死亡失踪人口、倒塌房屋间数和直接经济损失占全年地震总损失九成以上。全年因洪涝、台风、地震等引发多起造成严重人员伤亡和重大财产损失的地质灾害，造成的直接经济损失为近十年以来最高。其中，1月11日云南镇雄县、3月29日西藏墨竹工卡县和7月10日四川都江堰市发生的严重山体滑坡共造成近300人死亡或失踪。

3. 台风数量偏多，损失集中，风雹灾害影响偏轻

2013年，我国先后受到13个台风影响，其中有9个在我国大陆登陆。总体来看，台风登陆位置偏南，登陆强度偏强，影响次数偏多，秋台异常偏重。其中，8月14日在广东阳西沿海登陆的强台风"尤特"是造成死亡失踪人口最多的台风，共导致广东、广西、湖南3省(自治区)95人死亡或失踪；9月22日在广东汕尾登陆的强台风"天兔"是今年登陆我国大陆最强台风，登陆时中心附近最大风速达45米/秒；10月7日在福建福鼎登陆的强台风"菲特"是造成直接经济损失最大的台风，造成浙江等地直接经济损失达631.4亿元；台风"海燕"为新中国成立以来11月份登陆或擦过海南的最强台风，造成海南、广西、广东3省(自治区)23人死亡或失踪。台风造成的损失中，华南地区死亡失踪人口、倒塌房屋数量占全国台风灾害总损失七成以上。2013年，全国平均强对流日数为40.1天，比常年偏少12.2天。风雹灾害影响偏轻，造成的死亡失踪人口、倒塌房屋间数均为2000年以来风雹灾害损失次低值。

4. 低温雪灾总体偏轻，中东部地区雾霾严重

2013年，我国低温冷冻和雪灾影响总体偏轻，所造成的倒损房屋间数为2000年以来最低值，农作物受灾面积、绝收面积均为2000年以来次低值。年初，南方地区接连遭遇两次低温雨雪过程，贵州中西部、湖南中南部和江西中部等地出现冻雨天气，当地交通、通信及农业生产受到较大影响。4月，西北地区东部、华北、黄淮先后出现三次强降温过程，局部地区出现早霜冻现象，处于拔节至孕穗期的冬小麦生长受到一定影响。11月下旬，东北地区出现两次强降雪过程，黑龙江和吉林局部地区遭遇雪灾。年末，西南部分地区出现低温冷冻灾害。2013年，中东部地区雾霾天气多发、频发。除8月外，各月雾霾日数均较历史同期偏多，其中，1—3月、9—12月雾霾天气尤其严重。

5. 林业灾害形势平稳，海洋灾害损失偏重

2013年，全国林业有害生物灾害和森林火灾总体发生平稳，没有发生重大或特别重大森林火灾。主要林业有害生物灾害发生面积12002.3千公顷，其中重度发生863.1千公顷。截至2013年11月底统计，全国共发生森林火灾3626起，其中较大森林火灾1 439起，因灾死亡38人，12.4千公顷森林受灾。2013年，我国海洋灾害损失偏重，主要灾害为风暴潮、海浪和海冰，共造成直接经济损失160.9亿元。其中，台风风暴潮灾害严重，全年发生三次达到红色预警级别的台风风暴潮过程，为新中国成立以来同期最多；灾害性海浪过程较常年偏重，全年近海共出现40次有效波高4米以上灾害性海浪过程；年初辽东湾海域海冰影响较重，盛冰期长达53天。

6. 贫困地区灾频灾重，城市灾害影响突出

2013年，国家扶贫开发工作重点县累计遭受3 700余次自然灾害影响（以县级行政单位为统计单元），造成的倒塌房屋和严重损坏房屋间数占全国总损失四成以上，受灾人口、死亡失踪人口、农作物受灾面积、农作物绝收面积均占全国总损失1/4以上。六成以上扶贫重点县重复受灾超过5次，灾贫因素叠加，灾害救助任务较重。同时，东部地区人口稠密、经济发达的大城市和中小城镇也频繁遭受灾害影响，经济损失和社会影响突出。其中，受台风暴雨洪涝影响，广东汕头、浙江余姚等城市主城区一度进水受淹，电力、通信等基础设施严重受损，群众生产生活受到严重影响。

二、自然灾害应对工作评估

(一)组织领导方面

2013年,在党中央、国务院的统一指挥下,为进一步做好防灾抗灾救灾工作,减少灾害损失,各有关部门加强组织领导,落实工作责任,认真研判形势,及时作出周密部署。国家减灾委于5月12日召开全体会议,对2013年救灾工作作出全面部署,要求继续坚持"以防为主,防抗救相结合"的工作方针,牢固树立综合减灾和灾害风险管理理念,不断完善中国特色的防灾减灾体系,全面提升综合防灾减灾救灾能力,切实保障人民群众生命财产安全。民政部召开全国减灾救灾工作会议,部署做好政策落实、完善减灾救灾政策体系、推动减灾规划全面落实、提升灾情管理水平、增强减灾救灾科技含量、重视社会动员等六项重点工作。部领导结合全年民政业务调研计划,赴内蒙古、吉林、福建等地调研民政工作,检查地方汛前应急救助准备情况,指导做好减灾救灾工作。国土资源部召开全国地质灾害应急工作会议,总结以往工作经验,研讨工作推进措施并部署全年地质应急工作。国家防总召开全体会议、专题会议、紧急办公会议、水库安全度汛视频会议和多次防汛抗旱防台风视频会议,全面部署防汛抗旱工作。汛前通报了全国防汛抗旱行政责任人名单,组织10个检查组对七大江河防汛、山洪和台风灾害防御、抗旱工作进行了检查,把防汛抗旱责任制落到实处。农业部先后召开全国春管暨春耕备耕工作视频会、部防汛抗旱领导小组会议、全国农业科技抗灾促秋粮丰收视频会议,协调召开了全国森林草原防火工作电视电话会议,部署安排春季抗低温春涝春旱、汛期农业防汛抗旱、森林草原防火等工作,印发草原火灾防控工作通知,组织5个督察组,赴内蒙古、黑龙江、四川、陕西和新疆等重点草原防火省区进行专项督察指导。林业局提请国务院召开全国森林防火工作会议,先后组织20个工作组深入基层开展森林防火检查。地震局协调召开国务院防震减灾工作联席会议,研究部署了全国防震减灾重点工作。气象局组织召开全国汛期气象服务动员电视电话会议和三次气象服务领导小组会议,对气象服务工作进行全面安排和部署。全国各级气象部门均成立了汛期气象服务领导小组,制定了汛期气象服务方案,组织开展三次全国汛期气象服务业务大检查和应急值守检查,多次派工作组赴相关省(自治区、直辖市)检查指导防灾减灾应急气象服务工作,确保了应急气象服务工作有序开展。气象系统成立了1 290个县级气象灾害防御应急领导机构，建成标准化现代农业气象服务县23个、标准化气象灾害防御乡镇200个。海洋局多次召开会议并印发文件对海洋灾害观测预警和应对工作进行全面部署，建立完善海洋灾害观测监视分级责任制，组织开展汛前海洋防灾减灾专项检查，督促沿海各省（自治区、直辖市）海洋部门采取积极有效措施做好汛期海洋灾害应对工作。

2013年，各地针对辖区灾害风险情况，高度重视对救灾应急工作的组织领导。天津市印发《关于市领导同志重大突发事件处置工作安排意见》，理顺工作机制。河北省成立省地质灾害防治领导小组，自上而下完善了应急管理组织机构。吉林、安徽、四川等省把应急管理工作纳入政府重点工作目标责任制和市州绩效管理考评内容，各级应急管理组织领导体系、工作机制进一步完善。江苏省基层应急管理组织体系深入推进，应急管理领导机构、办事机构和工作机构得到加强。浙江省探索应急支援机制，在余姚抗洪救灾中，省政府成立了省领导带队的综合协调组，进驻灾区，指挥救灾，视情协调全省资源支援灾区，取得显著成效。江西、甘肃等省对省应急委和省级专项应急指挥机构进行了调整充实，明确责任任务，加强工作考核。河南省各市（地）、县（市、区）及重点乡镇均成立了防汛抗旱指挥机构，省政府分别召开会议，对防震减灾、森林防火、地质灾害防治工作作出全面部署。海南省政府办公厅制发《海南省应急管理工作考核暂行办法》，对全省各市、县和各有关部门的应急管理工作提出具体要求，并于年底组织了考核。新疆维吾尔自治区初步形成了统一领导、综合协调、分类指导、分级负责、属地管理的应急管理体制，自治区及各市（州）、县（市、区）均成立了应急指挥机构和办事机构，乡（镇、街道）和村、社区、学校、企业等负有应急管理职责的基层单位全部建立了应急管理领导机构。

（二）应急准备方面

1. 制度保障

2013年，各有关部门继续强化减灾救灾制度建设，在广泛调研、协同研究的基础上，进一步推进防灾减灾救灾规范化、标准化建设，推动制订和完善有关法律法规，努力把防灾减灾救灾工作纳入法制化轨道。民政部制修订完成《自然灾害情况统计制度》《民政部救灾应急工作规程》《救灾捐赠款物统计制度》《全国综合减灾示范社区标准》《民政部关于加强救灾装备建设的指导意见》《民政部关于加强中央救灾物资管理工作的通知》,进一步提高灾害管理规范化、精细化、科学化管理水平。国土资源部加快完善地质灾害应急制度与技术标准体系建设,积极推进地质灾害应急技术指导标准、应急处置技术指南、应急装备配置标准、应急防治技术要求、应急演练指南等规章制度制定,十多万个工程建设项目实施了地质灾害危险性评估,15 万个隐患点进一步完善了防灾预案。国家防总、水利部根据各类预案分级管理权限,组织有关流域防总和省级防指对防汛抗旱预案体系进行了补充和完善,批复了《松花江水量应急调度预案》和《嘉陵江水量应急调度预案》等,组织长江、黄河、淮河、珠江等流域防总开展各流域防御洪水方案等编制工作。农业部制定《2013 年农业气象灾害预判及应对工作意见》,起草《外来物种管理办法(草案)》,修订《农业外来生物入侵突发事件应急预案》。地震局修订印发《中国地震局地震应急预案》,结合历次抗震救灾实践经验,指导各地和各有关部门进一步健全完善抗震救灾工作机制,有 13 个省(自治区)和 10 个部门修订完成地震应急预案。气象局组织编制《中国气候服务系统建设实施工作方案》和《中国气候服务系统实施计划》,制定《气象部门贯彻落实大气污染防治行动计划实施方案》,下发《山岳型景区气象服务建设指南》,联合环境保护部签署《环境保护与中国气象局合作框架协议》。海洋局大力开展海洋突发事件制度和标准建设,制定出台《警戒潮位核定管理办法》《海洋灾情调查评估和报送管理规定(暂行)》等两项管理办法,编制出版《海洋观测预报管理条例释义》,组织编制《海洋预报业务管理规定》《海洋预报员资格管理办法》等六项制度和《风暴潮灾害信息采集方法》《海洋预报和预警》等十多项技术标准。

2013 年,各地继续加强灾害应急制度建设。北京市出台《进一步加强本市应急能力的意见》,编制《地震应急避难场所运行管理规范》标准,印发《北京市自然灾害生活救助资金管理暂行办法》。河北、山西、内蒙古、吉林、安徽、湖北、广西、贵州、宁夏等省(自治区)修订了防汛抗旱、地震应急等省级专项预案。上海市相继出台《突发事件应对法实施办法》《政府系统值守应急管理要求》等制度,民政部门健全突发事件灾情损失统计公布制度,提升开展应急管理工作的水平。江西省制定《关于进一步规范和加强旱灾临时生活困难救助工作的指导意见》,九江市完善了应对地震灾害、防汛抗旱、地质灾害、重大森林防火等 21 项专项预案,赣州市出台《赣州市地震应急避难场所建设实施方案》。湖北省修订完善《应急值守工作规范》《值班人员工作守则》和《突发事件信息处理流程》。广东省注重预案优化，探索建立基于风险评估、情景构建、资源调度的应急预案编制程序，强化风险评价、脆弱性分析及应急能力评估，预案针对性和可操作性进一步增强。重庆市广泛开展预案修订工作，制定《重庆市突发事件应急预案评估办法(试行)》，明确应急预案的评估方法和程序。

2. 队伍保障

2013年，各有关部门继续推进防灾减灾人才队伍建设，通过培训、演练等方式提高减灾救灾人才队伍能力。民政部实施灾害信息员培训项目，编制完成培训教材、操作手册和考核题库，培训灾害信息员师资5 000多人，建立灾害信息员师资库。按照逐层培训、分级负责的原则，各地共培训灾害信息员12万人。针对灾情管理、灾害评估、救灾捐赠管理和物资储备管理等业务开展4期专题培训和1期救灾物资储备调度管理研修班。国土资源部建立了全国地质灾害应急专家库和7个片区应急专家队伍，就近指导地方地质灾害应急处置工作，近3 500家具有地质灾害防治资质的机构、约20多万人承担地质灾害危险性评估、勘查、设计、施工、监理等工作，全系统组织开展不同规模地质灾害应急演练1.7万次，参与人员达129万多人，培训群测群防员超过40万人次。国家防总印发《水利部流域管理机构防汛抢险队伍建设指导意见》，编制《关于加强全国防汛抗旱抢险队伍体系建设的实施方案》。农业部组织全国草原防火应急队伍建设现场会，举办全国草原防火实战技能大比武活动，组织开展以“防火减灾、福佑草原”为主题的草原防火实战应急演练。地震局完成了国家地震灾害紧急救援队队员更替和装备更新，具备同时在9个场点开展救援的能力，举行了全功能、全过程36小时不间断综合实战演练，华东五省一市联合开展“华东联动－2013”地震应急救援协作演练，各地组织不同层次、不同规模地震应急疏散和防灾避险演练近万次，参与人员超过200万人。气象部门聘用气象协理员、气象信息员5 823人，全国气象信息员达69万人，全国30个省(自治区、直辖市)、318个市(地、州)、1 904个县(市、区)建立和完善人工影响天气政府领导机构，落实人员编制3 614人。

2013年，各地结合本地灾害特点和救灾应急需求，不断加强减灾救灾专业队伍建设。河北省各级各部门组建应急救援队伍近6 000支、120万人，各类应急管理专家队伍达到1 500支，全省注册灾害信息员5.6万名。山西省新增森林消防专业队员425人，专业队伍总数达129支、6 135人，交通运输厅建成23支道路交通应急保障队伍。吉林省各类专业救援队伍建设稳步推进,共有各类专业应急救援队伍19支、4.8万人。上海市通过建立应急救援"3+X"(市应急办、市应急联动中心、市应急救援总队、相关处置部门)工作机制,加强各专业应急救援队伍联勤联训,推进落实应急预案演练、应急指挥协同工作。江苏省坚持专业化与社会化并举、壮大规模与提升水平相结合推进全省应急队伍建设,拥有各类专业应急队伍4 100多支。江西省民政部门在11个市(地)、100个县(市、区)、1 500个乡(镇、街道)、16 000个村委会全部建立灾害信息员队伍。山东省全面推进"应急演练从机关做起",省政府组织举行了17市政府机关工作人员地震应急疏散演练,352个部门、1万多人参加演练。甘肃省组建33支应急管理专家队伍,市县组建各类综合应急救援队伍188支、2万人,乡(镇、街道)组建应急救援队伍1 600支、6.5万人,全省开展自然灾害应急演练6 300次。新疆喀什地区加强基层应急救援队伍建设,各乡(镇、街道)、村(社区)建立了10～40人的应急分队,具备先期处置各类突发事件的能力。

3. 物资保障。

2013年,围绕建设统一指挥、规模适度、布局合理、功能齐全、反应迅速、运转高效、保障有力、符合中国国情的物资保障体系目标,各有关部门继续做好救灾应急物资和装备保障工作。民政部采购储备了价值3.1亿元的救灾储备物资,新增20平方米单帐篷、折叠桌凳和简易厕所等三类储备品种,中央储备增加11万顶帐篷、40万件(床)棉衣被、10万个睡袋、5万套折叠桌凳、1000套简易厕所等物资,修订了《民政救灾物资参考厂商名录》,供各级民政部门紧急采购生活类救灾物资或救灾装备时参考使用。国家防总在29个中央防汛抗旱物资仓库储备了价值5亿元的物资,其中防汛物资46种价值3亿元,抗旱物资25种价值2亿元,各流域机构和各地共储备34种价值52亿元的防汛物资。农业部建设草原防火物资库(站)26个,开设边境草原防火隔离带2889公里,新增风力灭火机6800台、野外生存装备4600套等防火物资。林业局做好物资储备库建设与管理,及时补充和储备扑火物资,做好重点地区森林防火隔离带和生物防火林带建设。

2013年,地方各级进一步完善本级救灾应急物资储备管理。河北省建立省、市、县、乡四级救灾物资储备体系网络,储备物资装备30余类400余种,完善了公路、铁路、航空紧急运送综合协调联动机制。辽宁省完善防汛抗洪、地震救援、矿山救护等应急物资、装备储备和生产潜能储备等数据库,摸清应急资源底数和动态。吉林省各地区建立健全应急储备金制度，进一步完善应急物资储备体系，建成救灾物资储备库68个，储备防汛物资价值1.25亿元。浙江省新建救灾物资储备库22个、改建7个，总投入资金1.58亿元，按照“分级储备、分级管理、统一调配、合理负担”的原则，储备防汛防台风抗旱物资，民政部门与大型商场、超市签订协议，代储救灾物资。安徽省民政厅推进黄山救灾物资储备库新建，与省直有关部门共同出台《做好救灾应急物资协议储备工作的指导意见》，采购了价值300万元的救灾物资，省水利、林业、地震等部门加强防汛、有害生物防治、地震救援物资和装备的采购储备。四川省汛前购置储备价值3亿元的发电机、冲锋舟、橡皮艇、编织袋、钢丝网。云南省安排500万元用于十多个多灾、易灾县救灾物资储备库新建和改建工作，对全省储备布局进行合理调整，确保灾害发生后12小时内受灾群众得到基本生活救助。西藏自治区建成16个县级和19个乡镇级救灾物资储备库，并采购了价值1 325万元的救灾物资。青海省实现县级救灾物资储备库全覆盖，初步形成了中央、省、市、县、乡五级救灾物资储备体系网络，各地储备了价值3 569万元的棉帐篷、棉衣被、青稞等物资。

4. 资金保障

2013年，中央财政继续加大救灾资金保障力度，积极引导社会力量参与，规范救灾资金使用，加强救灾资金监管，不断提高救灾资金使用效益。民政部商财政部安排中央自然灾害生活补助资金近105.77亿元，其中，新灾应急救助资金30.1亿元，冬春救助资金72亿元，中央救灾物资采购和管理费3.67亿元，有效支撑各项救灾工作顺利开展，为受灾群众基本生活救助提供了有力保障。扎实做好四川芦山“4·20”7.0级地震抗震救灾捐赠接收、指导和监督工作，接收国外和香港援助物资五批次、总价值5 200万元，引导和支持公益慈善组织自行独立负责地开展社会捐赠活动和救灾工作。国土资源部会同有关部门加大地质灾害防治资金投入，广拓资金渠道，鼓励企业和个人投入，争取国际组织资助和社会民间捐助，中央和地方各级财政投入资金200亿元。国家防总商财政部安排98.89亿元资金支持防汛抗旱工作，其中应急度汛和特大防汛补助资金31.79亿元，特大抗旱补助费24.1亿元，全国山洪灾害防治专项资金43亿元。农业部协调安排中央财政专项资金近40亿元，用于开展冬小麦“一喷三防”，支持东北地区、南方水稻产区综合施肥促早熟、农作物病虫害防控和南方旱区改种补种，省级财政安排资金13.2亿元、市县财政安排资金18.4亿元用于农业生产救灾。

5. 科技保障

2013年,各有关部门按照科研与业务相结合的原则,不断强化科技支撑能力,提高减灾救灾工作科技水平。民政部依托国家减灾中心科研力量,成功立项11项(其中,高分重大专项1项,自然科学基金项目4项,发展改革委产业化项目2项,其他项目4项),立项专项经费3 896万元。举办第四届"国家综合防灾减灾与可持续发展论坛",继续实施民政部"国家综合防灾减灾战略研究"专题研究项目,探索研究减灾救灾领域前沿和热点问题。加强减灾环境卫星的精细化管理与维护,全年累计获取遥感影像近17万景,针对四川芦山地震、黑龙江洪涝灾害、菲律宾"海燕"台风等国内外重特大自然灾害提供应急观测服务。推动全国减灾救灾标准化建设工程,发布《救灾帐篷第8部分:高原高寒20㎡棉帐篷》《应急期受灾人员集中安置点基本要求》和《暴雨型洪涝灾害灾情预评估方法》《自然灾害损失现场调查规范》《房屋受灾损坏程度现场识别》和《冬小麦旱灾程度现场识别》等6项民政行业标准。地震局积极实施抗震设防工程,减隔震技术在部分重点工程和西安、大连、昆明等城市新建地震安全社区得到应用。气象局建成省级突发公共事件预警信息发布系统,国家级突发公共事件预警信息发布系统实现与国务院应急办指挥平台对接,进一步扩大农村等边远地区气象灾害预警信息覆盖面,农村应急气象电子显示屏达14.4万块、气象喇叭48.5万套,建设乡村气象信息服务站7.8万个。海洋局稳步推进南中国海区域海啸预警系统建设,建成15个海啸预警观测台,通过"卫星溢油遥感监测"和"中国海监溢油检验鉴定执法业务运行系统"两个专项建设运行,海上溢油监测鉴定能力大幅提升。

(三)监测预警方面

2013年,各有关部门继续加强应急值守,强化信息共享,完善合作机制,不断增强灾害监测能力,提高灾害预警预报水平。一是做好灾情监测和信息报送。民政部坚持全年24小时值班制度,密切关注灾情,全年处理地方上报灾情信息1万余条,上报《救灾快报》《昨日灾情》等680余期,编发灾情与救灾工作通报97期,在部网站发布灾情1 200余条,发送灾情彩信近22万条,累计获取遥感影像12万景,先后针对西南干旱、四川芦山"4·20"7.0级地震、甘肃岷县漳县"7·22"6.6级地震、东北洪涝、余姚洪涝等重特大自然灾害开展遥感监测评估。国土资源部继续加强群测群防能力建设,全国有组织、有经费、有规划等"十有县"建设达到

1 765个，覆盖95%以上的地质灾害高、中易发区，在三峡库区建立了255 处重大崩塌滑坡和重点库岸段专业监测网，实现对 3 049 处崩塌滑坡点的动态监测。通过建立联合监测预警信息共享平台，全国已有 30 个省(自治区、直辖市)、323 个市(地、州)、1 880 个县(市、区)建立了地质灾害气象预警体系。国家防总、水利部密切监视汛情、旱情、险情和灾情变化，预测预报水情信息 450 多期。农业部实行农作物重大病虫害发生防控信息周报制度和秋粮作物重大病虫害防控信息一周两报制度。地震局制定专门震情监视跟踪方案，建立跨区域、多学科工作机制，加强地震监测和分析研判，动态跟踪震情发展趋势。气象局发布各类气象灾害预警 11.75 万条，为 65 亿人次提供预警服务。海洋局继续提升海洋预警技术能力，在国家、海区和省三级海洋预报机构安装部署人际交互业务平台，研发了全球业务化海洋学数值预报系统。二是强化灾情会商和信息发布。民政部健全国家减灾委部际灾情会商机制，定期举行阶段性灾情会商，建立与气象、地震等部门的应急联络机制，加强信息共享，全年承办 10 次部际月度灾情会商会、1 次年度核定会商会、1 次年度灾害趋势预测会商会和 1 次民政系统年度灾情会商会，每季度发布各地灾情报告工作情况通报，按照综合情况对各地全年情况综合评估，收集处理各省(自治区、直辖市)和新疆生产建设兵团上报灾情报告 10 465 个，较上年同期增长35.2%。国土资源部制作 170 份汛期国家级地质灾害预警预报产品，在中央电视台发布 111 次，在国土资源部门户网站、中国地质环境信息网、国土资源手机报发布 160 次。水利部门利用山洪灾害监测预警系统和群测群防体系，向 83 万多名防汛责任人发布预警 4.4 万次，预警短信 1 811 万条，启动预警广播 8 万余次。农业部与气象、水利等部门建立信息共享机制，先后召开 9 次会商会，与中央气象台联合发布《草原火险气象等级预报》53 次，接收和处置卫星监测热点 1.1 万个，发布预警信息 60 多次。林业局利用卫星遥感监测、沙尘暴地面站、短信平台等，做好沙尘暴监测，落实日报告和零报告制度。气象局加强与相关部门合作，完善气象灾害预警服务“一会议、一平台、一彩信”部际联动机制，举行了 1 043 次气象风险预警会商会，为民政、农业、铁路等部门人员累计发送气象灾害预警服务信息 24.6 万条。海洋局初步筛选 24 个沿海重点保障目标，每天发布邻近海域预报和灾害预报。

(四)应急处置方面

2013 年，各有关部门根据《自然灾害救助条例》《国家突发公共事件总体应急预案》和有关专项预案要求，及时采取有力措施，妥善做好新灾应对各项工作。国家减灾委、民政部加强应急值守，根据有关部门预报和灾情损失，及时启动预警响应和应急响应，下发通知督促有关地区民政部门提前做好人员避险转移、救灾物资调运准备等工作，组织开展灾害预警评估和损失评估，及时派出工作组协助灾区做好应急救灾工作，积极协商有关部门下拨救灾应急资金，调拨救灾物资，确保群众有饭吃、有干净水喝、有衣穿、有住处，伤病能及时治疗。全年启动10次预警响应和39次应急响应(其中，Ⅲ级响应6次、Ⅳ级响应33次)，协调派出35个工作组赶赴灾区，指导开展救灾工作，安排下拨中央救灾资金102.67亿元，调拨帐篷19.5万顶、棉衣被60.8万床(件)和折叠床8.9万张等救灾物资，紧急转移受灾群众1 200万人次，救助受灾群众8 000万人次。国土资源部针对云南镇雄县滑坡、西藏墨竹工卡县滑坡、四川芦山“4·20”7.0级强烈地震、四川都江堰市山体滑坡和甘肃岷县漳县“7·22”6.6级地震等重特大地质灾害事件，及时启动应急预案，派出工作组和专家组指导开展应急处置工作。交通运输部在四川、陕西、东北地区特大暴雨洪水，四川芦山“4·20”7.0级强烈地震和甘肃岷县漳县“7·22”6.6级地震灾害发生后，及时抢修道路，妥善处置交通事故，保障了交通正常通行。国家防总、水利部启动应急响应22次，共派出170多个督察组、工作组和专家组，协助指导地方抗洪抢险和抗旱救灾，调度东北地区尼尔基、丰满、白山、察尔森等大型水库拦蓄洪水，缓解防洪压力。旱区各地投入抗旱资金180亿元，出动抗旱劳力5 464万人，开动机井、泵站、运水车等各种抗旱设备，完成抗旱浇地面积3.7亿亩，解决2007万人农村群众因旱临时饮水困难。农业部启动草原火灾应急响应16次，向河北、内蒙古、青海和新疆4省(区)调拨防扑火物资1 288件(台、套)，扑火运兵车1辆，火情巡查摩托14辆，组织18个工作督导组，指导重大病虫害防控工作。林业局派出9个工作组赴火场一线协调、指导火灾扑救工作，向云南、四川等十余个高火险省区调拨扑火物资1万余件(台、套)，出动武警森林部队12.8万人次。地震部门启动应急响应36次，派出1 700多人赴灾害现场开展抢险救援、流动监测、趋势研判、灾害调查、房屋安全鉴定等工作。海洋局成功应对影响我国的114次风暴潮、海浪、赤潮灾害过程。

(五)恢复重建方面

2013年，各地、各有关部门积极配合，支持灾区做好因灾倒损住房恢复重建工作。民政部认真做好因灾倒损住房评估，核定倒损住房数量，商财政部门安排中央补助资金，并赴内蒙古、吉林、黑龙江、浙江、江西、四川、陕西、甘肃等8个暴雨洪涝和地震重灾区开展调研，支持帮助受灾群众重建家园。

一是高度重视，加强组织领导。民政部及地方各级政府高度重视灾后重建工作，把加强组织领导作为推动恢复重建工作的根本保证，主要领导亲自部署，制定出台工作方案，作出明确规定和要求。汛期洪涝、台风、风雹、地震等灾害给当地群众造成了严重损失，各级政府迅速行动，抓紧落实倒损房屋重建工作，确保受灾群众温暖过冬。黑龙江省成立了省长担任组长的省委、省政府重建工作领导小组，先后四次召开专题会议，制定重建政策，部署重建工作。辽宁、广东、甘肃等地受灾市县成立了灾后重建领导小组，形成主要领导亲自抓，各部门分工负责、齐抓共管的工作格局。湖南、四川、陕西等省主要领导多次听取工作汇报，研究部署重建工作，多次率领有关部门亲赴灾区一线，指导重建工作，协调解决具体问题，有力推动了重建工作。

二是提高补助，加大支持力度。资金是受灾群众开展恢复重建的关键因素。灾区各级政府想群众之所想，急群众之所急，积极调整财政支出结构，加大政府财政投入，合理统筹各项支农惠农资金，尽力提高房屋重建补助标准，切实加大恢复重建支持力度。辽宁、黑龙江、四川、陕西等地户均补助资金3万元，广东、甘肃等地户均补助资金2万元。吉林省政府制定出台并下发了《吉林省人民政府关于妥善安排受灾群众基本生活的意见》，明确规定了政府对倒塌和损坏民房的补助标准。辽宁省根据灾民住房损坏程度和家庭人口、经济状况确定了不同的补助标准，采取了自建、统建、购买等多种形式帮助灾民解决住房问题，共投入恢复重建资金2.45亿元，将重建对象全部纳入农村危房改造范围，提高补助标准。大部分省份普遍采取政府补助一部分、群众自筹一部分、社会帮扶一部分、优惠政策减免一部分等办法，加大支持力度，减轻群众资金压力。

三是强化服务，提供多种帮扶。恢复重建工作涉及事项多，各地在做好规划选址、政策制定、资金支持、质量标准等规范管理的同时，充分尊重群众恢复重建的主体地位，坚持以人为本、为民服务，从重建实际需求出发，因地制宜为群众提供多种帮扶。辽宁省减免各项税费，简化审批手续；黑龙江省派出5个技术指导组深入重灾区开展勘察设计，组织筹备砖瓦、水泥、沙石建材；广东省落实“四包”工作责任制，协助群众解决困难；四川省加强市场监管，维持建材供应和价格稳定；甘肃省组织农村建筑工匠技术人员、乡村干部和质量监督员培训，发放建房质量技术指南,多方帮助受灾群众开展住房恢复重建工作。

四是加强督导,确保建房进度。各地把监督检查作为推进恢复重建工作的主要环节和重要抓手,从建房质量、重建进度、资金管理等方面加强检查指导。辽宁、广东等地各级民政部门采取分片督导、明确责任的方式,组织了对重建进展和建房资金使用情况检查。黑龙江省民政、住建、财政等部门组成11个督导组,进入乡镇、村屯督促建房进度,巡查建房质量,进行现场技术指导。湖南省建立协调督导责任制,组建工作组,确定专人负责,力促重建进度,争取倒房群众在春节前全部搬入新房。

此外,继续推动各地贯彻落实《关于进一步探索推进农村住房保险工作的通知》,扩大农房保险试点范围,提高农户参保率,进一步发挥金融保险对农房重建的资金支持力度。全国28个省份和厦门、宁波2个计划单列市开展了试点工作,其中,浙江、福建、湖南、广东、广西等地在已有基础上继续完善有关政策和工作机制,河北、辽宁、山东、陕西、贵州等地扩大了试点范围,推动农房保险工作进一步发展,农村居民住房风险保障水平进一步提高。

(六)科普宣教方面

2013年,各有关部门以全国"防灾减灾日"和"国际减灾日"为契机,围绕活动主题,组织开展防灾减灾宣传教育活动。民政部制定出台中央层面活动方案,协调中央电视台、气象局、中国人保财险等单位共同开展防灾减灾公益宣传活动,首次在央视和《人民日报》播发和刊登防灾减灾公益广告,邀请防灾减灾宣传大使参与"防灾减灾日"和"国际减灾日"公益宣传活动,出版《中国减灾》防灾减灾日专刊,制作防灾减灾日专题挂图,全国累计发放各类宣传材料逾4 600万份,举办培训及讲座近6 000场,发送公益短信超过3亿条,参与活动人数达4 900万人次。国家防总、水利部组织《人民日报》、新华社、中央电视台等中央主流媒体开展"防汛备汛行"采访活动,编制"自然灾害防范与自救知识"系列丛书,向群众普及山洪、台风、城市内涝等灾害防范和自救互救知识。地震局以"识别灾害风险,掌握减灾技能"为主题,组织形式多样的宣传教育活动,通过电视、广播、报纸、网络等媒体制作专题节目,开辟专栏专版,开展系列宣传。气象局加强应急科普基础设施建设,制作科普图文作品1 749种,开展社区气象科普宣传260余次,发放气象防灾减灾科普宣传教育培训教材和防灾减灾明白卡10万余份。海洋局利用"6·8世界海洋日",制作防灾减灾宣传材料、声像产品和科普读物,加强重大海洋灾害宣传。

2013 年，各地结合本地区实际开展了内容丰富、形式多样的减灾宣传教育活动。北京市组织“5 · 12”防灾减灾宣传周系列活动，向市民开放应急指挥场所和宣传教育场所，参与群众达 200 万人次。天津市面向市民普及应急避险常识，针对特殊群众教授自救互救技能，编辑制作系列动漫宣传片，向社会普及防灾应急常识。内蒙古自治区印制蒙文版《内蒙古公众应急手册》，组织开展《中华人民共和国突发事件应对法》宣贯工作。辽宁、黑龙江、江苏、江西、山东、湖北、西藏、陕西、甘肃、青海、宁夏、新疆等省（自治区）围绕全国减灾日和国际减灾日活动主题，通过制作发放宣传册、张贴海报、制作展板、悬挂条幅、开设讲座等形式，向群众传播减灾应急知识和技能。浙江省减灾委举办集中宣传教育活动 1 219 场次，参加活动的志愿者达到 8.8 万人，直接参与活动人数达 140 多万人。河南省减灾办举办了“2013 年中原减灾应急相关技术与设备博览会”，省地震局成立防震减灾宣讲团，编写出版“防震减灾科普知识丛书”。湖南省国土资源厅与湖南卫视联合制作 4 期“湖南省常见地质灾害及应急避险知识”系列新闻报道，各级民政部门设立 3 000 多个宣传点，发放宣传资料近百万套。广东省组织第四届“百人百场”应急知识宣讲活动，深入 121 个县（市、区）的机关、社区、农村、学校、企业、家庭开展应急知识宣讲，广州市制作“应急侠”系列动漫宣传片在公共交通工具上播放，江门市举办“急中生智”大型益智类应急知识电视大赛。四川省建设一批应急管理示范学校，将应急教育作为社会教育重点内容，开展网上应急知识有奖竞赛，6 000 多所中小学的 400 多万师生、家长参与活动，发挥了“一个学生影响带动一个家庭”的作用，在社会公众中普及了应急自救知识。贵州省民政厅投入 155 万元，向每个全国综合减灾示范社区补助 2 万元，向每个省级综合减灾示范社区补助 1 万元，起到鼓励宣传带动作用。

2 事故灾难类突发事件应急管理概况及分析

2013年全国安全生产事故灾难应对工作总结评估报告

2013年,在党中央、国务院的坚强领导下,各地区、各有关部门和单位认真贯彻落实党中央、国务院关于加强安全生产工作的一系列重大决策部署和习近平总书记、李克强总理等中央领导同志重要指示批示精神,牢固树立"红线"意识,以进一步减少事故总量、有效防范和坚决遏制重特大事故为目标,以强化和落实安全生产企业主体责任、部门监管责任和属地管理责任为重点,持续深入开展安全生产大检查,全力抓好安全生产各项工作的落实,全国安全生产形势继续保持总体稳定、趋向好转的发展态势。2013年,全国事故总量、较大以上事故以及重点行业领域和大部分地区事故下降,但是部分行业领域和地区重特大事故上升,安全生产形势依然严峻。

一、事故灾难基本情况及主要特点分析

(一)全国生产安全事故基本情况

1. 总体情况

2013年,全国共发生各类生产安全事故309 295起、死亡69 434人,同比减少27 693起、2 549人,分别下降8.2%和3.5%。其中工矿商贸、道路交通、水上交通、铁路交通、农业机械和其他事故起数和死亡人数同比下降;渔业船舶和民航飞行事故起数和死亡人数同比上升。各行业领域事故情况详见表1。

表1 2013年各行业领域各类事故情况表

	事故起数	同比		死亡人数	同比	
		±	±%		±	±%
合　计	309 295	−27 693	−8.2	69 434	−2 549	−3.5
一、工矿商贸	6 486	−260	−3.9	8 039	−421	−5.0
其中:煤　矿	604	−175	−22.5	1 067	−317	−22.9
二、火　灾	100 268			504		
三、道路交通	198 394	−5 802	−2.8	58 539	−1 458	−2.4

续表

	事故起数	同比		死亡人数	同比	
		±	±%		±	±%
四、水上交通	262	−8	−3.0	265	−12	−4.3
五、铁路交通	1 852	−185	−9.1	1 337	−83	−5.8
六、民航飞行	9	8		6	5	
七、农业机械	1 733	−358	−17.1	432	−260	−37.6
八、渔业船舶	287	5	1.8	275	14	5.4
九、其　他	4	−2	−33.3	37	−5	−11.9

在各行业和领域事故中，道路交通事故起数和死亡人数均居第一位，分别占 64.1%和 84.3%；事故起数居第二位的是火灾，占 32.4%，死亡人数居第二位的是工矿商贸，占 11.6%。各行业领域事故起数和死亡人数比例详见图 1、图 2。

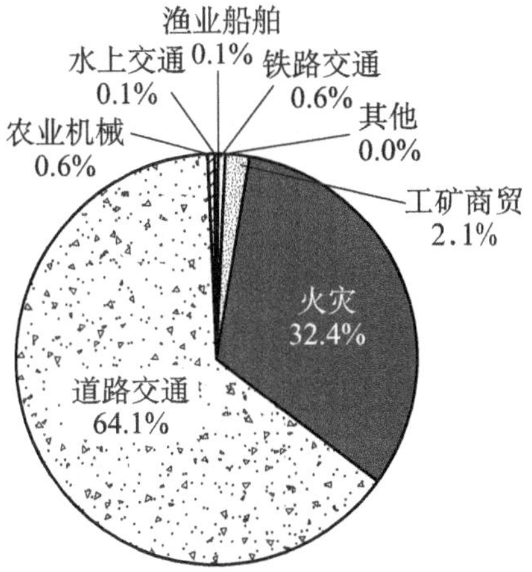

图 1　各行业领域事故起数比例图

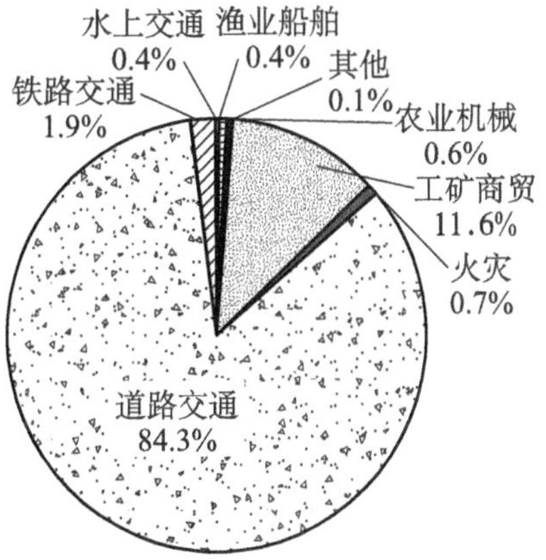

图 2　各行业领域死亡人数比例图

2. 较大事故情况

2013 年，全国共发生各类较大事故 1 156 起、死亡 4 590 人，同比减少 250 起、954 人，分别下降 17.8%和 17.2%。其中：工矿商贸及煤矿、道路交通和其他领域较大事故起数和死亡人数同比下降；水上交通和渔业船舶较大事故起数同比持平，死亡人数同比下降；民航飞行、铁路交通和农业机械未发生较大事故。各行业领域较大事故情况详见表 2。

表 2　2013 年各行业领域较大事故情况表

	事故起数	同比		死亡人数	同比	
		±	±%		±	±%
合　　计	1 156	−250	−17.8	4 590	−954	−17.2

续表

	事故起数	同比		死亡人数	同比	
		±	±%		±	±%
一、工矿商贸	261	−41	−13.6	1 044	−166	−13.7
其中:煤　矿	46	−25	−35.2	224	−127	−36.2
二、火　灾	36			144		
三、道路交通	818	−178	−17.9	3 194	−672	−17.4
四、水上交通	25			109	−10	−8.4
五、铁路交通		−3	−100		−16	−100
六、民航飞行						
七、农业机械		−2	−100		−7	−100
八、渔业船舶	14			85	−20	−19
九、其　他	2	−3	−60	14	−8	−36.4

在各行业和领域较大事故中，道路交通较大事故起数和死亡人数居第一位，分别占 70.8%和 69.6%；其次是工矿商贸，较大事故起数和死亡人数分别占 22.6%和 22.7%。各行业领域较大事故起数和死亡人数比例详见图 3、图 4。

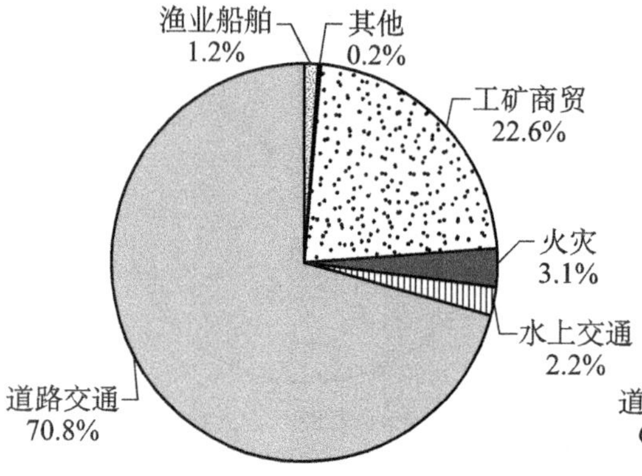

图 3　各行业领域较大事故起数比例图

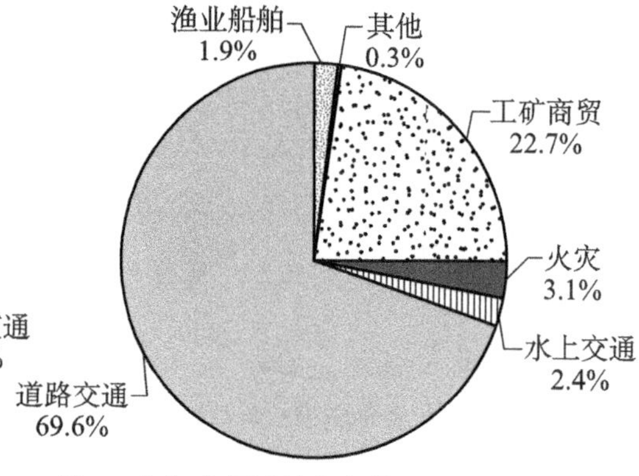

图 4　各行业领域较大事故死亡人数比例图

3. 重大事故情况

2013 年，全国共发生重大事故 45 起、死亡 613 人，同比减少 12 起、222 人，分别下降 21.1%和 26.6%。其中工矿商贸 21 起、死亡 300 人，道路交通 16 起、死亡 208 人，两者合计分别占重大事故总起数和死亡总人数的 82.2%和 82.9%。各行业领域重大事故情况详见表 3。

表 3　2013 年各行业领域重大事故情况表

	事故起数	同比		死亡人数	同比	
		±	±%		±	±%
合　　计	45	−12	−21.1	613	−222	−26.6

续表

	事故起数	同比		死亡人数	同比	
		±	±%		±	±%
一、工矿商贸	21	−4	−16	300	−97	−24.4
其中:煤　矿	13	−2	−13.3	209	−16	−7.1
二、火　　灾	3	2		42	32	
三、道路交通	16	−8	−33.3	208	−116	−35.8
四、水上交通	3	−2	−40	40	−28	−41.2
五、铁路交通						
六、民航飞行						
七、农业机械						
八、渔业船舶		−1	−100		−16	−100
九、其　　他	2	1		23	3	

各行业领域重大事故起数和死亡人数比例详见图5、图6。

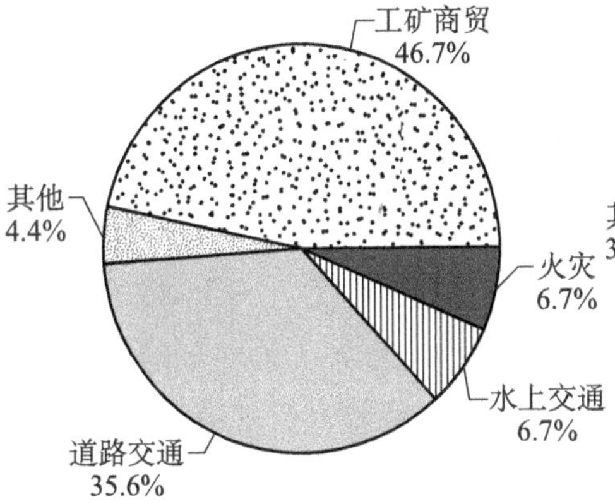

图5　各行业领域重大事故起数比例图

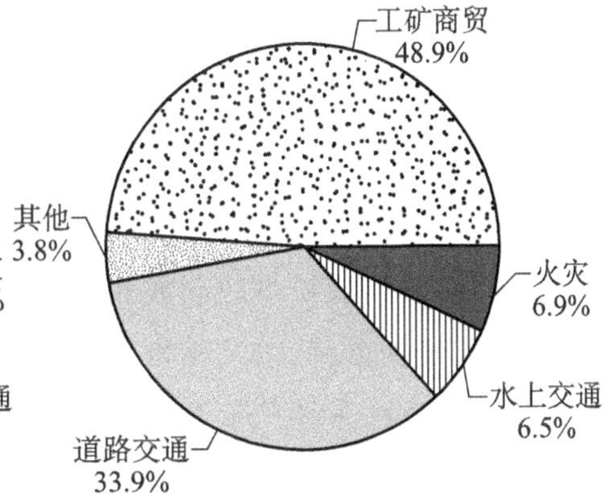

图6　各行业领域重大事故死亡人数比例图

4. 特别重大事故情况

2013年，全国共发生特别重大事故4起、死亡252人，同比增加2起、168人。其中工矿商贸3起、死亡131人，同比增加2起、83人，分别占特别重大事故的75.0%和52.0%；火灾1起、死亡121人，同比增加1起、121人，分别占特别重大事故的25.0%和48.0%。各行业领域特别重大事故情况详见表4。

表4　2013年各行业领域特别重大事故情况表

	事故起数	同比		死亡人数	同比	
		±	±%		±	±%
合　　计	4	2		252	168	
一、工矿商贸	3	2		131	83	
其中:煤　矿	1			36	−12	−25

续表

	事故起数	同比		死亡人数	同比	
		±	±%		±	±%
二、火　　灾	1	1		121	121	
三、道路交通		-1	-100		-36	-100
四、水上交通						
五、铁路交通						
六、民航飞行						
七、农业机械						
八、渔业船舶						
九、其　　他						

(二)2013年生产安全事故主要特点分析

1. 全国事故总量和较大、重特大事故下降

2013年,全国发生各类事故309 295起、死亡69 434人,同比减少27 693起、2 549人,分别下降8.2%和3.5%。其中较大事故起数和死亡人数分别下降17.8%和17.2%,重特大事故起数和死亡人数分别下降16.9%和5.9%。

2. 大部分行业领域事故下降

2013年,全国煤矿事故起数和死亡人数同比分别下降22.5%和22.9%,金属与非金属矿分别下降10.7%和15.0%,化工和危险化学品分别下降24.1%和22.5%,烟花爆竹分别下降17.9%和11.8%,冶金机械等八行业分别下降6.7%和6.8%,道路交通分别下降2.8%和2.4%,水上交通分别下降3.0%和4.3%,铁路交通分别下降9.1%和5.8%,农业机械分别下降17.1%和37.6%,其他行业领域分别下降33.3%和11.9%。

3. 大部分地区安全生产状况稳定

2013年,全国32个省级统计单位中,除天津、吉林、海南、西藏、重庆、青海、新疆生产建设兵团等7个单位外,其余25个统计单位事故总量和死亡人数同比实现双下降。天津、河北、山西、内蒙古、辽宁、江苏、浙江、福建、河南、湖南、广东、广西、海南、四川、贵州、西藏、重庆、陕西、甘肃、青海、宁夏、新疆生产建设兵团等22个单位重特大事故同比下降或持平(其中天津、内蒙古、辽宁、浙江、海南、西藏、青海、宁夏、新疆生产建设兵团等9个单位未发生重特大事故)。

4. 打击非法违法生产经营建设行为取得进展

2013年,在全国开展的"打非治违"专项行动成效明显,全年因非法违法生产

经营建设行为导致的较大以上事故起数与死亡人数同比分别下降13.8%和16.8%(其中重特大事故同比分别下降15.2%和15.9%)。

5. 煤矿生产安全事故大幅下降

2013年,全国煤矿事故起数和死亡人数同比分别下降22.5%和22.9%,其中较大事故起数和死亡人数分别下降35.2%和36.2%,重特大事故起数和死亡人数分别下降12.5%和10.3%,煤矿百万吨死亡率为0.288,同比下降23.0%。

6. 安全生产控制指标实施情况良好

2013年,全国32个省级统计单位中,生产经营性事故死亡人数控制指标均在年度目标以内,占100%。工矿商贸事故死亡人数控制指标有29个单位在年度目标以内,占90.6%。全国27个产煤省级统计单位中,除吉林省外,其余26个单位的煤矿事故死亡人数控制指标都在年度目标以内,占96.3%。

7. 反映安全发展水平的四项相对指标进一步降低

2013年,亿元国内生产总值生产安全事故死亡率为0.124,比上年减少0.018,下降12.7%;工矿商贸就业人员10万人生产安全事故死亡率为1.52,比上年减少0.12,下降7.3%;道路交通万车死亡率为2.3,比上年减少0.2,下降8.0%;煤矿百万吨死亡率为0.288,比上年减少0.086,下降23.0%。

二、应急管理工作总结评估

2013年各地区、各有关部门和单位坚决贯彻落实党中央、国务院的决策部署,深入开展全国安全生产大检查,不断加大"打非治违"和依法治理力度,持续强化重点行业领域安全专项整治,积极推动安全监管监察工作创新,进一步规范和强化应急管理工作,着力提高事故应急处置能力,事故起数和死亡人数继续下降,事故防范和事故应急救援工作取得了新成效。

(一)组织领导方面

1. 党和政府高度重视安全生产工作

党的十八届三中全会对安全生产作出了重大决策部署,习近平总书记、李克强总理多次作出重要指示批示。2013年6月习近平总书记批示强调,必须始终把人民生命安全放在首位,严守"发展决不能以牺牲人的生命为代价"这条红线;7月他两次主持召开中央政治局常委会研究安全生产工作，强调安全生产工作必须实行“党政同责、一岗双责、齐抓共管”；11 月 24 日他又亲赴山东省青岛市“11·22”中石化东黄输油管道泄漏爆炸特别重大事故现场，指导事故救援，并就安全生产工作的重要意义以及安全监管的工作理念、总体思路、方式方法发表重要讲话，提出明确要求。

各地区、各有关部门认真贯彻落实十八届三中全会精神和中央领导同志有关安全生产工作重要批示要求，积极采取有效措施，做好安全生产工作。安全监管总局围绕改革安全监管体制、建立健全责任体系、完善考核评价机制、建立隐患排查治理体系、转变政府职能、发挥市场机制作用、提升应急救援能力等重大课题，进行了深入研究，进一步明晰了安全生产领域深化改革的目标任务、关键环节和主要举措。地方各级党委、政府认真落实安全生产“党政同责、一岗双责、齐抓共管”的要求，各有关部门各司其职、协调联动、狠抓落实，形成了齐抓共管的工作格局。一些地方已就贯彻落实安全生产“党政同责、一岗双责、齐抓共管”和“一票否决”等要求，制定了实施方案。甘肃省明确地方各级党委对安全生产负总责，党委和政府主要负责人同为安全生产第一责任人。湖南省委、省政府在全国率先出台安全生产“一岗双责”暂行规定和监督管理职责规定。广东、云南、陕西、甘肃所属市县全部实行党委常委、政府常务副职分管安全生产工作。山西、吉林、上海、浙江、湖南、广东、甘肃、新疆等八个省(区、市)明确各级政府主要负责人担任安委会主任。四川、甘肃等地将省委组织部增列为省政府安委会成员单位。

2. 创新方式方法，力求检查实效

各地区、各有关部门年内组织开展了安全生产大检查。一是总动员、全覆盖。国务院安委会组织了 16 个综合督查组，由各相关部委领导同志亲自带队，对 32 个省级单位的 200 多个市县基层政府和近千家企业进行了督查。地方各级党政主要领导站到了大检查和安全生产工作第一线，省级领导带队下基层检查达 800 多人次。所有企业开展了自查自改。二是查实情、讲实效。各地区、各有关部门把反“四风”、转作风的要求贯穿于大检查的始终，深入开展安全生产大检查“回头看”，加强工作检查和督办；安全监管总局率先采取并大力推进“四不两直”方式深入基层现场开展暗查暗访，强化企业主体责任落实，扎实开展各重点行业领域安全专项治理，坚决遏制重特大事故发生。三是零容忍、严执法。采取突击检查、现场巡查、交叉执法、联合执法以及发动群众举报等多种方式，铁腕打击非法违法和违规违章行为。四是重整改、严防范。各地区、各有关部门坚持边查边改、立查立改。大检查期间全国重点行业领域共排查治理隐患681.5万项，整改率97.9%；其中重大隐患10 596项，落实整改资金54.7亿元，整改率86.7%。安全监管总局紧紧抓住煤矿安全“双七条”不放松，改革创新，真抓实干，深入开展50个重点县煤矿安全攻坚战，坚决遏制重特大事故。五是抓治本、促攻坚。各地区、各有关部门利用大检查的有利时机，攻坚重点难点，健全制度措施，推动了安全生产长效机制建设。安徽省政府对2013年安全生产大检查中发现的399项重大隐患和问题，由安委会办公室责成各市政府分级挂牌督办和跟踪督查，每半个月调度一次。

3. 加强应急管理体制、机制和法制建设

各地区、各有关部门在安全生产应急管理体制、机制和法制建设工作中取得了一定成效。一是各地区、各行业积极推进救援体系建设。其中，河北、山西、内蒙古、黑龙江、云南、甘肃、新疆等地以建设国家、区域矿山应急救援队为契机，大力推进矿山应急救援体系建设，进展明显。水上搜救、海上溢油、电力等其他行业的专业救援体系不断完善。应急管理机构建设取得一定成效，省、市、县三级安全生产应急管理机构逐步建立健全，人员得到充实，职能逐步强化。特别是北京、天津、辽宁、广东、江苏、重庆等地在推进安全监管体制创新中加强应急管理机构建设，逐步延伸至乡镇。二是积极探索应急救援新机制、新方法。安全监管总局会同广东省政府组织开展了广东大亚湾化工园区应急管理创新试点工作，从体制机制上探讨了新形势下加强化工园区应急管理的方法和路子。农业部2013年推出100个全国“平安农机”示范县，促进了构建“政府负责、农机主抓、部门协作、群众参与”的农机安全生产长效机制，强化了农机安全生产责任制的落实。上海市通过建立应急救援“3＋X”（市应急办、市应急联动中心、市应急救援总队＋相关处置部门）工作机制，加强各专业应急救援队伍的联勤联训，推进落实应急物资储备、应急预案演练和应急指挥协同等工作。内蒙古自治区政府办公厅会同相关职能部门组成专题调研组，完成了应急救援队伍装备配备明细和多方式储备应急物资的实施方案。三是加强应急管理法制建设。安全监管总局加快《安全生产法》和《矿山安全法》修订，启动了《安全生产应急管理条例》立法研究，起草了条例初稿和立法研究报告，加紧推动立法进程。河北、安徽出台了《突发事件应对条例》，开展了预案、物资、队伍等系列配套规章起草制定工作。国资委为进一步加强和规范中央企业应急管理工作，提高中央企业防范和处置各类突发事件的能力，减少突发事件和灾害造成的损失和影响，印发了《中央企业应急管理暂行办法》(国资委令第31号)，明确了中央企业应急管理工作“牵头管理，分工负责”的管理机制，强调了中央企业在公共突发事件救援过程中的社会责任，突出了企业与地方政府之间应急预案对接、建立应急联动机制的要求。国防科工局核准10套军工标准并组织召开军工系统安全生产标准化工作推进会，明确工作目标和要求。住房和城乡建设部印发了《房屋市政工程生产安全事故报告和查处工作规程》，提高事故报告查处工作效率。

4. 强化应急联动机制建设

国家和各个层面的应急机制建设有了新的进步，在预防和应对事故灾难中发挥了重要作用。安全监管总局赴总参谋部作战部、公安部消防局、中国海上搜救中心、武警部队总部等有关部门和单位进行了调研，就深化应急联动工作机制进行了探讨与交流，并与国家测绘局签署应急联动协议。气象局通过平台及时向发展改革委、安全监管总局、公安部、交通运输部等部门提供气象灾害预警应急服务信息。四川省积极参与泛珠三角区域应急管理协作联动工作，并与重庆、贵州、云南等相邻省(市)初步构建了跨省应急指挥协调联动机制。宁夏回族自治区召开了西部13个省级单位参加的应急管理合作联席会第二次会议，分析了当前西部地区应急管理工作面临的形势和任务，并提出了新的工作要求，推进了宁夏同西部其他地区应急管理工作的合作发展。

(二)应急处置方面

1. 规范应急处置工作

针对近年来事故应急处置中存在的突出问题，国务院安委会印发了《关于进一步加强生产安全事故应急处置工作的通知》(安委〔2013〕8号)，从制度层面就事故应急处置指挥、现场管理、应急保障、信息发布、指导配合、总结评估、应急奖惩等工作进行了更加明确的规范。

按照《通知》要求，安全监管总局起草了《生产安全事故应急处置评估暂行办法》。国家铁路局在青藏线“10·23”铁路交通事故发生后，认真落实中央领导同志重要批示要求，及时赶赴现场对事故调查进行了督导，并定期对铁路安全和突发事件发展趋势进行分析，每月形成分析报告，对汛期防洪等关键时期安全工作进行重点分析、提出对策建议，加强了行业监管，提高了突发事件的应急处置能力。国家能源局正在起草关于加强电力事故应急处置工作的相关文件，就严格落实电力事故应急处置责任、切实做好电力事故现场应急处置工作提出具体要求。广东省建立健全应急处置责任落实机制，并在全国率先建立重特大突发事件处置督查机制，通过对应急处置及善后工作等有关情况采取明查暗访等多种形式进行督查，确保重特大突发事件处置全过程工作措施有效到位。

2. 提高应急处置效果

2013年，全国安全生产应急救援队伍共参与事故救援14 601起，抢救遇险被困人员33 932人；公安消防部队共接警出动97.7万起，抢救遇险被困人员17.1万人；海上搜救机构共处置水上险情2 169起，成功搜救海上遇险船舶1 750艘、20 712人。各地区、各有关部门高度重视安全生产应急值守工作，完善工作制度，规范工作流程，坚持“应急值守无小事”的思想，及时准确地接报处理各类事故救援信息，始终保持了高度灵敏和快速反应态势。

(三)预案管理方面

1. 加快修订安全生产应急预案

据统计，全国2 713 742个企业编制预案总数达5 963 241个，其中综合预案1 756 720个、专项预案1 633 641个、现场处置方案2 572 880个。在此基础上，安全监管总局颁布实施了《生产经营单位生产安全事故应急预案编制导则》(GB/T 29639—2013)国家标准，加快修订《国家生产安全事故应急预案》。民航局协调云南省人民政府将昆明机场大面积航班延误纳入了省级突发事件应急工作体系，修订了《昆明长水国际机场大面积航班延误应急处置预案》，两次组织开展应急演练，经受住了“11·30”“12·15”和“12·27”等大面积航班延误的实际考验。国家能源局完成了《国家大面积停电应急预案》修订工作。国家铁路局下发《国家铁路局突发事件应急预案》，为指导相关铁路突发事件处置工作提供了制度保障。广东省安全监管系统对重点行业(领域)9 000多家企业应急预案实现网上备案、定期检查。江苏省把省级专项应急预案修订完善作为重点，组织各地区、各有关部门对发布满三年未修订的预案集中开展修订。重庆市在全国率先制定《重庆市突发事件应急预案评估办法(试行)》，进一步明确了应急预案的评估方法、程序，提升了预案管理的科学化、标准化和规范化水平。

2. 加强应急演练工作

据统计，2013年全国共开展安全生产应急演练793 754次(其中综合演练

147 057次,专项演练 646 697 次),采用现场演练方式 614 305 次,桌面演练方式 179 449 次。参演人员 10 851 179 人次,直接投入160 996万元。安全监管总局、新疆维吾尔自治区政府、中石油集团公司在乌鲁木齐市成功组织了 2013 年新疆重大危险化学品道路运输事故综合应急演练,作为全国安全生产月应急演练周启动仪式的重要内容,并通过卫星实时向国务院应急办和各省级安全监管局、煤矿安监局进行了直播,受到各方的好评。交通运输部、安全监管总局会同有关地区和单位分别组织了海上重大溢油应急处置,探索了复杂条件下多部门联合应对事故灾害的方法路子。一些省(区、市)和中央企业组织的演练要素很全、实战性强、效果明显。国家能源局联合广东省政府在广州举办大面积停电事件应急处置功能演练,广东省通信管理等 13 家大面积停电应急联席会议成员单位参加演练,进一步检验了应急预案的可操作性、应急队伍的决策能力及联动效果和各单位间的应急通信、信息共享和资源调度能力。民航局全年共组织各种规模应急演练 2 937 次,参演人员达 25 425 人次,排查风险隐患 2 729 项,整改率达到 97%。陕西省联合交通运输部,在秦岭终南山公路隧道举行了 2013 年中国公路交通联合应急演练,在全国交通系统进行了视频直播,示范效果明显,受到了社会各界的广泛好评。重庆市探索建立预案编制或修订后一个月内开展一次桌面推演制度,并积极推进盲演、无脚本演练和跨区域联合演练,不断强化演练的总结评估,演练的针对性和实战性得以提高。

3. 进行现场应急处置预案试点工作

安全监管总局在中石油集团兰州石化、大庆油田现场处置方案试点工作的基础上,将乌鲁木齐石化、大连石化列入试点范围,拓展了试点层次和范围,全面开展了企业现场处置方案试点工作,探索形成操作性、针对性强的现场处置方案,为在矿山、危险化学品等九大重点行业及其他行业推广奠定基础。同时将神华集团公司、中铝总公司、中建总公司、国家电网公司,以及北京市非煤矿山、危险化学品、冶金、建筑等行业四家中型企业作为试点单位,探索应急预案要素精简、结构调整、体系创新,实现应急预案"简明扼要,有用管用"。

(四)预防预警方面

1. 加强自然灾害引发事故灾难预防预警工作

各地区、各有关部门积极推进应急管理关口前移,着力强化安全生产领域监测预警系统建设，抓好风险评估和隐患排查治理工作，努力从源头上预防和减少生产安全事故发生。安全监管总局进一步完善了预警短信平台，并密切关注国务院应急办、国家防总和气象、海洋等部门的预警信息，全年共发出安全生产预警信息21次，就防范应对灾害性天气引发的生产安全事故工作提出具体要求。及时转发或印发通知，部署做好汛期灾害防范和安全生产工作，并召集14家国务院安委会成员单位、32家中央企业就做好汛期灾害防范应对工作进行座谈和工作部署。公安部针对雨雪冰冻恶劣天气和团雾天气，完善预防措施，对冬季恶劣天气交通应急管理工作进行规范。农业部协调广东、广西、海南三省（区）20余万渔业从业人员成功避风避浪，有效保护了渔民群众的生命和财产安全。气象局进一步扩大农村等边远地区气象灾害预警信息覆盖面，农村可用气象预警大喇叭48.5万套，比前一年增加了27万套。已建乡村气象应急信息服务站7.8万个，比前一年增加了20％，气象信息服务站乡镇覆盖率达95.6％。环境保护部推进化工园区有毒有害气体环境风险预警体系试点，组织编制国家重点化工园区有毒有害气体环境风险预警体系试点项目建设方案。上海市结合城市公共安全与应急管理特点，依托市气象局成立了市预警信息发布中心，整合电视、广播、手机、微博、移动电视、电子信息屏、智能终端等发布手段，为各预警管理部门搭建一个面向公众、渠道多样、覆盖面广的预警信息发布共享服务平台。

2. 开展安全生产领域预防性安全检查工作

据统计，2013年全国各类应急救援队伍开展预防性安全检查265 580队次，参与预防性安全检查950 897人次。查出隐患630 969项（一般隐患627 036项，重大隐患3 933项），协助整改602 266项（一般隐患599 409项，重大隐患2 857项），整改率95.45％。各地区、各有关部门对排查出的隐患实行“零容忍”，发现一处整改一处，不能立即整改的建立台账，做到整改措施、责任、资金、时限和预案“五落实”，实行登记、治理、验收、销号闭环管理，重大隐患实行挂牌督办，努力把事故消灭在萌芽状态。其中，环境保护部深化尾矿库环境风险管理工作，配合安全监管总局等七部门印发《深入开展尾矿库综合治理行动方案》，参与国务院安委会组织的金属非金属矿山整顿关闭专项督查和全国安全生产大检查。北京市采取“四不两直”方式，开展安全生产大检查，实现重点行业领域、区域和部门三个全覆盖，排查各类隐患23.02万项，整改21.71万项，隐患整改率为94％。

(五)队伍建设方面

1. 加强安全生产应急救援队伍建设

安全监管总局负责的 7 支国家矿山应急救援队已全部建成,实现了由单一的矿山救护队向集预防、救援、培训和储备等功能于一体的综合性救援队伍的转变,区域队、央企队建设全面展开。中央政府投资 8 亿元配备了 305 台(套)大型、特殊装备,地方政府和依托企业投资 20 多亿元配套了各类装备 1 500 台(套),增加基础设施 12 万平方米;健全了以“四队一组”为主体的组织体系,配齐配强了领导班子,增补了救援人员 1 607 人,健全了规章制度,应急救援能力建设取得明显成效。四川省狠抓全省矿山(危化)救援队伍建设,认真组织应急救援队伍开展培训、比武竞赛和达标考核,加强军事化管理,全省现有矿山救援队伍 35 支 1 700 余人,危化救援队伍 20 支 1 200 余人。广西壮族自治区推动安全生产应急救援“一总队三基地”项目建设,实现覆盖全区的安全生产应急救援网络。江西省政府充分发挥和借鉴国家(区域)矿山应急救援队的示范作用,推进矿山专业应急救援队伍建设;在重点化工园区、化工企业建立骨干危险化学品应急救援专业队伍,加强了非煤矿山、化工等七个行业的专家。上海市首创制定了值守应急管理地方标准,进一步规范全市各级政府及其部门的信息报告、信息核查、值班岗位设置、值班人员配备、值班部位、值班信息系统建设等工作,切实提升政府系统的值守应急能力和水平。

2. 强化重点行业应急救援队伍建设

道路交通、水上交通、铁路运输、民航飞行等行业领域和一些重点中央企业的应急力量得到新的加强。全国公安消防部队已建成消防特勤大队 61 个、特勤中队 446 个,并在 4 361 个执勤中队组建灭火、抢险救援、化学救援攻坚组 8 557 个,成立高层、地下、水域、山岳、道路交通、建筑倒塌、石油化工等各类灾害事故救援专业队 1 507 个,组建应急通信保障分队 463 支。新建现役消防队站 23 个、市政消防栓 6 万个,新增政府专职消防队 500 个,队员 2.5 万人和消防文员 0.6 万人,新配置消防车 2 781 辆、抢险救援器材 21.6 万件(套),消防基础建设进一步夯实。全国各省(区、市)均依托公安消防部队组建省、市、县三级综合应急救援队伍。民航局制定并下发了《关于贯彻落实国家航空应急救援体系建设“十二五”规划的实施意见》《〈关于加强“十二五”期间突发事件应急体系建设的指导意见〉工作任务分解表》和《〈关于贯彻落实国家航空应急救援体系建设“十二五”规划的实施意见〉工作任务分解表》，结合民航实际对工作任务进行了分解，明确了要求。

（六）资金投入方面

1. 中央财政投入情况

2013年财政部批准了《2013年央企应急救援队伍和培训演练基地建设项目投资计划》，下达资金9.8894亿元，其中16支应急救援队伍投资7.894 8亿元，10个培训演练基地投资1.994 6亿元。安全监管总局积极协调财政部和国资委，组织召开了2011、2012年度专项资金项目建设工作座谈会，总结了前两年建设经验，部署了2013、2014年建设任务，协调各地解决队伍基础设施、市政配套以及后勤保障等实际建设困难。民航局投资12亿元对105个机场的除冰雪设施、设备进行了更新改造，冰雪灾害应对能力进一步增强。公安部推进落实《地方消防经费管理办法》，中央和地方财政全年共投入消防经费近490亿元（其中中央投入168亿元），比上年增加近30亿元。

2. 地方财政投入情况

河北省安全生产应急救援指挥中心（救援训练基地）已于2013年2月25日正式开工建设，项目建设用地300亩，建设规模为6.3万平方米，总投资约5亿元，建成后将主要实现指挥协调、培训训练、抢险救援、应急产品检测检验、公共安全教育等功能。黑龙江省政府投入10 335万元用于补充5个省级矿山救援基地装备，督促地方政府和主管部门落实地方骨干队伍建设配套资金，共计5 975万元。青海省累计投入安全生产专项资金8 875.22万元，加强对消防、9支省级区域性矿山、危险化学品应急救援队建设，增配先进大型、特殊救援装备，进一步提升救援队伍的救援能力。

（七）应急保障方面

1. 加快应急救援信息化建设工作

安全监管总局以推进“安全生产监管信息化工程”立项为重点，强化安全生产信息化顶层设计，以用促建、以建保用，为安全生产大检查、“打非治违”、企业安全生产标准化建设等重点工作提供强有力的信息化手段支撑。发展改革委确定安全监管总局为项目牵头单位，会同工业和信息化部等七个共建部门，完成了《安全生产监管信息化工程需求分析报告》,并在11个试点市(区)开展隐患排查治理信息联网共享试点工程建设;组织神华集团、中煤能源集团等企业,争取到"国家矿井安全生产监管物联网应用示范工程"国拨资金1亿元;"国家安全生产物联网检测认证公共服务平台"项目取得发展改革委批复,为物联网技术切实转化为安全生产有效生产力奠定了基础。气象局建立全国高速公路交通气象实况监测网,下发全国高速公路交通气象实况检测产品,开展精细化交通预报试点,完成国家级和省级公路交通气象业务服务系统建设。国家能源局正在进行能源安全保障信息化工程中能源应急信息与指挥系统建设工作,该系统以电力应急信息与指挥功能为主,兼顾其他能源重大突发事件应急功能。北京市初步建成应急队伍和装备、应急物资、应急避难场所、应急预案、应急专家等五大数据库系统和应急政务值班通讯录系统,提升应急基础数据服务水平。烟花爆竹综合管理物联网应用系统和安全迎汛物联网应用系统得到进一步完善,"政治中心区"综合管理工程、烟花爆竹综合管理和安全生产物联网示范工程、电梯综合管理物联网示范工程等分别被发展改革委、公安部、安全监管总局、质检总局认定为国家示范工程,并作为"北京经验"向全国推广。浙江省工业应急产品和企业数据库基本建立,开展了应急通信系统调查统计工作,摸清了全省应急通信资源底数。

2. 加大应急救援物资储备工作

工业和信息化部组织召开了工业产品应急保障部门联络员座谈会,审议了国家应急物资生产能力储备试点单位(第一批)和当前国家鼓励发展的应急产品目录,并对下一阶段工作提出意见和建议。河北省各级政府及有关部门以加强物资日常存储和提高调配效率为重点,加大物资储备和仓储设施建设力度,建立了省、市、县、乡四级储备网络体系,完善了公路、铁路、航空紧急运送综合协调联动机制。目前河北省储备应急物资装备达到30余类400余种,应急保障能力得到显著提升。山西省安全监管局制订了《山西省安全生产事故应急救援物资储备管理实施办法》,规范了市、县安全生产应急救援物资储备的管理和使用。贵州省政府有关部门及时成立减灾救灾领导小组,并按照行业管理要求建立了相应的应急救援专家库,救灾应急工作组织体系进一步完善。浙江省2013年度共新建应急物资储备库22个、改建7个,总投入资金1.58亿元,救灾物资储备库建设取得了新的进展。

（八）事故查处方面

各地区、各有关部门严肃查处事故，运用典型事故案例开展警示教育，提高从业人员安全意识水平，增强企业安全责任心。2013 年全国查处结案重特大事故 44 起，追究责任 948 人（党政纪处分 649 人，移交司法机关处理 299 人），查处结案时间平均每起同比缩短 109 天，并在第一时间向社会全文公布了事故调查报告，社会反响积极、正面、平稳。全国共接到事故、隐患、非法违法行为、职业病危害等方面的举报信息 31 253 件，查实 20 630 件，查实率 70%，兑现奖励金额 289.7 万元。住房和城乡建设部严格执行事故查处督办和通报制度，按月通报房屋市政工程安全生产形势，及时通报较大及以上事故情况并公开事故查处信息，曝光了发生较大及以上事故的 79 家企业的名称及企业法定代表人、项目经理、项目总监的姓名，社会监督作用明显。

（九）科普宣教方面

1. 做好应急救援宣传工作，提高事故预防和救援能力

各地区、各有关部门结合安全生产月、“5·12”防灾减灾日、“11·9”消防宣传周等宣传活动，加强面向社会公众的应急知识宣教工作的统筹，加大社会面的宣传和教育力度。安全监管总局加大对党中央、国务院关于安全生产重大政策措施的宣传，深入宣传贯彻习近平总书记、李克强总理等中央领导同志的重要批示指示精神；通过新闻发言人做客中央主流媒体等形式，系统阐释总书记“要始终把人民生命安全放在首位，人命关天，发展决不能以牺牲人的生命为代价，这必须作为一条不可逾越的红线”的重要理念，强化安全生产底线思维和红线意识；通过《人民日报》、新华社、中央电视台（“焦点访谈”“面对面”“东方时空”“朝闻天下”）等媒体深入报道各地好经验好做法，曝光暗查过程中发现的典型案例；组织开展了以“强化安全基础，推动安全发展”为主题的第十二个全国“安全生产月”系列活动和第十五个“全国安全生产万里行”活动。广东省搭建理论研究平台，充分发挥了专家的学术引领作用，《物联网在广东应急管理中的应用研究》《广东省突发事件预警信息发布技术手段研究》等第二批应急管理研究课题顺利通过专家评审，有力提升了应急管理科学化水平。气象局组织“流动气象科普万里行”“全国气象科普进校园”和“2013 年气象灾害应急联席会议”示范活动，同时联合中国科协和共青团中央，开展“气象防灾减灾宣传志愿者中国行”宣传普及气象防灾减灾和应对气

候变化科学知识。国家能源局为配合电力生产安全月工作,制作了电力安全科普系列漫画,分为触电救急篇、城区篇、农村篇、灾害逃生与灾后保障篇四部分内容,向广大电力用户宣传安全用电和应急保障相关知识。公安部组织评选首届全国119消防奖,表彰97个先进集体和个人,命名消防教育示范学校538所,会同中央电视台等媒体单位制作刊播消防公益广告和安全提示,通过应急广播网发布安全应急避险知识,广泛开展《全民消防安全宣传教育纲要》颁布两周年、生命通道体验、119消防日等主题宣传活动,每日通过官方微博、微信等发布消防安全常识和逃生避险知识。旅游局通过举办全国旅游安全与应急管理培训班,开展"旅游安全宣传咨询日"和"旅游保险宣传周",不断加强对旅游从业人员的安全培训和对公众的安全宣传,增强全行业及广大旅客的旅游安全意识,提高安全知识技能及应急能力。

2. 进一步加强应急管理培训工作

各地区、各有关部门和单位注重将应急管理培训纳入安全生产培训,统一计划、统一管理、统一推进,取得了很好效果。一些省(区、市)组织对安全监管监察系统、安委会成员单位、高危行业企业的应急管理人员和应急救援队伍指战员的培训,使各种形式的应急培训逐步向横向扩展、纵向延伸。生产经营单位安全生产应急管理人员现有总人数921 097人,已参加培训654 597人,培训率71.1%。上海市依托上海行政学院成立了城市公共安全与应急管理培训中心,作为城市公共安全应急管理工作研究、培训基地,发挥教研培训的引领作用和沟通交流的平台作用;依托上海市消防训练基地,设立了市应急救援队伍综合训练基地,为应急救援队伍提供实景式、规范化的联勤联训场地。

3. 夯实科技支撑基础

安全监管总局通过项目建设,配发了地面大口径快速钻机、大重量提升装置、大排量矿用潜水电泵、涡喷消防车等一大批大型新型救援装备,大幅度提升了应急救援队伍应急处置能力,同时也带动应急装备研发和生产制造企业加大了投入和研发力度;面向全国征集了安全生产应急救援关键技术项目88个、新技术新成果新产品79个,组织实施了应急救援领域安全科技"四个一批"项目,完成了重大矿山事故钻孔救援关键技术与配套装备研究攻关课题研究。民航局自主研发了跑道拦阻系统(EMAS)首次在腾冲机场投入实际应用,显著提高了安全裕度。环境保护部试点新方法,筛选研究新技术,组织完成突发水污染事件快速处置装置应用技术比较分析，河流突发铬、镉污染事件应急处置技术研究等多个项目，提高事件应急处置能力。

三、存在的主要问题

近年来，各地区、各有关部门在安全生产应急管理工作中取得了一定的成效，但是距离党中央、国务院和人民群众对安全生产方面的要求，以及实现科学施救、专业施救的现代化应急救援还存在相当大的差距和问题。

1. 应急管理工作基础薄弱

一是一些单位和地方对应急管理和应急救援工作重视不够，从业人员缺乏必要的应急处置知识，第一时间处置水平低。二是应急管理条例尚未出台，严重制约着安全生产应急管理各项基础性工作的开展。三是各地区、各有关部门的应急管理机构普遍存在职能弱化以及机构不健全、人员不到位等情况，有些地区的应急管理机构形同虚设。应急处置工作机制不完善，政企、地企、社企以及区域、军地之间的协调联动机制还存在着诸多体制性障碍。四是应急处置工作的相关政策不完善，特别是在救援补偿、抚恤优待、救援人员基本待遇等方面缺乏有效保障。五是应急预案普遍存在功能定位和层级分类不清以及实用性、针对性、可操作性不强等问题，应急演练重演轻练、演练与实战脱节的现象比较突出。应急管理的宣传、教育、培训工作的普及率较低。

2. 应急投入不足，技术装备相对落后

国家级和重点行业领域应急救援队伍日常训练和救援装备配套、维护、保养等方面的经费缺口较大，影响了应急救援队伍持续、健康发展。应急救援高新技术装备的研发、推广和运用等工作相对滞后，一些应予淘汰的落后救援技术装备仍在使用。

3. 处置不当造成人员伤亡的问题突出

2013年发生的次生衍生较大以上事故28起，共造成107人死亡。其中吉林省吉煤集团通化矿业集团公司八宝煤业公司“3·29”特别重大瓦斯爆炸事故和川煤集团芙蓉公司杉木树煤矿“7·23”瓦斯爆炸事故由于违章指挥共造成33名专业矿山救援队员牺牲。

4. 危险化学品事故应急处置能力弱

从山东省青岛市"11・22"中石化东黄输油管道泄漏爆炸特别重大事故等各类危险化学品事故发现,我国在危险化学品应急救援方面存在应急处置意识差、能力不强的状况。目前我国尚未建立完善的危险化学品应急救援体系,从上至下的安全监管监察体系中未设立有关危险化学品应急救援机构,专业化的危险化学品应急救援队伍建设和装备投入不足,一些地区仅凭消防队伍处置危险化学品事故非常困难。

四、进一步做好应急管理工作的措施和建议

为切实解决安全生产应急管理方面存在的突出问题,将习近平总书记、李克强总理的重要指示精神落实到位,真正提高事故应急处置能力和水平,增强坚守红线的能力和本领,建议做好以下几方面工作。

1. 强化应急管理机构建设

进一步健全完善省、市、重点县三级安全生产应急管理机构和省级煤矿应急救援管理机构,落实人员编制,完善工作职能,提高制度化、规范化建设水平,为加强安全生产应急处置工作提供坚强的组织保证。

2. 完善应急救援工作机制

建立常态化的国家、省、市、县四级应急管理机制,在建立政府和救援队伍之间的工作机制、部际联动机制、区域联动协作机制以及军地应急救援联动机制的基础上,突出抓好政企、地企、社企之间的协调联动、协调应对、有效处置机制的完善,强化通报告知、现场管控、转移疏散、信息发布、医疗救治、善后处理等机制、制度和措施。

3. 健全安全生产应急管理法律法规

加快《安全生产应急管理条例》制定出台,为应急管理工作提供有效的法律支撑,解决阻碍应急管理工作发展的难题。

4. 抓好应急预案管理工作

一是完善预案体系。深入开展危险因素辨识和应急能力评估工作,按照应急处置措施细化、分解、落实到每个具体岗位的要求,编制完善基层企业事故现场处

置方案和专项处置措施，形成层次清晰、衔接紧密的政府、企业应急预案体系。二是提高预案质量。按照简明扼要、实用管用和卡片化的要求，推动应急预案简明化、标准化，突出企业班组、重点岗位，编制各类应急处置要领。提高各级政府、各类生产经营单位应急预案质量，提高应急预案的科学性、针对性、实用性、操作性，增强第一时间有效应对事故灾难水平。三是加强预案管理。加强对应急预案编制过程的形式审查和备案后实施情况的执法检查，将风险评估和应急资源调查报告纳入备案内容，尤其要搞好政府、企业预案的衔接。四是强化应急演练。大力开展应急预案演练，在重点抓好企业现场演练的基础上，推动地区性或跨地区综合演练，尤其是开展实案化、实战化应急演练活动，并加强对演练的评估，查找存在的问题，及时修订预案。

5. 加快应急救援体系建设

一是落实应急救援资金。根据有关法律法规，各级政府在财政方面开辟应急救援的渠道。在加强国家队和中央企业应急救援队伍建设的同时，各级财政应开辟专门的应急救援资金渠道，解决地方和企业应急救援队伍的资金来源问题，切实保障应急救援队伍在人员、装备、训练、日常管理和出动救援等方面的资金，保证队伍长期稳定运行发展。二是加快应急救援队伍建设。加强国家、区域矿山应急救援队建设，强化队伍功能，抓好配套建设，规范队伍管理，加强训练演练，全面形成救援能力。抓好中央企业应急救援队伍建设。积极推进地方和重点行业领域应急救援队伍建设。进一步研究解决地方应急救援队伍建设布局、职能定位、体制机制、运行保障等问题；有重点地加强公路（铁路）交通、水上搜救、船舶溢油、建筑施工、电力、旅游等行业领域和高危行业企业专兼职应急救援队伍、志愿者队伍建设。三是加大应急救援装备建设。所有企业都必须配备保证救援需要的必要救援装备，所有救援队伍都必须针对服务范围内的灾害特点配备精良装备，所有地方和单位都必须建立救援物资储备或生产能力储备。国家和区域矿山应急救援队要管好用好国家投资配备的高精尖装备。各级安全生产应急管理机构都要掌握本地的应急资源情况。四是加快推进各级地方政府和企业应急平台建设，开展应急资源普查，完善应急资源数据库，推动应急救援信息化建设。

6. 强化化学品事故应急救援体系建设

鉴于我国危险化学品应急响应、协调联动、预案与演练等方面存在的突出问题，应建立国家化学品事故应急中心，规范化学品事故应急处置机构建设，强化对化学品事故应急处置的组织领导，提高化学品事故应急处置能力和水平，将化学品事故应急处置关口前移，预防重特大事故的发生。

7. 加大应急宣传工作力度

各地区、各有关部门和单位要高度重视安全生产科普宣教工作，充分利用媒体网络等各种工具，将安全生产政策法规、公众应急知识和技能的宣传和普及纳入各级各部门安全生产工作的重要内容，提高企业和群众的防灾和抗灾能力，减少事故发生。同时，要充分吸取近年来吉林省吉煤集团通化矿业集团公司八宝煤业公司“3·29”特别重大瓦斯爆炸事故、山东省青岛市“11·22”中石化东黄输油管道泄漏爆炸特别重大事故教训，发挥好事故案例的警示教育作用。通过事故案例警示教育，营造全社会关注安全生产应急管理工作的良好氛围。

8. 树立正确的应急处置理念

要牢固树立“以人为本、安全第一、生命至上”和“不抛弃、不放弃”的应急处置工作理念。“以人为本”是科学决策、安全救援与处置的核心，在制定方案、作出决策的过程中，要始终把救援人员和涉险人员生命安全放在首位；“安全第一”要求我们在救援过程中采取严密的安全保障措施，在确保救援人员安全的前提下组织实施救援；“生命至上”要求我们始终把挽救遇险被困人员生命作为首要目标，树立为了遇险的职工群众，要想尽一切办法、用尽一切手段，“不抛弃、不放弃”的坚定信念。这些理念是在我们对事故应急处置工作规律的认识不断深化的过程中形成的，既是安全生产方针的具体体现，也是“科学发展、安全发展”理念的必然要求。

3 公共卫生类突发事件应急管理概况及分析

2013年全国公共卫生事件应对工作总结评估报告

一、基本情况

2013年，全国(不含港、澳、台地区，以下同)公共卫生类突发事件整体形势平稳。

(一)突发公共卫生事件

2013年，突发公共卫生事件网络直报系统共收到全国突发公共卫生事件报告1077起(含食物中毒事件，不含动物疫情)，报告病例36965例，死亡352人。与2012年相比，报告事件数下降11.6%，病例数下降11.7%，死亡数上升18.9%。

按照《国家突发公共卫生事件应急预案》分级标准，全部报告事件中，无特别重大突发公共卫生事件报告。重大事件3起，2012年无重大事件报告；较大事件184起，占17.1%，与2012年相比，报告事件数上升31.4%，病例数上升45.4%，死亡数上升19.0%；一般事件890起，占82.6%，与2012年相比，报告事件数下降17.3%，病例数下降17.3%，死亡数下降30.2%。

1.传染病事件

2013年，全国共报告传染病事件783起，占报告事件总数的72.7%；报告病例30271例，占报告病例总数的81.9%；报告死亡61人，占报告死亡总数的17.3%。与2012年相比，传染病事件数下降19.6%，病例数下降9.5%，死亡数下降1.6%。

传染病事件中，以手足口病、水痘、流行性腮腺炎、季节性流感、霍乱为主，占传染病报告事件总数的56.0%。

2.食物中毒事件

2013年，全国共报告食物中毒类突发事件152起，报告中毒5559例，报告死亡109人。与2012年相比，食物中毒事件报告起数下降12.6%，病例数下降

16.8%，死亡数下降25.3%。食物中毒事件中，微生物中毒占32.2%，以沙门氏菌、副溶血性弧菌、蜡样芽孢杆菌和葡萄球菌及肠毒素常见；真菌性食物中毒占22.4%，均为毒蘑菇所致；有毒动植物中毒占17.8%，以乌头碱中毒为主；化学物引发中毒占12.5%，以亚硝酸盐、农药、鼠药剂类常见；不明原因中毒占15.1%。

3.职业中毒事件

2013年，全国共报告职业中毒事件27起，占报告事件总数的2.5%；报告病例223例，占报告病例总数的0.6%；报告死亡52人，占报告死亡总数的15.7%。与2012年相比，职业中毒事件数上升35.0%，病例数上升74.2%，死亡数上升136.4%。引发职业中毒的主要致病因素为一氧化碳和硫化氢等。

4.环境因素事件

2013年，全国共报告环境因素事件101起，占报告事件总数的9.4%；报告病例458例，占报告病例总数的1.2%；报告死亡128人，占报告死亡总数的38.6%。与2012年相比，环境因素事件数上升381.0%，病例数上升81.7%，死亡数上升245.9%。环境因素事件中，高温中暑事件占81.2%，非职业性一氧化碳占13.0%。

(二)食品药品安全事件

1.食品安全事故

国家食品药品监管总局报告，2013年未接到重特大级别食品安全事故报告。共收到食品安全事故报告190起，涉及4989人次，死亡12人，主要为一般事故。其中，生产环节发生事故3起，涉及97人；流通环节发生事故3起，涉及23人；餐饮消费环节发生事故(主要为食物中毒事故)160起，涉及4435人，死亡3人；其他方面发生事故(家庭误采误食导致的食物中毒事故等)24起，涉及434人，死亡9人。未收到保健食品安全突发事故报告。

2.药品等安全事件

2013年，无特重大级别药品安全突发事件。共收到一般和较大药品安全突发事件(药品群体不良事件、重大药品质量事件等)23起，涉及126人，死亡11人。

(三)动物疫情

1.畜禽疫情

2013年，四川、西藏、江苏等8个省份发生23起口蹄疫疫情，西藏、河北、贵州发生3起家禽H5亚型高致病性禽流感疫情，新疆发生3起小反刍兽疫疫情。

2. 野生动物疫情

2013年，全国未接到较大及以上级别疫情报告，共报告4起一般突发野生动物疫情；报告183起野生动物异常情况。通过主动监测，发现多起鸟类携带多种亚型禽流感病毒情况。

二、主要特点分析

对公共卫生类突发事件性质、原因以及“三间分布”(时间、空间和人群间分布情况)等客观因素进行深入分析，2013年公共卫生类突发事件主要呈现以下特点。

(一)突发公共卫生事件维持稳定状态

2013年，全国突发公共卫生事件报告发生总体形势与近两年相似，以传染病事件为主，4—6月是事件高发期，学校是事件发生的重点场所(占59%)。2013年报告事件数、报告病例数较2012年均有所下降，主要与传染病事件报告减少有关。报告死亡数上升主要与职业中毒事件和环境因素事件报告死亡数增加有关。2013年3月人感染H7N9禽流感疫情发生后，有关部门和地区认真贯彻落实党中央、国务院决策部署，迅速启动联防联控工作机制，及时处置，疫情得到有效控制。

(二)食品药品安全事件社会关注度高

食品药品安全是重大的基本民生问题，2013年陆续曝光的一些食品药品安全问题，如“病死猪”“假羊肉”、中药材掺杂使假、大米镉超标、台湾“黑心油”等事件及热点问题，引发社会广泛关注。尤其是婴幼儿乳粉、疫苗等食品药品安全事件涉及人群敏感，媒体和网络持续跟进，有的媒体采用追溯方式对既往情况进行挖掘报道，舆论影响不断增大，热度不断升高。食品药品监管、卫生计生委等部门在妥善处置事件过程中密切监测舆情动态，坚持公开透明原则，及时正面引导，有效减轻了事件相关影响。

(三)动物疫情继续保持总体平稳

2013年，全国重大动物疫情形势总体保持平稳，未发生区域性重大动物疫情，及时防范了周边国家疫情传入，发生的每一起疫情均得到有效控制。但全球特别是周边国家和地区动物疫情频发，禽流感污染面依然较广，口蹄疫多种亚型病毒并存;炭疽病、包虫病、血吸虫病、狂犬病等人畜共患病对公共卫生的威胁依然很大。野生动物疫病监测防控实现重大疫情零发生。但是,一些疫病对濒危物种的危害进一步凸显,某些野生动物源性人畜共患病严重威胁从业人员生命健康。鸟类携带禽流感病毒的情况较重,重组变异并向人类、家禽传染的风险增加。2013年人感染H7N9禽流感疫情给我国家禽业造成了重大损失。黄浦江死猪漂浮事件引起社会各界广泛关注,凸显了我国病死动物无害化处理能力亟待加强。

(四)输入性疫情对我国威胁日益增大

2013年,中东呼吸综合征、美国西尼罗、尼日利亚拉沙热等境外重大疫情相继发生。质检和卫生计生部门多次发现并处置来自非洲、东南亚的输入性恶性疟疾、登革热、基孔肯雅热等疫情。随着全球气候变暖,出入境人员货物增多,我国面临输入性传染病局部暴发流行的风险不断加大。同时,农业、质检、林业部门研判认为,非洲猪瘟等动物疫病经野生动物传入我国的风险也在不断加大。

三、应对工作总结评估情况

(一)组织领导和预案建设方面

各部门继续加强体制机制建设,按照国务院《突发事件应急预案管理办法》,对本部门相关预案进行梳理及完善。国家卫生计生委建立健全多部门联防联控工作机制,强化部门信息沟通和措施联动,成功处置了人感染H7N9禽流感等疫情,有效防范了中东呼吸综合征等疫情。将卫生应急协作内容纳入军地卫生计生合作框架协议。加快推进指挥决策系统建设。研究完善卫生应急单项预案,组织制订疾病预防控制机构、医疗机构卫生应急工作规范。农业部围绕中长期规划确定的口蹄疫、禽流感、布病等优先防治病种,全面部署防控工作,四种重大动物疫病免疫密度达到95%以上,免疫抗体合格率超过国家规定标准。商务部进一步加强生活必需品供应,完善部际联防机制、省部合作机制,尤其强化食品药品安全突发事件应急领导小组建设,充分调动企事业单位积极性,进一步加强领导,明确责任。完善对外安全应急工作机制,加强对驻外经商机构、境外企业的指导,依托境外中资企业商(协)会平台加强境外企业的应急协调和联动能力。会同有关部门制定了《对外投资合作境外安全事件应急响应和处置规定》,督促对外投资合作企业不断完善应急预案。工商总局印发《关于贯彻〈国家突发事件应急体系建设"十二五”规划〉的意见》，明确主要任务，加快推进应急体系建设。质检总局继续完善应急管理领导小组，主要领导任组长。健全分级负责、条块结合和属地管理为主的突发事件应对工作指挥体系。食品药品监管总局成立应急工作领导小组，由主要领导担任组长，多位总局领导任副组长，形成统一领导、集中指挥，以及相关部门具体落实的组织保障体系。北京、河北、广东等大部分省级局已成立食品药品安全应急管理领导机构。印发《食品药品安全事件防范应对规程(试行)》，确定食品药品安全信息和食品药品安全事件的分类分级标准、处置程序。成立应急管理司，加强对食品药品突发事件防范应对工作的指导协调。绝大多数省级局设立了应急管理机构，配备了专职人员。初步统计，2013 年年底全系统已到岗专职应急管理人员 1103 人。林业局印发通知，并召开电视电话会议，部署野生动物保护和疫源疫病监测防控重点工作，发布实施《陆生野生动物疫源疫病监测管理办法》，起草完成《突发野生动物疫情应急预案》以及《陆生野生动物疫源疫病监测技术规范》等 3 项标准。

(二)应急队伍建设方面

国家卫生计生委在全国共创建 104 个国家卫生应急综合示范县(市、区)，启动卫生应急能力评估工作，开展培训，指导各地尤其是基层提升卫生应急能力和管理水平。加强对国家卫生应急队建设工作的督导，帮助制定队员管理方案、现场处置操作指南等，组织开展相关演练。天津、重庆、陕西等地派出国家队开展下乡巡回医疗等活动，探索建立“平战结合”机制。农业部强化应急队伍和应急物资储备制度，加强应急培训和演练，强化应急防控机制，提高应急处置能力。商务部举办市场保供、防控等专题性应急管理培训班，并将应急管理纳入各级各类有关培训工作内容。充实应急咨询专家库，完善领导决策、智力支持、决策执行等三位一体应急管理队伍。工商总局加强对全系统的培训教育，不断提高市场监管应急处置能力。质检总局按照世界卫生组织口岸核心能力要求，加强培训、演练，完善专家咨询队伍和应急处置队伍。食品药品监管总局组织召开了全国食品药品安全应急管理工作座谈会暨应急演练观摩会，部署应急工作，同时宣贯《食品药品安全事件防范应对规程(试行)》。为相关省市食品药品生产经营企业等培训应急处置方面业务知识 700 余人次。各地共组织应急管理工作培训 2000 余人次，开展各类食品药品安全应急演练 260 余次。开展典型食品药品安全突发事件案例编写工作。林业局开展国家层面的监测技能培训 210 人次、应急演练 162 人次，指导天津、浙江、湖北、宁夏等地做好人员培训,提高人才队伍的监测和防控能力。

(三)应急保障方面

国家卫生计生委会同工业和信息化部在重庆、湖北、湖南等地开展卫生应急物资储备整合试点工作,协调国家反恐办、工业和信息化部调运应急药品。加快推进卫生应急科研工作,开展2013年度卫生行业专项"卫生应急救援现场关键技术、流程规范应用性研究"。农业部加大推进《国家中长期动物疫病防治规划》贯彻实施,完成规划实施意见和分工落实方案,积极争取各项支持策略,加大免疫、监测、扑杀等经费投入力度。加强养殖场户综合管理,提高生物安全水平。商务部加强对突发事件事发地及周边的市场供应情况,特别是重要商品市场预警分析,做好相应物资储备和调运,重点保障重大节假日期间的市场供应。加强储备商品的科学投放和管理;完善应急投放网络和布局,确保投放渠道畅通。工商总局积极指导地方各级工商部门做好人感染H7N9禽流感疫情防控,努力保障消费安全。食品药品监管总局积极协调推进食品药品安全"十二五"规划中应急管理任务和重点建设项目,完成相关中期评估工作。林业局做好国家级监测站网络建设规划的布局和指导,开展初检实验室建设改造升级,提升检测能力。

(四)监测预警方面

国家卫生计生委印发通知,指导各地加强突发事件公共卫生风险评估。完成市县级突发事件公共卫生风险评估试点,启动市县级风险评估工作。进一步修改完善突发事件公共卫生监测预警制度。开展对全国鼠疫、炭疽、人感染高致病性禽流感等13种突发急性传染病实验室检测能力调查,了解各地相关疾病检测能力。在上海、浙江等省市医疗机构开展严重临床异常事件监测报告试点。重点加强人感染H7N9禽流感疫情监测和形势研判。农业部组织开展疫情监测和流行病学调查,及时掌握疫情动态。2013年,全国共监测禽流感样品492万份、口蹄疫样品388万份,对病原学阳性畜禽按规定及时进行处置。抓好H7N9禽流感监测,强化流行病学调查,科学研判形势。进一步完善疫情报告网络,加强疫情举报核查工作。商务部完善生活必需品市场预警信息监测体系,重点加强重大节假日期间的市场监测预警,完善农产品产销自动对接信息平台,加强对农产品市场的监测预警和信息引导,化解农产品卖难问题。落实境外安全风险预警和信息通报制度,及时发布风险提示,通报境外安全形势和突发事件情况。建设境外企业项目外源性风险管理评价体系，帮助企业系统性评估外源性风险。质检总局制定和实施了《中国进出口食品化妆品安全风险监控计划》，对涉及115种进出口食品化妆品的510个项目进行了抽样监控，抽取样品19935个，得到监控数据104986个。418个监控样品被检出不符合判定标准，占总抽样的2.10%，监测发现进口蒸馏酒和调味品中的塑化剂、进口葡萄酒中的富马酸、进口卷烟中的重金属和亚硝胺等潜在风险物质，通报有关部门组织评估。在进口液态乳中首次检出铬，进口化妆品中首次检出丙烯酰胺，出口茶叶中首次检出虱螨尿超标，以及出口番茄酱中首次检出助壮素超标等新的安全隐患。密切关注和收集境外500多个网站的信息，全年收集研判进出口食品安全信息4238条。开展出入境传染病及核生化因子监测，全年监测排查有症状人员2.8万人次，放射性超标2000多起。食品药品监管总局开通应急管理信息传输系统，实时监测食品药品安全网络敏感信息和舆情热点，采用总局内网、短信和传真系统收发等方式向省级局发送《重要舆情快报》《每日舆情监测报告》，实现了重要敏感舆情共享。加强舆情趋势分析研判，提高突发事件应对措施的针对性和实效性。2013年共筛选舆情信息1200万条(次)，发出蓝色预警112次、黄色预警5次、橙色预警7次，编报《每日舆情监测报告》185期，报送突发事件和重大活动分析专报54期，提出建议100余条，处置食品药品安全热点敏感事件70余起。林业局加大主动监测、流行病调查和H7N9禽流感病毒溯源力度，累计采集6万余份鸟类样品，监测到多起鸟类携带多种亚型禽流感病毒，首次发现鸟类携带H7N9禽流感病毒阳性情况。完善主动预警专项工作方案，稳步推进重要野生动物疫病由被动监测向主动预警转变。

(五)应急处置方面

国家卫生计生委会同联防联控工作机制各成员单位认真落实国务院决策部署，切实做好人感染H7N9禽流感疫情防控工作，加强鼠疫、中东呼吸综合征疫情防范，指导地方有效处置云南登革热疫情等突发公共卫生事件。赴菲律宾参与"海燕"台风灾后紧急医学救援。积极做好4·20四川芦山地震救援，指导地方开展了云南镇雄县山体滑坡、青岛黄岛区输油管线爆燃事故、陕西胡蜂袭击伤人、新疆鄯善县暴力袭击事件的卫生应急处置工作。农业部对发生的每起重大动物疫情，第一时间派出工作组赶赴现场指导疫情处置，开展紧急流行病学调查、追踪溯源等各项防控工作，全年共派出124个督查组553人次赴各地开展工作。商务部会同有关部门有效处置了相关食品卫生安全事件，规范了药品流通市场秩序，维护肉品生产经营秩序，有效支援了地震、极端天气等重大突发事件的应急处置。会同卫生计生委指导驻安哥拉中资企业处置员工感染登革热事件，配合卫生计生委做好中东呼吸综合征的防范工作。工商总局依法依责积极配合相关部门做好人感染 H7N9 禽流感疫情防控工作，印发通知加大市场监管执法力度，查处借防治人感染禽流感疫情名义销售各种“三无”产品、过期变质产品等扰乱市场秩序的违法行为。质检总局加强风险分析和检疫查验模式，有效应对中东呼吸综合征、人感染 H7N9 禽流感等国际关注突发公共卫生事件；妥善处置新西兰乳制品双氰胺事件、欧洲马肉丑闻、新西兰乳粉肉毒杆菌污染事件、台湾地区食用油掺假事件等十多起食品安全突发事件，避免了系统性和区域性事件的发生。食品药品监管总局有效处置了乙肝疫苗舆情事件、婴幼儿奶粉反式脂肪酸事件、香港 VC 银翘事件和北京、内蒙古、浙江、青海等地发生的多起群发性食物中毒事故等。通过采取第一时间控制涉事产品，以及发布信息、科学解读等措施，有效抑制了事件发酵蔓延对经济社会生活的负面影响。及时核实或处置可疑医疗器械不良事件报告 23 万余份。林业局严格落实监测防控措施，全力配合做好 H7N9 禽流感疫情防控，及时发现并妥善处置了 4 起野生动物疫情。

(六)科普宣教方面

国家卫生计生委组织开展“突发急性传染病防控”和“突发中毒事件应急处置”全国技能竞赛活动。完成卫生应急管理、应急准备、紧急医学救援、突发急性传染病防控、中毒事件控制、辐射事件控制等卫生应急培训教材编制发行。指导河南、天津、广西、广东等地开展卫生应急培训中心建设。加强卫生应急风险沟通，利用微博、专家访谈等载体，开展防灾减灾、中暑防范、预防采食野生蘑菇中毒、胡蜂袭人、核辐射与健康等专题防护宣传。农业部采用多种形式，积极宣传《农产品质量安全法》《国家突发重大动物疫情应急预案》等法律法规，提高养殖场户的防疫意识，普及农民科学养殖等技术知识。同时，提高外来动物疫病防范意识，有效防止外来动物疫病传入。商务部通过政府网站和新闻媒体向对外投资合作人员和劳务人员多次发布境外传染病预警，提醒尽量避免或暂缓赴疫情严重的国家和地区。工商总局通过政府网站和新闻媒体向公众发布信息，加大对人感染 H7N9 禽流感防控的政策法规、措施和知识的宣传力度。质检总局印制 1.5 万份宣传海报和 15 万份宣传手册，以网站、电子显示屏、宣传栏、公告栏等多种形式开展中东呼吸综合征和人感染 H7N9 禽流感等防治知识宣教，提高出入境人员和口岸人群的疫情防控意识。食品药品监管总局开展形式多样、内容全面的科普宣传活动，进一步提高公众饮食用药安全意识和自我保护能力，动员全社会关心、支持和参与食品药品安全工作。林业局充分利用网络、报纸等形式，及时反映野生动物疫源疫病监测防控工作动态，开展科普宣传，引导社会公众参与野生动物异常情况监测，提高自我防护意识和能力。

四、存在的主要问题

目前，我国各类自然、非自然的突发公共卫生事件交织出现，尤其是人感染 H7N9 禽流感等新发传染病疫情的出现，严重危害人民群众的健康安全。我国经济社会发展正处于转型期，在快速推进的城镇化建设进程中，一些落后的生产生活方式加大了传染病、食物中毒、食品安全等公共卫生类突发事件发生的风险。高效的现代化传媒条件，以及公众对健康安全的高度关注，极易引发谣言传播，形成相关媒体热点事件。总体上看，我国公共卫生类突发事件的防范和应对压力正不断加大。同时，相关应急工作仍存在一些薄弱环节亟待解决。一是相关部门的各级应急指挥决策平台建设，尚不能满足应急准备、监测预警、应急值守和应急处置等工作的需要，互联互通、信息共享有待进一步推进。二是一些食品生产、加工、流通、交易等产业（包括家禽和家畜养殖、野生动物驯养繁殖产业）防范和抵御公共卫生类突发事件风险的能力弱，一旦此类事件发生，产业往往受损严重。相关产业抵御突发事件风险的能力亟待提高。三是公共卫生类突发事件的社会共治、网络化管理水平不高，社区、企业、非政府组织、志愿者等参与事件防范和处置的社会多元化治理模式有待进一步建立健全。四是事件应急处置相关的综合管理能力和专业技术能力仍需加强。

五、相关工作建议

（一）健全相关法规和工作机制，完善预案

进一步推进《传染病防治法实施办法》《突发公共卫生事件应急条例》《重大动物疫情应急条例》等法规的修订工作，制订完善各类突发公共卫生事件应急技术标准和技术方案。完善部门间、军地间、部省间卫生应急协作机制，探索建立部门间和区域的突发事件医疗卫生救援信息报告和沟通协调机制。继续加强与香港、

澳门、台湾两岸四地间公共卫生类突发事件沟通合作机制。认真贯彻落实国务院办公厅印发的《突发事件应急预案管理办法》，完善卫生应急相关预案，编制食品药品安全应急预案规划，抓紧启动《国家食品安全事故应急预案》修订，督促食品药品生产经营企业加强突发事件应急预案方案制定修订和演练工作。

(二)加强应急指挥决策能力建设

总结公共卫生类突发事件应急体系建设经验，利用现代信息技术，加强应急指挥决策系统建设。对国家级突发公共事件卫生应急指挥决策系统进行升级改造，实现与地方卫生应急指挥决策系统和专业机构互联互通。指导各地加强公共卫生类突发事件应急指挥中心建设，基本建成能满足应急管理需要的指挥决策系统，提高突发事件专业决策和指挥调度能力。制定食品药品安全事故调查处理办法，明确事故调查处理的方式方法、规范程序、职责分工等，使事故调查处理工作有章可循，有规可依，依法从严从重追究事故责任。

(三)强化核心能力建设工作

落实国务院办公厅《关于切实履行〈国际卫生条例(2005)〉加快推进公共卫生应急核心能力建设指导意见的通知》要求，协调指导各部门各地加快公共卫生应急核心能力建设，组织开展卫生应急能力建设和整改工作督导。总结国家级、省级卫生应急综合示范县(市、区)创建工作成果，推广基层卫生应急管理的先进经验和做法。完善国家卫生应急队伍指挥协同和平战结合机制，推动地方卫生应急队伍建设，强化队伍拉练演练和医疗卫生服务相结合。以卫生应急师资和骨干为重点分级分类开展培训，加大卫生应急人才培养力度。进一步推进紧急医学救援基地建设工作，启动国家级区域紧急医疗救援基地建设。探索建立海上(水上)医疗救援网络和航空医疗救援网络。继续发展和加强口岸核心能力，防止疫病疫情、医学媒介生物、核和化学有害因子传入我国。强化食品药品安全应急队伍体系建设，加快应急装备配备，广泛开展培训和应急演练。加强食品药品安全应急检测检验体系建设，加快建立应急检验检测实验室，配齐配强应急检验检测专业技术力量，研究建立非标方法验证认定的快速通道，解决应急检验面临的非标准检验检测和鉴定方法问题。支持养殖场加强生物安全全过程监管，做好人畜共患病源头控制工作，保障人民群众食品安全和公共卫生安全。

(四)推进监测预警工作，提升风险评估能力

继续推进突发公共卫生事件监测预警工作，健全突发公共卫生事件监测报告

系统，建立全国统一的食品生产加工、流通、餐饮、进出口环节的安全风险监测体系，强化突发公共卫生事件和食品安全应急检测能力。健全公共卫生类突发事件舆情监测体系，构建多渠道、多途径、广覆盖的突发事件信息报告网络，落实信息报告责任，及时全面地收集掌握各方面的信息。加强信息分析研判，强化信息核查。进一步加强全国动物疫情监测与报告体系，完善重大动物疫情监测预警制度，完善经费投入机制，建立健全野生动物疫源疫病国家级监测站网络和应急检测体系等，提高监测报告、快速诊断、主动预警等核心能力。进一步规范国家级和省级突发事件公共卫生风险评估工作，推动市县级风险评估工作开展，为应急准备和处置提供决策建议，增强突发事件预警的及时性、准确性。

（五）做好健康宣教和风险沟通工作

加强公众科普宣教，重点做好知识普及、风险沟通、心理卫生援助和应急处置信息发布，引导社会力量积极参与到公共卫生类突发事件防范与应对工作中。积极开展舆情监测，及时发现苗头性问题，加以舆论引导，有效防范突发事件对正常社会生产生活秩序的影响。研究建立新闻媒体、互联网和个人信息发布规范，保证信息发布的真实性，保护消费者、企业和其他组织的合法权益，维护经济社会稳定。

第四部分 >>>

2013—2014 年应急管理工作创新专题分析

1 预案优化

煤矿、石化行业安全生产应急预案优化试点经验

针对应急预案编制与管理中存在的问题，按照安全监管总局领导同志关于推动应急预案“专业化、简明化、卡片化”，实现应急预案“科学、简明、易记、好用”的要求，自 2013 年 4 月开始，国家安全生产应急救援指挥中心（以下简称“应急指挥中心”）在中石化集团天津石化公司、神华集团神东公司开展了应急预案优化试点工作，取得了积极成效。

一、试点背景

近年来，安全生产应急预案体系基本建立，预案数量质量逐步提高，在事故抢险救援中发挥了重要作用，并为应急管理体制机制法制建设奠定良好基础。同时，通过预案演练，推动各地各单位检验预案、完善准备、锻炼队伍、磨合机制，增强应急意识，提高应急能力。

当前在应急预案体系建设工作中存在的最大问题是许多应急预案针对性、实用性和可操作性不够强。具体表现在：应急预案编制方面风险评估不到位，规章标准要求应急预案编制前应开展的危险因素辨识工作落实不到位，特别是对可能造成的次生、衍生事故分析不到位；政企应急预案衔接不到位，存在多头备案问题；企业不同层级应急预案内容存在重叠现象，集团公司、母公司预案中把大量所属公司预案中的应急处置措施列入其中，致使“上下一般粗”；对应急预案实施情况的检查不够，尤其是发生事故后，对应急预案的总结评估和责任倒查没有落实。同时，预案演练面向基层、贴近实战不够。具体表现在：应急演练活动进展不平衡，应急演练质量不高，相关规章标准建设相对滞后，等等。

为适应经济社会发展对安全生产的要求，进一步提高应急预案编制质量，切实增强实用性，使应急演练面向基层、贴近实战，应急指挥中心在过去将近一年半的时间里在中石化集团天津石化公司、神华集团神东公司开展了应急

预案优化试点工作，以便为全面提升安全生产领域应急预案质量探索路径、积累经验。

二、试点工作主要做法

1. 精心挑选试点企业

危化、煤矿是两大重点高危行业，是安全生产尤其是应急预案管理的重中之重。中石化集团天津石化公司、神华集团神东公司分别是这两个行业的骨干企业，具有代表性，且这两个企业具有较好的安全生产基础，尤其是在应急预案编制与管理方面走在全行业的前列。神华集团及神东公司在风险预控管理体系推广方面具有扎实的基础。中石化集团及天津石化公司在现场处置方案方面具有良好的基础。

2. 深入剖析预案中的问题

应急指挥中心多次会同中石化集团安全环保部有关同志专程赴天津石化公司，深入企业车间，对中石化集团及天津石化公司、化工厂应急预案，以及大芳烃车间现场处置方案进行了深入解剖、研究；多次会同神华集团安监局有关同志专程赴神东公司，深入煤矿井下调研，对神华集团及神东公司、上湾煤矿应急预案、上湾煤矿现场处置方案进行了深入解剖、研究，发现预案编制与管理中存在的问题。

3. 系统开展应急预案优化

应急指挥中心多次在试点企业召开由其集团公司、所属工厂（煤矿）、车间（区、队）有关应急预案负责人和员工，以及有关省（区）安监部门、专家参加的专题会议，针对存在的问题，对原预案逐条逐款地进行分析，提出取舍，完善意见，形成优化后的预案。同时，在此基础上专题召开由部分省级安监局、煤监局，以及中央企业应急管理部门负责人、有关专家参加的会议，进一步研究解决的对策措施，不断优化应急预案。

4. 分类建立应急处置卡

在对目前个别企业尤其是试点企业应急处置卡充分研究的基础上，汇总企业各层级有关应急预案负责人和员工及一些专家的意见，设计出面向企业不同层级应急组织机构功能组、负责人的应急处置卡和展现现场处置方案或其要点的应急处置卡。

5. 持续检验完善应急预案

应急指挥中心指导试点企业对优化后的应急预案开展演练，发现存在的问题，并做进一步的修改完善，持续优化应急预案、应急处置卡。同时，对两试点企业优化预案、现场处置方案和应急处置卡等全部成果材料，征求应急指挥中心各部门及矿山中心的意见，并对回复的意见逐条认真研究，采纳吸收。

6. 科学分析问题，评估成果

多次召开由部分省级安监局、煤监局，以及部分中央企业、地方企业应急管理部门负责人、有关专家参加的应急预案优化座谈会和专家论证会，研究预案优化工作中的重要理论和实践问题，分析评价预案优化试点成果，指明试点成果推广应用的方向和步骤。

7. 有序推动试点成果推广应用工作

2013年12月，召开由神华集团、中石化集团、中国铝业公司、中建总公司、国家电网公司、首钢集团公司等中央企业、地方企业，以及北京市、河南省安监局应急管理部门负责人参加的应急预案优化扩大试点座谈会。适时在天津石化公司召开全国应急预案优化现场会，组织全国企业开展新一轮的应急预案修编工作。

三、主要成果

1. 企业现有应急预案大幅简化，增强了实用性

在保持《生产经营单位生产安全事故应急预案编制导则》(GB/T 29639—2013)确定的应急预案体系不变的前提下，按照《突发事件应急预案管理办法》和即将颁布的《生产安全事故应急预案管理办法》(修订)部门规章的规定，试点企业结合各自实际情况，酌情将生产安全事故专项应急预案并入生产安全事故综合应急预案。同时，梳理和明晰了企业不同层级间应对事故的职责和措施，有效避免了母公司大篇幅写入子(分)公司应急处置措施的现象。从两个试点企业的实践看，效果明显。原来20多万字的应急预案文本减到不足2万字，附件内容也不同程度有所减少。

2. 编制了符合行业特点各具特色的现场处置方案

现场处置方案是防止和遏制重特大事故发生的有效措施。编制高水平的、实

用性强的现场处置方案并经常演练，至关重要。通过试点，深入分析行业事故应急处置特点，归纳编制符合不同行业特点的企业现场处置方案，对本行业企业有很大的指导借鉴作用。

3. 梳理规范了不同层级的应急处置卡

应急处置卡本身并不是应急预案，它是应急预案的延伸和有益补充。目前在试点企业中主要有两种类型应急处置卡，一种用以展现现场处置方案或其要点，另一种则用以展现企业不同层级应急组织机构功能组以及负责人在事故处置的预警及信息报告、应急响应、后期处置中所采取的行动措施。日常工作中，无论企业不同层级负责人及部门员工，还是车间班组的员工，在工余时间随时都能学习、熟悉应急处置卡的内容，遇到紧急情况时可及时处置，即使忘记了也可再将其拿出来学习处置，进一步提高了应急预案的可操作性。

4. 严格要求企业预案必须附有风险评估结果和应急资源调查清单

以往应急预案实用性不强、针对性不足的根本原因在于企业没有扎实开展风险评估或风险评估、应急资源调查工作不到位。本次试点企业均认真开展了风险评估和应急资源调查工作，其应急预案附件均附有规范的风险评估结果和应急资源调查清单。

5. 加强政企预案衔接与联动，明确了应急响应分级

应急预案总则中增加“衔接预案”，在做好企业不同层级应急预案衔接的基础上，突出强调不同层级企业与相应地方政府应急预案的衔接，以便强化应急联动。明确企业应急响应级别可按照事故是否超出厂区范围、自身应急能力能否满足应急处置需要、危及人员数量等因素综合划定。在企业不同层级应急预案中明确了应急响应启动的条件。

6. 强化了事故或险情发生后第一时间现场应急处置工作

充分吸取近年来发生的一些重特大事故的教训，在应急预案尤其是现场处置方案中明确要求，发生事故或险情后，企业要立即启动应急响应，在确保安全的前提下组织抢救遇险人员，控制危险源，封锁危险场所，杜绝盲目施救，防止事态扩大；明确并落实生产现场带班人员、班组长和调度人员直接处置权和指挥权，在遇到险情或事故征兆时立即下达停产撤人命令，组织现场人员及时、有序撤离到安全地点，减少人员伤亡。

四、下一步工作思路

1. 积极推进应急预案管理理念创新

牢固树立"应急演练是应急预案管理工作重要抓手"的理念，将应急演练作为应急预案制修订、宣教、培训、评估，以及锻炼各类应急救援人员能力、完善应急救援各项准备的重要手段和方法，以应急演练促进应急预案管理工作上水平。特别是要将应急演练作为安全生产应急预案执法检查的重要手段加以应用。2013年以来，应急指挥中心在河北、山东、四川等地开展了"四不两直"（不发通知、不打招呼、不听汇报、不用陪同接待，直奔基层、直插现场）暗查暗访活动，随机直接到所检查企业，设定企业车间事故情景，要求企业按照预案迅速进行处置，开展应急演练，这一活动全面直接地反映了企业的安全生产应急预案管理情况，取得了良好的效果。在此基础上，拟制定《应急管理"四不两直"暗查暗访工作制度》，规范应急管理"四不两直"暗查暗访工作。

2. 积极推进应急预案管理思路创新

以贯彻"应急处置能力是国家治理能力的重要组成部分"为总要求，坚持问题导向，深化预案试点，强化创新思维，落实预案责任，推进预案管理，加强监察执法，树立"预案不完善就是隐患、培训不到位就是隐患、演练不到位就是隐患"的理念，通过抓风险评估、抓培训演练、抓总结评估，促进预案优化、促进预案应用、促进政企衔接，推动应急预案"简明化、卡片化、专业化"，应急演练"面向基层、贴近实战"，实现应急预案"简明、易记、科学、好用"。到2013年底，修订实施《生产安全事故应急预案管理办法》，召开应急预案优化工作现场会，部署各级政府及生产经营单位安全生产应急预案修订工作；2015年底，全面开展地方各级政府及各类生产经营单位安全生产应急预案修订工作，整体推动应急预案管理责任体系、规章标准体系、培训演练体系、监督执法体系建设；2016年底，完成地方各级政府及各类生产经营单位安全生产应急预案修订工作，全面建立应急预案管理四大体系。

3. 积极推进应急预案管理规章制度创新

一是拟制订《生产经营单位生产安全事故应急预案管理十条规定》，对应急预案编制、评审、备案、培训、演练、评估、衔接等作出严格的规定。二是完善应急预案备案制度，将风险评估结果和应急资源清单增加为备案审查要件，并尽快出台风险评估、应急资源调查相关标准，督促企业编制应急预案前开展全面的风险评估和应急资源调查，充分辨识车间、岗位以及重大危险源危险因素及其可能引发的次生、衍生事故。三是完善并实施应急预案评估制度，对应急预案编制、培训、演练等管理工作进行定期工作评估和事故后的应急预案执行情况评估，及时修订完善预案，实现应急预案的动态管理和应急能力的持续提升，并将预案及其执行情况评估作为日常监督检查的重要手段和事故责任追究的重要依据。

4. 积极推进应急预案应用载体创新

企业预案和政府预案均可用应急处置卡来展现。企业的两种类型应急处置卡在两个试点企业应用已取得良好效果，在其他一些高危行业企业也得到一些应用。在政府及其部门预案中只有一种类型应急处置卡，即不同层级政府及其部门应急组织机构功能组以及负责人在事故处置的预警及信息报告、应急响应、后期处置中所采取的行动措施用卡片的形式来展现。及时总结、分析应急处置卡使用中存在的经验和教训，在不断完善的基础上在危化、煤矿等九个重点行业企业推广，进而在其他企业和政府有关部门推广，进一步提高应急预案的针对性、实用性和可操作性。

5. 积极推进应急预案管理方法手段创新

一是积极推广实战化“双盲”演练(不预告时间、不预告地点)。规范“双盲”演练这一节约高效安全的新型应急演练方式的应用，尤其是在生产经营单位一线班组、车间的应用。以典型事故案例为蓝本，分行业建立应急预案演练情景数据库。二是积极探索组织开展应急演练竞赛活动。针对不同地区、不同行业(领域)典型事故类型，组织相关专家设置事故情景和内容，制定实战演练考核评估机制，建立健全考核评估标准，在国家、地方各级政府层面分别组织开展演练竞赛活动。三是在中石化集团天津石化公司和神华集团神东公司试点的基础上，拟在天津滨海新区召开全国安全生产应急预案优化现场会；并继续在危化、煤矿等九个重点行业 50 家中央和地方企业组织开展应急预案优化试点工作。四是开展应急预案管理中欧项目试点工作。会同国家行政学院应急管理培训中心，依托中欧合作项目在天津滨海新区开展应急预案、培训及演练试点工作。

卫生应急预案体系建设工作创新分析

加强预案体系建设，是科学有序应对突发事件的基础性工作。根据《突发事件应对法》等法律法规，国家卫生计生委对预案工作进行了专题研究，基本摸清了全国涉及卫生计生应急预案编制底数，梳理了工作思路，进一步明确了预案编制与管理工作方向。

一、卫生应急预案基本情况

(一)预案制定的法规依据

《突发事件应对法》《传染病防治法》和《突发公共卫生事件应急条例》等法规规定了突发事件分为特别重大、重大、较大和一般四级；事件分为公共卫生事件、自然灾害、事故灾难、社会安全事件四大类，根据分级分类明确规定各级人民政府分级响应和预案管理标准，是预案制定工作的基本依据。

(二)预案分类管理

国务院办公厅《突发事件应急预案管理办法》明确，预案有国家和地方预案，分为总体预案、专项预案和部门预案三种类型。目前已制定、发布的预案涉及我委职责的预案有 33 个。《国家突发公共事件总体应急预案》和《国家突发公共卫生事件应急预案》《国家突发公共事件医疗卫生救援应急预案》等 2 个专项预案已由国务院办公厅印发。部门预案有 30 个，因部门调整和职能划分而废止或改变归口的预案有 8 个，国家卫生计生委现有部门预案 22 个，基本可涵盖突发事件卫生应急处置需要。

(三)地方预案状况

各省涉及卫生计生的应急预案共 523 个。其中，4 个省制定了总体预案，26 个省各制定 2 个专项预案，平均每个省制定部门预案 18 个。

二、进一步完善卫生应急预案管理的思路

(一)关于我委层面预案体系建设构架

一是制定我委《突发事件应对组织工作预案》。根据党中央、国务院在重特大

突发事件中应急响应部署和法律法规，对应急工作中我委组织构架、职责任务、分类管理、分级响应、应急处置等作出明确规定。二是依据突发事件分类情形构建预案。将实际应对中操作层面的预案分类为：综合类和突发公共卫生事件、自然灾害、事故灾难、社会安全四大类。对分项预案进行归类管理，如地震预案归入自然灾害预案类别中。三是对技术和人员装备水平要求较高的三种预案进行重点修订管理。主要是涉及传染病、核与辐射、中毒等处置管理的预案。

(二)制定国家卫生计生委《应急预案分类分级管理办法》

对国家卫生计生委层面应急预案的构架体系、分类分级应用管理、与国家总体预案及部门预案和地方预案的衔接作出规定。在此基础上将预案体系纳入指挥决策系统，实行信息化软件管理。

(三)修订完善预案

对涉及机构改革和职能调整的预案进行统一修订，重新发布。对分类预案进行补充完善，重点补充《社会安全事件卫生应急预案》《事故灾难卫生应急工作预案》，修订完善我委《自然灾害卫生应急工作预案》。补充分项预案，制订《突发事件心理援助应急预案》，修订《核事故和辐射事故卫生应急预案》。

(四)做好队伍、装备和储备的运行、管理，保障预案有效实施

加强国家级应急队伍“平战结合”的管理和演练，制定管理办法。制定《海上(水上、空中)医疗救援网络构建方案》，明确组织体系、装备标准和运转管理。

附件

公共卫生事件分级

(一)特别重大级别公共卫生事件

1. 肺鼠疫、肺炭疽在大中城市发生并有扩散趋势；或肺鼠疫、肺炭疽疫情波及2个以上的省份，并有进一步扩散趋势。

2. 发生传染性非典型肺炎、人感染高致病性禽流感病例，并有扩散趋势。

3. 涉及多个省份的群体性不明原因疾病，并有扩散趋势。

4. 发生新传染病或我国尚未发现的传染病发生或传入，并有扩散趋势；或发

现我国已消灭的传染病重新流行。

5. 发生烈性病菌株、毒株、致病因子等丢失事件。

6. 周边以及与我国通航的国家和地区发生特大传染病疫情，并出现输入性病例，严重危及我国公共卫生安全的事件。

7. 受污染食品流入2个以上省份或国(境)外(含港澳台地区)，造成特别严重健康损害后果，或经评估认为事故危害特别严重的食品安全事故。

8. 国务院或其有关部门认定的其他特别重大公共卫生事件

(二)重大级别公共卫生事件。

1. 在一个县(市)行政区域内，一个平均潜伏期内(6天)发生5例以上肺鼠疫、肺炭疽病例；或者相关联的疫情波及2个以上的县(市)。

2. 发生传染性非典型肺炎、人感染高致病性禽流感疑似病例。

3. 腺鼠疫发生流行，在一个市(地)行政区域内，一个平均潜伏期内多点连续发病20例以上，或流行范围波及2个以上市(地)。

4. 霍乱在一个市(地)行政区域内流行，一周内发病30例以上，或波及2个以上市(地)，有扩散趋势。

5. 乙类、丙类传染病波及2个以上县(市)，一周内发病水平超过前五年同期平均发病水平2倍以上。

6. 我国尚未发现的传染病发生或传入，尚未造成扩散。

7. 发生群体性不明原因疾病，扩散到县(市)以外的地区。

8. 发生重大医源性感染事件。

9. 预防接种或群体预防性服药出现人员死亡。

10. 一次发生急性职业中毒50人以上，或死亡5人以上。

11. 境内外隐匿运输、邮寄烈性生物病原体、生物毒素造成我境内人员感染或死亡的。

12. 受污染食品流入2个以上地市，造成或经评估认为可能造成对社会公众健康产生严重损害的食物中毒或食源性疾病。

13. 发现在我国首次出现的新的污染物引起的食源性疾病，造成严重健康损害后果，并有扩散趋势。

14. 一起食物中毒事件中毒人数在100人以上并出现死亡病例，或出现10人以上死亡的。

15. 省级以上人民政府或其有关部门认定的其他重大公共卫生事件。

(三)较大级别公共卫生事件

1. 发生肺鼠疫、肺炭疽病例,一个平均潜伏期内病例数未超过5例,流行范围在一个县(市)行政区域以内。

2. 腺鼠疫发生流行,在一个县(市)行政区域内,一个平均潜伏期内连续发病10例以上,或波及2个以上县(市)。

3. 霍乱在一个县(市)行政区域内发生,一周内发病10~29例,或波及2个以上县(市),或市(地)级以上城市的市区首次发生。

4. 一周内在一个县(市)行政区域内,乙、丙类传染病发病水平超过前五年同期平均发病水平1倍以上。

5. 在一个县(市)行政区域内发现群体性不明原因疾病。

6. 预防接种或群体预防性服药出现群体心因性反应或不良反应。

7. 一次发生急性职业中毒10~49人,或死亡4人以下。

8. 受污染食品流入2个以上县(市),已造成严重健康损害后果的。

9. 一起食物中毒事件中毒人数在100人以上,或出现死亡病例的。

10. 市(地)级以上人民政府或其有关部门认定的其他较大公共卫生事件。

(四)一般级别公共卫生事件

1. 腺鼠疫在一个县(市)行政区域内发生,一个平均潜伏期内病例数未超过10例。

2. 霍乱在一个县(市)行政区域内发生,一周内发病9例以下。

3. 一次发生急性职业中毒9人以下,未出现死亡病例。

4. 存在健康损害的污染食品,已造成严重健康损害后果的。

5. 一起食物中毒事件中毒人数在99人以下,且未出现死亡病例的。

6. 县级以上人民政府或其有关部门认定的其他一般公共卫生事件。

(公共卫生事件分级标准摘自《国家突发公共事件总体应急预案》《国家突发公共卫生事件应急预案》《国家食品安全事故应急预案》)

2 应急处置

对近期我国三起隧道坍塌事故救援处置情况分析研究

2013 年 4 月至 8 月，我国在建铁路和公路隧道先后发生了三起被困 10 人以上坍塌事故，即：吉林省吉图珲客专小盘岭隧道 12 人被困，云南省云桂铁路富宁隧道 15 人被困，贵州省安江高速公路两天窝隧道 13 人被困。经全力救援，除 1 人现场被砸身亡外，其余被困人员成功脱险。国家安全生产应急救援指挥中心组织专门力量对几起隧道坍塌事故原因和救援处置情况进行了分析研究，提出了防范事故发生和提高救援成效对策措施。

一、三起事故暴露的突出问题

目前我国铁路和公路隧道工程建设处于高速发展阶段，每年在建隧道约6 600座（铁路隧道 4 300 座、公路隧道 2 300 座），施工作业面（掌子面）约 20 000 个，从业人员多达 500 万人以上。2009 年以来共发生 42 起隧道事故（含关门坍塌事故 9 起），年均事故率为万分之四，虽然低于国际隧道协会公布的事故率千分之三的参考值，但与美日欧等发达国家和地区相比，我国铁路和公路隧道生产安全事故总量依然较大，特别是 2013 年 4 月以来连续发生三起 10 人以上重大（涉险）事故，占近五年来同类事故的三分之一，暴露出我国隧道建设在管理和技术等方面存在的诸多问题。

1. 现场管理力量薄弱，技术人员缺乏，施工作业人员素质偏低

铁路和公路隧道施工属于风险高、难度大和技术含量较高的工程作业。据我们了解掌握，过去十多年我国铁路隧道工程总量增加了 10 倍以上，但管理和技术人员并未相应增加，如中国铁建一个工程处 2000 年以前每年工程规模仅为 5 亿元，管理技术人员 3 000 多人；目前工程规模增至 50 亿～60 亿元，管理技术人员未相应增加，导致现场管理和技术人员由过去 10 人锐减至 2 人。现场作业多为 40 岁以上农民工组成的架子队，简单培训甚至未经培训即上岗作业，“昨天扛锄头，

今天拿钻头”。一群“业余”工人在缺乏严格管理和技术指导的情况下，从事着高风险、高难度和技术含量较高的工程作业，这种状况为我国隧道事故多发易发埋下了重大隐患。

2. 工程质量存在缺陷，相关技术标准和安全管控措施执行存在明显偏差

从三起事故救援过程中了解的情况看，存在两个突出问题。一是出事隧道均未按行业标准施工。如小盘岭隧道、富宁隧道施工步距(初期临时支护与永久支护间距)分别达到59m和56m，远远超过原铁道部《关于进一步明确软弱围岩及不良地质铁路隧道设计施工有关技术规定的通知》(铁建设〔2010〕120号)不得大于35m的规定，从而使初期支护不能及时闭合成环，最终酿成重大坍塌事故。二是工程质量存在缺陷。如两天窝隧道钢拱架未实现工厂化生产，均采用现场切割焊接的加工方式，质量管控体系环节过多，质量得不到保证，其中钢架螺栓连接不牢现象比较普遍，直接影响支护系统的稳定性。救援人员在现场还发现，三个事故隧道不同程度存在锚杆数量和长度不足、初期支护背后有空洞等问题。上述问题与现场管理和监管监察缺失有直接关系，反映了铁路和公路隧道建设领域工程层层转包、片面追求进度、一味控制成本等深层次问题。

3. 铁路和公路隧道施工技术和工艺比较落后，机械化程度很低

目前美日欧等国铁路和公路隧道施工技术主要采取盾构掘进技术和隧道掘进机技术。我国隧道盾构技术和隧道掘进机技术起步较晚，形成生产能力仅十年的时间，目前主要用于市政隧道工程建设(使用率75%以上)。我国铁路和公路隧道建设基本采取人工钻爆法为主，盾构技术和隧道掘进机技术应用率仅为1%。盾构挖掘法和隧道掘进机方式一般只需2～3人，而采取矿山挖掘法，一个掌子面需要10～15人甚至更多，这是造成我国10人以上隧道重大事故易发多发的根本原因。

二、对三起事故救援行动的基本评估

三起事故41人涉险，经过三至六天的全力救援，除1人现场被砸身亡外，其余40人全部获救，救援行动总体上取得成功。主要做法如下所述。

1. 各级领导高度重视，多方参与，齐心协力，确保了救援成功

事故发生后，国家安全监管总局杨栋梁局长、王德学副局长高度重视，时刻关

注救援进展情况和被困人员安危。国家安全生产应急救援指挥中心及时派出熟悉隧道救援的田得雨、周卓军等同志赴事故现场协调指导救援工作。地方各级领导反应迅速，率相关部门人员立即赶赴现场，成立指挥部，开展相关工作。

2. 救援方案科学严谨，达到了“无次生灾害发生，成功营救被困人员”的目的

利用多功能高效率地质钻机，快速打通生命和信息通道，确保了被困人员的生命安全和情绪稳定。采用回填反压、初期支护补强的方法稳定坍塌体后方，坚持“短进尺、强支护、少扰动、勤观测”的安全作业原则，避免发生次生灾害。多措并举，全力打通逃生通道，其中小盘岭隧道采用坍塌体正面小导坑和顶管方案并举，富宁隧道采用迂回导坑和大功率水平钻机方案同时施工，两天窝隧道采用坍塌体正面小导坑和左洞迂回小导坑方案同时进行，最终成功安全解救了被困人员。

3. 专业救援队伍出动迅速，全力施救，稳中求快，发挥了关键作用

专业救援队伍接到救援命令后，立即组织人员和装备赶赴现场，紧张有序地展开救援行动：通过生命探测，确定被困人员生命状况；了解事故经过，分析坍方段工程地质和施工情况，制定救援方案；按照救援方案开展专业施救，利用双动力、旋臂式、钻孔范围大的C6钻机和620mm大口径水平钻机快速打通生命通道和逃生通道，小盘岭、富宁、两天窝三座隧道生命通道用时分别为62小时、25小时、12小时，逃生通道用时分别为87小时、130小时、140小时。

4. 注重先进装备的实战运用，提高了救援能力

利用钻孔侦察、通信等技术，通过卫星通信和应急指挥信息系统，将视频探头送到井下，与被困人员建立了音像联系，第一次将隧道事故现场视频传送至国家安全监管总局应急指挥大厅，王德学同志通过远程视频了解现场情况，并直接指导现场抢险救援工作，实现了专业救援与被困人员自救互救统一互动。通过钻孔建立生命支撑通道，整个事故就处于受控状态，这种指挥方式和救援行动已处于世界领先水平。

救援中也发现了一些需要改进的方面。一是国内大口径水平钻机数量不足，配套不完善。目前国内仅有1台620mm大口径水平钻机，且该钻机功率仅有120kW，遇到松软岩体阻力增大的情况钻进速度慢，容易卡钻。二是现有隧道专业救援队伍数量不足，分布不均。三是从发生事故的施工现场发现，近年来研究制定的预设逃生通道的措施都没有执行。四是缺乏坍塌环境下的实战训练，没有

1∶1模拟训练场地，导致第一次使用620mm大口径钻机实施救援，操作经验不足，影响了救援效率。

三、防范隧道坍塌事故，提高救援成效对策措施

1. 进一步提高对我国隧道安全形势严峻性的认识

我国铁路和公路在建隧道数量多，分布范围广，地质条件差，隧道工期长，从业人员多，施工技术和工艺落后，加之工程层层转包、管理监管薄弱等体制性问题，目前我国铁路和公路隧道事故仍将处于多发易发态势，对此我们必须保持清醒认识和高度警惕。建议总局会同有关部门对三起事故进一步专题研究，系统谋划和有针对性地制定我国隧道安全防范对策和应急处置措施。

2. 进一步加强专业化高效化隧道救援力量建设

适当增加队伍数量，统筹布局全国救援队伍，参照国家矿山救援队建设经验，在现有国家级隧道救援力量的基础上，依托央企再建立区域性的隧道专业救援力量，使其布局更合理、覆盖更广泛、出动更及时；在国家层面统筹安排专项资金，提高隧道专业救援队伍的装备能力，形成大中小合理配置的装备体系，当务之急是尽快配备大功率水平钻机；组织研究钻孔救生的技术战术规范和技术规定，加大工作力度，强化隧道救援实战演练，不断完善技战术水平，提升隧道救援实战能力。

3. 进一步提高隧道安全的行业监管水平

建议铁路部门修改完善铁路隧道施工安全行业标准，形成系统性的行业标准体系，并提升该标准系统的法律层级。建议交通运输部要进一步细化公路隧道安全标准，明确仰拱与作业面、二衬与作业面的距离等关键标准。建议总局相关业务司局制定相关规定，强制推行隧道施工预置逃生管道。督促有关部门加强隧道安全生产的监管监察，加强质量管控，严格执法，监督检查企业落实主体责任和安全措施，严厉惩处违章作业行为。国务院安委办适时开展一次隧道安全生产专项检查与执法行动。

晋济高速公路岩后隧道“3·1”特别重大道路交通危化品燃爆事故应急处置过程分析

2013年晋济高速公路岩后隧道“3·1”特别重大道路交通危化品燃爆事故发生后，国家安全生产应急救援指挥中心组织力量对事故发生的主要原因进行了分析研究，针对其中暴露出的问题，提出了具体工作建议。

一、从隧道拥堵方面分析

此次事故中，事发路段于3月1日12时45分出现通行缓慢的情况，13时开始出现运煤车辆在右侧车道及应急车道排队等候通行状态，导致进入隧道内的车辆不能快速通过隧道，致使大量社会车辆和危化品运输车辆及人员拥堵在隧道内，从而在甲醇泄漏着火后引燃其他车辆并发生了一系列爆炸，造成大量人员伤亡。

由于未能对车流量进行有效管控，大量车辆和人员拥堵在隧道中，尤其是还有危化品运输车辆混杂在社会车辆中，这就造成大量人员长时间处在相对危险的区域，加之隧道内空间有限，一旦发生事故容易引发连锁反应，引发次生衍生事故。因此，公路隧道发生交通拥堵，应作为重大险情及时采取限流、疏导等应急处置措施。

建议：一要落实、完善和提升公路隧道相关安全标准，健全交通监控、通风控制、消防应急等公路隧道防灾救灾系统，在隧道前方及入口显著位置加装电子情报板和各类警示标识，一旦发现隧道内车行缓慢、火灾报警等异常情况，及时提醒和阻止驾乘人员驾车驶入隧道。二要将公路隧道拥堵作为重大险情来应对处置，一旦发现隧道拥堵，交通管理有关部门应立即启动相应应急预案，制定和完善隧道安全通行措施，采取限流、禁行等应急处置措施及时疏导拥堵车辆，并严禁危化品运输车辆驶入拥堵隧道。三要将经常发生拥堵的隧道作为重大安全隐患对待，对致堵因素进行全面分析评估，立即采取有效措施予以排除或控制。

二、从伤亡原因方面分析

此次事故中,两车在隧道入口处追尾导致前车所载甲醇泄漏起火后,被追尾甲醇车辆驾驶员和押运员迅速跑进隧道通过呼喊、敲打车窗通知隧道内人员撤离,但由于高温烟气扩散很快,车辆众多且环境嘈杂,加之部分人员安全意识差,没有在第一时间弃车逃生,仅有部分人员用水浇湿毛巾、衣物捂住口鼻后成功穿过烟雾逃生。

事故发生后,经测算实验得知,从甲醇泄漏起火到浓烟由隧道入口蔓延至出口大约需 8 分钟,如果隧道内被困车主能够及时获知火情,并采取有效措施及时逃生,绝大多数人都能安全逃出隧道。因此,危险区域人员及时准确获知事故信息并采用正确安全措施迅速逃生是降低危化品道路运输事故损失和人员伤亡的首要举措。

建议:一要把应急意识和自救技能教育培训作为全民素质教育的重要内容,纳入各部门、地方及行业宣传教育工作计划,进企业、进学校、进社区、进家庭。二要会同主流媒体开展专题报道、深度报道、公益宣传等全方位、多角度的宣传教育活动,使安全意识真正入脑入心。三要提升公路隧道应急科技应用水平,通过在隧道内安装应急广播、声光报警、应急按钮等装置,确保紧急状态下隧道内人员能够第一时间获知危险信息,提前采取必要措施或按照指示标识顺利逃生,并方便遇险人员及时报警。

三、从应急响应方面分析

此次事故中,3 月 1 日 14 时 49 分,晋城市公安局 110 接警平台接到事故报警,随即将事故信息通报给了交警和消防部门,晋城市高速公路公司直至 15 时 05 分才获知事故信息,市政府值班室于 15 时 42 分才获知事故信息,16 时 45 分才成立现场指挥部。

事故发生后,由于公安、消防、交管、路政、安监、环保等相关单位预案衔接不紧密,部分应急预案修订不及时甚至个别应急预案缺失,造成事故信息接报迟缓和应急联动弱化,无法及时成立统一、权威的事故应急处置现场指挥部,也无法及时共享事故有关信息。因此,高效流畅的接报系统、快速响应的机制建设和统一权威的指挥机构是危化品道路运输事故成功处置的重要保障。

建议:一要规范和统一地方政府突发事件接处警平台,建立责任明晰、运转高效的应急联动机制,并不定期开展联合演练,将应急联动落实到接警分警这个第一环节,将联合行动落实在获取事故信息这个第一时间。二要认真贯彻落实安委会 8 号文件要求,全面加强对危化品道路运输事故应急处置工作的组织领导,事故发生地人民政府及有关部门负责同志要立即赶赴事故现场,建立统一、权威的应急指挥机构,加强事故现场管理和控制,及时疏散危险区域内的人民群众,有力、有序、有效组织抢险救援。三要针对本地路网布局和产业特点,进一步完善危化品道路运输事故应急预案,健全各类公路隧道事故应急处置方案,特别要明确交管、路政、消防、安监、环保、气象等部门责任,落实通告、警戒、管控、疏散等必要的应急措施并组织开展演练。

四、从事故救援方面分析

此次事故中,运煤车辆、甲醇槽车、二甲醚罐车、社会车辆混杂在隧道内,风向及火风压共同作用使大火在隧道内猛烈燃烧,隧道内形成了高温、浓烟火场。消防救援力量抵达事故现场后,无法进入隧道进行侦察,只能进行外围灭火和降温措施。现场指挥员在无法获知隧道内危化品车辆准确信息情况下,没有贸然从隧道两侧进入灭火,避免了一起因二甲醚罐车爆炸导致救援人员伤亡的次生事故。

危化品种类繁多且理化特性又不一致,各类危化品事故应急处置方法也不一样,准确获知危化品运输车辆所运载危化品种类和数量以及查明泄漏源头、着火原因等就显得尤为重要,这是后续开展堵漏、灭火、倒罐处置的前提条件。因此,及时准确查明事故情况,开展专业化应急处置是危化品道路运输事故成功处置的前提条件。

建议:一要整合危险货物运输企业 GPS 监控平台、高速公路交通运行监控系统、公安交警交通安全管理系统等信息系统资源,实现危化品运输车辆路线、位置以及所载危化品种类、数量等信息共享,便于在紧急状态下迅速查明事故车辆情况。二要大力加强应急救援装备建设,特别是配备防爆、耐高温、耐腐蚀,能在浓烟、浓雾等恶劣条件下查明危化品事故现场情况的侦察装备,为后续应急处置制定提供决策依据。三要全面加强危化品事故应急救援体系建设,在继续加强综合性应急救援队伍建设的同时,大力加强隧道、桥梁、矿山、危化、交通等专业应急救援队伍建设，加强各队伍之间的协调联动和战术配合，形成协同一致、配合密切、专业高效的队伍体系。四要建立专业、权威的化学品事故应急处置专家支持体系，整合现有资源，加快国家、区域化学品事故应急处置中心建设，为化学品事故处置提供专家支持和技术保障。

五、从事故防范方面分析

本次事故中，被追尾甲醇车辆所属公司为河南省孟州市汽车运输有限责任公司，亦是2012年包茂高速陕西延安“8·26”特别重大道路交通事故中被追尾甲醇车辆所属公司。其目前暴露出的安全管理措施不落实、安全教育培训不到位等问题与当年事故暴露出的问题基本一致，被追尾泄漏甲醇车辆卸料口断裂位置也与当年事故中被追尾甲醇车卸料口断裂位置如出一辙。隧道的特殊性加剧了危化品事故的危害程度以及后期的救援难度，因此，有必要加紧完善相关技术标准，摸清全国罐式危险化学品运输车辆和公路铁路隧道基本情况。

建议：一要坚决纠正重事故查处轻整改提升的错误倾向，加大对事故调查报告中提出的事故防范和整改措施建议落实情况的督促检查力度，及时组织开展回头看活动，对于整改措施不落实的，要从严追究有关单位和人员责任。二要进一步完善罐式危险化学品运输车辆的技术标准和规范，提高危险化学品运输车辆后下部防护装置的强度，优化车辆罐体阀门等装置的连接方式，提升罐式危险化学品运输车辆的被动安全性。三要在全国范围内对在用罐式危险化学品运输车辆进行一次全面清理，对不符合现有标准规范要求的车辆责令生产厂家召回，对于车辆生产厂家已经倒闭的，要求运输企业到符合条件的企业加装紧急切断装置。四要组织开展全国隧道安全隐患排查治理专项行动，要对照国家现有标准规范逐个进行排查整改，重点排查治理照明系统、交通监控、通风控制、消防应急、标志标线等隧道设施及隧道运营管理方面存在的安全隐患。

3 应急救援

煤矿水害事故应急救援工作研究

透水事故暴发突然，危害性大，不易防范，救援难度大，容易造成大量人员伤亡，是我国煤矿易发多发的主要事故。国家安全监管总局矿山救援指挥中心按照总局领导要求，分析了透水事故成因、特点和我国煤矿应急救援能力现状，围绕提高救援成效、最大限度减少人员伤亡这个中心目标，研究提出了应对煤矿透水事故的对策措施。

一、我国煤矿水害和应急救援能力现状

(一)我国煤矿水害基本情况与事故主要特点

1. 我国受水害威胁煤矿划分

据统计，截至 2012 年年底，全国共有 13 217 处煤矿，有 11 504 处煤矿进行了矿井水文地质类型划分。其中：极复杂型矿井 78 个，占 0.68%；复杂型矿井 827 个，占 7.19%；中等型矿井 4 141 个，占 36%；简单型矿井 6 458 个，占 56.14%。

2. 我国煤矿水害主要类型特点

根据透水事故的水源，透水事故分为老空(窑)水害、岩层水害、地表水害。其中，老空(窑)水害主要指矿井周围缺乏准确测绘资料的小窑积水或矿井本身自掘的废弃采空区积水或年代久远且采掘范围不明的老窑积水。这种水贮集在采空区或与采空区相连的煤岩或岩石巷道内，水体的几何形状极不规则，不断推进的生产矿井采掘工程与这种水体的空间关系错综复杂，难以分析判断。而这种水体又十分集中，压力传递迅速，其流动特征与地表水流相似，不同于含水层中地下水的渗透。采掘工程一旦接近便可突然溃出。近几年发生的特别重大透水事故大多数是老空(窑)水害事故。

3. 我国煤矿水害事故特点

近年来，煤炭开采规模大，老矿区不断延伸，新的矿井不断建设，以及众多小

煤矿的私挖乱采、超层越界，导致煤矿透水事故多发频发。

(1)老空(窑)水透水事故发生起数及死亡人数最多。2006—2013 年发生 3 人以上透水事故 189 起，死亡 1 449 人。其中：发生老空水透水事故 172 起、死亡 1 268人，分别占 91%和 87.5%；地表水透水事故 11 起、死亡 117 人，分别占 5.8%和 8%；岩溶水透水事故 4 起、死亡 56 人，仅占 2%和 3.9%。如 2010 年 3 月 28 日，山西华晋焦煤公司王家岭煤矿发生老空水透水事故，造成 38 人死亡；2013 年云南省曲靖市下海子煤矿“4·7”透水事故，造成 22 人死亡，也是老空水所致。

(2)以小煤矿为主的乡镇煤矿透水事故占比最高。2006—2013 年间发生 395 起水害事故，死亡 1 728 人，其中：以小煤矿为主的乡镇煤矿发生 301 起、死亡1 254 人，分别占 76.2%和 72.6%；国有地方煤矿发生 52 起、死亡 223 人，分别占 13.2%和 12.9%；国有重点煤矿发生 42 起事故、死亡 251 人，分别占 10.6%和 14.5%。

(3)水文地质复杂区域发生过多起重大以上透水事故。水文地质类型极复杂、复杂型矿井主要分布在贵州、山西、黑龙江、湖南、四川、河南、山东、安徽、重庆九省市，占全国煤矿复杂、极复杂矿井总数 905 处的 74.3%，发生过多起重大以上透水事故，占 2006—2012 年重大以上水害事故的 79%。

(4)在煤矿各类事故中透水事故成功救出被困矿工的可能性最大。十天内被救出的被困人员最多，甚至二十五天以后都有成功救援的案例。2010 年山西王家岭煤矿“3·28”透水事故，经过八天八夜连续奋战，成功救出 115 名被困矿工；2012 年黑龙江鹤岗峻源二矿“5·2”事故，经过十七昼夜连续奋战，成功救出 1 名被困矿工；2009 年贵州晴隆新侨镇煤矿“6·17”透水事故，经过二十五天的艰苦救援，成功救出 3 名被困矿工。

(二)煤矿水害事故救援装备情况

1. 排水装备配置情况

目前，我国具有矿山排水设备和移动排水能力的救援队伍，主要有 7 支国家矿山应急救援队、5 支区域矿山应急救援队(沈阳、新疆、郴州、铜川、乐平)、17 支中央企业矿山应急救援队、35 支地方矿山应急救援队及 6 个煤矿专业排水站。上述队伍共有扬程在 100～1 000m 的各类排水泵 895 台，总排水能力达 31 万 m^3/h。其中：7 个国家队共有排水扬程在 100～1 000m 的各类水泵 150 台，排水能力 79 780m^3/h；5 个区域队共有排水扬程在 100～400m 的各类水泵 85 台，总排水能力达到 33 750m³/h；17 支中央企业矿山应急救援队现有排水扬程在 100～800m 的各类水泵 96 台，总排水能力达到 38 590m³/h；6 个煤矿专业排水站（成都、峰峰、郑州、江西、鸡西、邵阳）共有扬程在 100～800m 水泵 257 台，总排水能力 11 万 m³/h；35 个地方矿山应急救援队不同程度配备了排水扬程在 100～800m 的各类水泵 307 台，总排水能力达到 51 129m³/h。

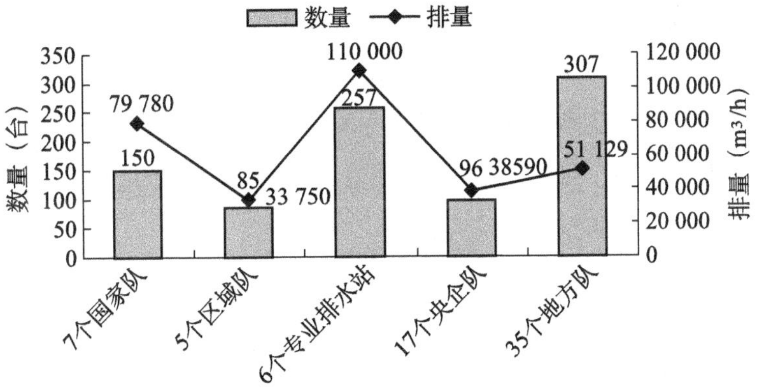

图 1　全国矿山救援队伍排水装备分布图

2. 国内水害事故救援装备技术现状

水害事故救援装备主要包括潜水电泵、管线、电控装置等。我国潜水电泵是在 20 世纪引进外国产品的基础上，经吸收和再创新而逐步发展的。近年国内一些单位在产品规格型号、技术参数等方面有了较大发展，使国产潜水电泵的技术规格初步达到国外产品的相应水平（流量可达到 2 000m³/h，扬程可达到 1 500m，配套功率可达到 4 000kW，电压 6 000/10 000V），国产水泵曾在多次矿井水害事故抢险救灾中发挥重要作用。但由于国内基础研究起步晚，一些技术参数等缺乏必要的实验依据，并且在制造工艺与材料、可靠性与使用寿命等方面较为落后，国产潜水电泵与先进国家差距仍然明显，相关技术整体属于国外 20 世纪 80 年代水平。我国设计研发、制造质量及装配工艺、检验能力及手段等尚不完善，现有产品还不能完全满足应急排水的需要。国内排水救援设备体积庞大笨重，安装时间长，抗腐蚀性差，使用寿命短，且配套性不足，特别是扬程超 1 000m、功率超过 2 500kW 的产品性能差距较大。

潜水电泵的配套设备有动力电缆、控制电缆、逆止阀、水管、出口闸阀、压力表、流量计、启动柜、智能控制保护装置设备、水位控制器等。带接力排水泵或电机功率大于 300kW 的电泵还需佩戴吸水罩，保证泵吸口水量充足和电机散热。现有的轻型管路抗轴向拉力的能力较差，只能用于平巷或缓倾斜井巷。随着对排水扬程需求的增加，能否开发出一些新型材料扬水管，既能承受大的压力又能承受自身重量，运输方便、安装快捷，这是目前亟待解决的重大技术难题。

3. 国外潜水电泵产品的技术优势

国外潜水电泵产品的技术先进性和可靠性主要表现在如下方面。

(1)高标准的材料应用。无论水质如何，产品均统一采用高承压高耐腐的优质合金钢制作。这一点在进口产品上有着明显体现。

(2)超大功率电泵技术的成熟性。国内 3 600kW 以上电机制作技术和工艺尚未成熟，未能进行全面工业性试验，直接投入救援排水有不确定性。

(3)新技术、新工艺、新材料在产品研发中广泛应用，如里茨公司分段可拆式电泵、飞力的非金属材料结合钛合金应用。

(4)产品关键部位(密封、轴瓦、电缆接头等)材质和工艺优于国内水平，确保应急救援排水的可靠性。例如，水泵轴瓦、口环、电机导轴承、止推轴承等是机泵中的关键零件，不同介质工况对材料提出了耐腐、耐磨、耐干磨、高强度及优良的研磨性能等要求，国际上 Ferobests、Pan 青铜与赛龙、EK305 等材料性能表现良好，而同类国产材料水平尚有差距；电磁耐水线材料要求高纯度、高韧性、高绝缘性能等，直接影响到电机的可靠性；电气元器件等，国产件与西门子、ABB 等进口件差距较大，直接影响到控制系统可靠性。

(三)煤矿应急救援队伍建设情况

1. 数量与分布

全国煤矿应急救援队伍体系框架已初步形成。以专职救援队伍为主体，国家层面上建有 7 支国家队、14 支区域队和 23 支央企队；26 个产煤省(区、市及新疆生产建设兵团)建有骨干队；全国专职煤矿救护队共 463 支，救护队员总数 28 229

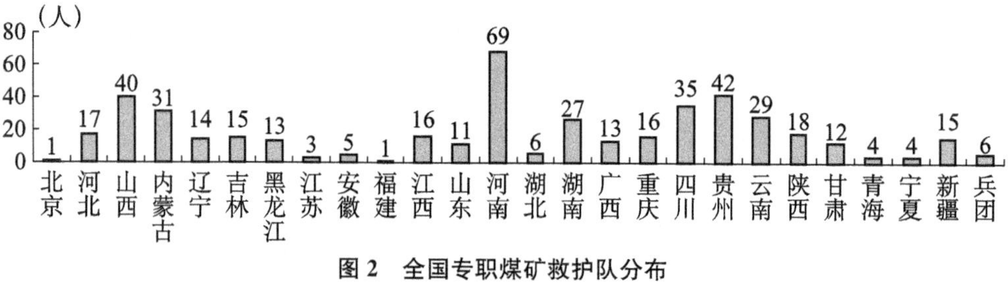

图2 全国专职煤矿救护队分布

人，建立 2 782 支兼职煤矿救护队，兼职救护队人员 27 868 人。各产煤省专、兼职煤矿救护队及救援人员分布如下：

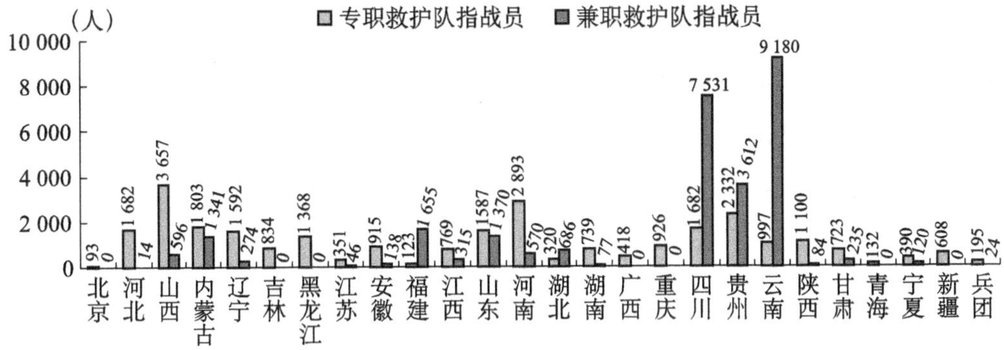

图 3　全国专兼职煤矿救护队指战员分布

按照《矿山救护规程》规定，年生产规模 60 万吨以上的高瓦斯矿井和距离救护队服务半径超过 100km 的矿井必须设置独立的矿山救护队，没有建立专职救援队伍的，必须建设兼职辅助救护队。截至 2013 年底，全国共有约 12 147 个煤矿(井)，其中，2 851 个煤矿建有专职救护队；有 9 296 个煤矿与专职救护队签订了救援协议，这些煤矿中有 2 782 支建立了兼职救护队，全国尚有 6 514 个煤矿未建立兼职救护队伍。下一步要推动政策的执行，按照《国务院办公厅关于进一步加强煤矿安全生产工作的意见》(国办发〔2013〕99 号)规定，落实全部煤矿建立专职或兼职救护队的要求。

2. 国家、区域和央企矿山应急救援队建设情况

矿山应急救援 7 支国家队和 14 支区域队，是全国矿山应急救援的中坚力量，主要承担全国各大区域内以及跨区域重特大、特别复杂矿山事故的应急救援工作，具备应急救援专业人才、技术、装备储备等功能，其中开滦队还承担着全国范围内深井排水救援和矿山救援实训演练与培训功能。23 支央企队中已经或正在为 17 支中央企业矿山救护队配备大型、特殊专业救援装备器材，具备了应对重特大水害事故的能力。

3. 标准化管理

依据《矿山救护队资质认定管理规定》(国家安全监管总局令第 2 号)和《矿山救护队质量标准化考核规范》(AQ1009—2007)的要求，严格对专职救护队进行了资质认定，并每年对全国矿山救护队质量标准化进行评定。截至 2013 年底，全国 463 支专职煤矿救护队均通过了国家级或省级资质认定。

4. 煤矿救护队承担安全技术与演练工作情况

全国煤矿救护队积极开展各类安全技术工作，参加煤矿安全预防检查，同时积极参加各级组织的应急演练，对全国矿山安全生产发挥了重要作用。以下是开展安全技术工作情况对比图（见图4）、参加演练情况统计表（见表1）及预防性安全检查工作情况图（见图5）。

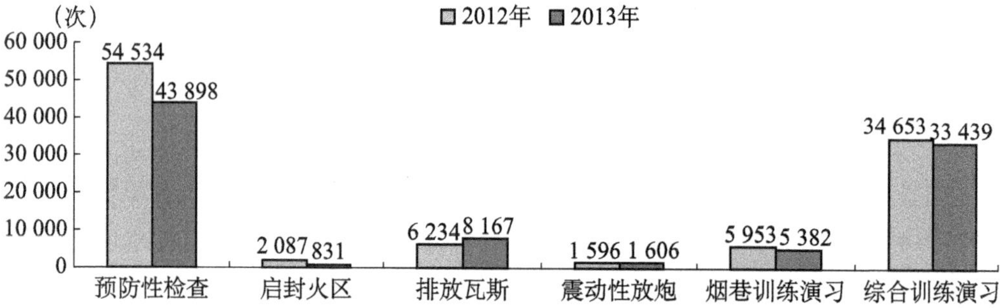

图4　全国矿山救护队安全技术工作对比图

表1　2009—2013年全国矿山救护队参加演练情况统计表

	参加次数(次)	直接投入(万元)	参演人数(人次)
2009年	2 516	2 205.97	306 159
2010年	3 775	4 031.56	107 125
2011年	6 533	5 313.97	328 600
2012年	4 959	6 824.49	154 965
2013年	4 185	4 950.75	240 107
合　计	21 968	23 326.7	1 136 956

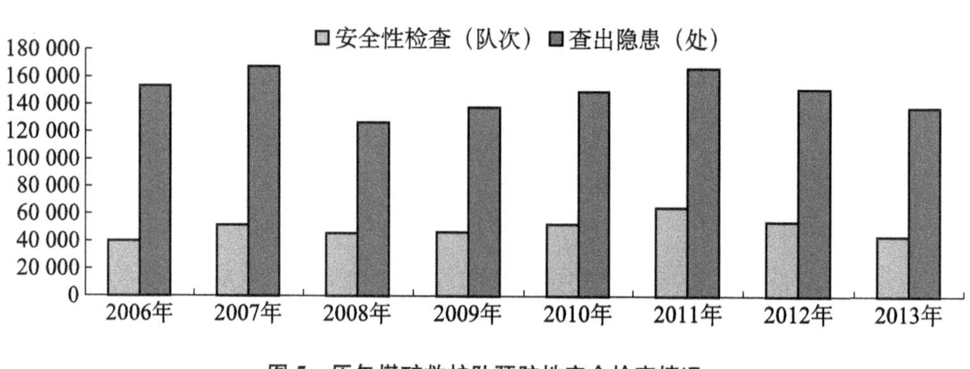

图5　历年煤矿救护队预防性安全检查情况

5. 工作成效

2009—2013年，全国煤矿救护队参与处理各类事故7 342起，搜救遇险遇难人员22 082人，经救援生还4 109人，其中参与水害事故救援243起，搜救遇险遇难人数2 989人，救援生还575人。积极参与了“5·12”四川汶川、“4·14”青海玉树、云南地震等社会抢险救灾工作，作为专业救援力量，能够快速到达现场，迅速展开救援，做出了重要贡献。

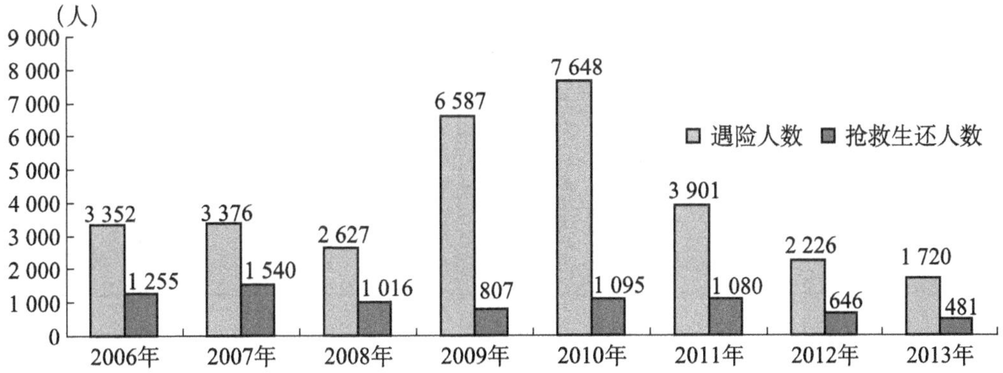

图6　历年煤矿救护队参与救援事故遇险人数及救援生还人数对比图

表2　2009年以来煤矿救护队参加煤矿事故救援分类统计表

事故分类	统计项目	2009年	2010年	2011年	2012年	2013年	合　计	救援生还比例
火灾	参与救援(起)	412	407	325	310	215	1 669	
	遇险人数(人)	746	1 700	505	243	127	3 321	48.21%
	救援生还(人)	102	1 393	51	49	6	1 601	
煤与瓦斯突出	参与救援(起)	49	54	34	15	28	180	
	遇险人数(人)	1 060	1 013	477	153	171	2 874	32.95%
	救援生还(人)	166	707	40	15	19	947	
煤尘爆炸	参与救援(起)	7	1	3	0	4	15	
	遇险人数(人)	43	0	31	0	13	87	4.60%
	救援生还(人)	4	0	0	0	0	4	
瓦斯爆炸	参与救援(起)	66	52	25	25	27	195	
	遇险人数(人)	1 289	521	351	371	622	3 154	19.15%
	救援生还(人)	103	247	56	90	108	604	
中毒、窒息	参与救援(起)	69	62	33	29	19	212	
	遇险人数(人)	231	274	149	90	39	783	27.71%
	救援生还(人)	34	139	23	17	4	217	

续表

事故分类	统计项目	2009 年	2010 年	2011 年	2012 年	2013 年	合　计	救援生还比例
水灾	参与救援(起)	58	63	47	49	28	245	
	遇险人数(人)	1 040	1 019	500	323	107	2 989	31.15%
	救援生还(人)	70	712	59	66	24	931	
顶板	参与救援(起)	382	343	271	192	133	1 321	
	遇险人数(人)	930	1 668	1 135	434	296	4 463	47.34%
	救援生还(人)	141	1 112	590	175	95	2 113	
机电运输	参与救援(起)	91	111	123	97	70	492	
	遇险人数(人)	180	498	284	138	91	1 191	43.58%
	救援生还(人)	26	341	67	52	33	519	
其他行业事故	参与救援(起)	626	656	599	589	543	3 013	
	遇险人数(人)	1 068	955	469	474	254	3 220	35.93%
	救援生还(人)	161	465	194	182	155	1 157	
合 计	参与救援事故(起)	1 760	1 749	1 460	1 306	1 067	7 342	
	遇险人数(人)	6 587	7 648	3 901	2 226	1 720	22 082	36.62%
	救援生还(人)	807	5 116	1 080	646	438	8 087	

6. 与国外矿山救援队伍对比

各国的矿山救援体系有所不同,政府在其中的作用也不同。目前主要有两种模式,一种是俄罗斯、乌克兰为代表的模式,矿山救护工作的组织实施是以专职救护队为主体,分级设置,实行军事化统一管理,煤矿兼职救护队参与协作。如乌克兰煤炭部下属的国家矿山救援服务组织(SMRS),下设 10 支矿山救护大队、36 支中队、260 支小队,救护队员 3 800 人,同时每座矿山还设有兼职人员组成的救护队。另一种是澳大利亚、南非为代表的模式,矿山救援工作由国家批准的矿山救援服务公司负责,以兼职救护队为主体,所有煤矿都必须是公司会员。如南非矿山救援服务有限公司有成员单位 116 个,兼职救护队员 852 人,来自于各个矿山企业的矿工。不论是隶属国家的矿山救援机构还是服务公司,均有对队员的培训和装备的管理等职能。以波兰、捷克、南非等国为代表的救援组织的功能更加齐全,还配有潜水员、可以佩戴呼吸器的医生、对仪器进行保养维护的机械师。如捷克矿山救护站另配有 17 名矿井潜水员、139 名悬空作业人员和 55 名医护人员,救援服务的功能也多样化。我国现在国家矿山应急救援队的"四队一组"模式,也是借鉴了国外的先进经验。

我国矿山应急救援运行机制是,国家队、区域队负责规划区域内的重特大、复杂事故救援,省级应急救援队负责省区内重大事故救援,煤矿企业和地市矿山救护大队或独立中队负责本企业和辖区事故救援，没有建立专职煤矿救护队的企业必须与专职救援队伍签订救援协议。煤矿事故应急处置模式的目标是：小事故矿井自救，较大事故矿区互救，重大事故区域救助，特别重大事故国家支持。结合目前我国矿山事故实际情况，以专职救护队为主，充分发挥其实战经验丰富、技术装备精良、可跨区域处理复杂矿山事故等优势；而国外事故较少，建立兼职救援队伍，发挥其熟悉自身工作矿井环境、有效实施第一时间救援、带动矿工有效避灾和逃生等特点，更适合实际。

对比国内外事故救援情况来看，一是国外事故总量较少，成功救援案例较少；二是国外法律法规健全，矿井建设比较规范，救援实际条件有利于技术装备的发挥。而我国正处于快速发展期间，事故种类及总量多，尤其对于开采深度大、矿井基础建设差的矿井，实施救援难度大，技术装备难以发挥最大效果。

二、应对水害事故面临的主要问题

（一）矿井情况差异大，多数矿井不具备快速救援条件

我国煤矿水害事故多发生在乡镇煤矿，这些煤矿规模小、数量多、基础条件差、管理不规范，一旦发生事故，存在着诸多影响救援效率的因素。一是小煤矿矿井基本条件差，巷道断面小，大型排水设备不能发挥作用。二是装备运行保障条件差。一些煤矿地处偏远，地形复杂、电力载荷不足，大型救援设备的运输、电力保障不便。三是水文、地质和巷道资料不准确。一些煤矿隐瞒井下开采情况，加之超层越界开采等非法盗采活动，开掘的巷道不上图，或者资料误差大，一旦发生透水事故，对水源、透水量、水质类型及巷道位置等判断不准，严重影响救援效果。四是矿井没有有效预案与必要演练。多数情况下，一旦发生透水事故，第一时间企业与矿工无法做到有效自救，事故初期救援现场混乱无序。五是矿井应急排水设备储备欠缺。特别是云南、贵州、四川等省的煤矿自身未储备应急水泵、管路及配套的电缆等相关设备，一旦发生透水事故，束手无策，难以开展第一时间自救。

（二）水害应急救援体系功能尚未高效发挥作用

一是国家投资配备给7支国家队、14支区域队、17支央企队的排水、钻探等新装备从2012年至今陆续到位，新装备的操作培训、训练正在进行，特别是17支央企队在专业人员配备、新装备的培训、日常训练与演练、体制机制等方面的规范管

理还需要一定的时间。二是全国矿山救援排水力量布局有待进一步优化增强。从现有应急排水力量分布来看，云南、广西、江西等地区还缺乏专业排水力量，发生透水事故矿井多数情况下都需要远距离调用排水救援队伍、装备及配套设施，存在浪费时间、效率低下的问题。三是矿山救援资源与指挥信息化程度不高。目前，全国只有 14 个省级安全监管局和 7 支国家队建立了应急平台，国家与各省级应急平台互联互通正逐步试点运行。现有的矿山排水队伍、装备等分属不同的部门管理，未能建立统一的资源信息数据库。

(三)矿山救援排水队管理模式与运行保障机制尚待建立健全

一是矿山应急救援队功能尚待完善。多数矿山救护队由于人员编制、装备技术等方面的限制，不具备使用大型排水设备的条件，水害事故中主要进行现场侦察、瓦斯检测、人员救治、物资运送等相关工作。目前，探索建立的“四队一组”(救援队、排水队、钻井队、医疗救治队、专家组)国家队模式尚未运转成熟。二是国家配备的大型排水、钻探等设备运行维护费用缺乏具体保障政策。矿山救援排水队还未形成日常训练演练与事故救援费用来源的有效机制，保障措施规章制度滞后。矿山救援排水队绝大多数依托矿山企业建立，运行经费几乎全部由企业负担，难以保证在任何时候特别是在经费紧张情况下达到装备保养维护、训练演练标准化与较高救援能力的实际要求。三是企业具体负责管理救援队，国家、政府负责业务指导、调用与监督检查，存在着相关政策规范不健全、救援队员整体排水技能不高、救援队伍能力差距较大等问题。救护队员工资普遍低于一线工人，劳动保护、福利待遇、转岗退役、奖励抚恤等还未有相关政策标准。

(四)应急排水设备配备不足，技术标准不高，先进性适用性不够

一是煤矿应急排水设备配备不足。根据《煤矿安全规程》第二百五十一条规定“煤矿企业、矿井……装备必要的防治水害抢险救灾设备”要求，目前全国仅少数煤矿配备有突发水害时救援排水设备及配套设施。据统计，我国约有 440 处矿井配备救援排水设备，专业的矿山应急救援队排水装备覆盖矿井 522 处，总计 962 处；而水文地质类型极复杂、复杂、中等型矿井总计 5 046 处，配备率 19.1%。特别是地方煤矿、乡镇煤矿基本不具备矿井水害应急排水能力，只能依靠国有大型矿井支持支援。我国井深 1 000m 以上煤矿 40 多座，目前仅开滦队配备了 2 台扬程为 1 000m 的排水泵。二是水害救援装备技术标准不高。用于应急排水、强排水

的深水潜水电泵，其工作条件、工作特性与普通潜水电泵有很大不同，但目前尚无完全适应该工况的相关国家或行业标准。如，现在矿用移动类橡套电缆执行MT818标准，但该标准是针对井下常规环境，仅仅考虑浸水下的绝缘吸水试验，并未考核其承受水压能力；MT/T671—2005仅适用于潜没深度不超过5m的潜水电泵，且规定的功率范围小（0.75kW～200kW），与实际使用范围0.75kW～4 000kW相差太大；对泵叶轮静平衡试验要求也不全面，无大功率电泵试验的可靠性要求及评定依据，缺乏潜水电泵适应不同介质、不同材质的要求。三是针对发生透水事故的水源有含酸性、含沙多、杂物多的不同类型的水质排水设备配备适用性先进性不够不强，还存在已有装备年久失修、成套性差及老化问题。四是科技创新不够。排水设备质量与性能有待提高，存在体积庞大笨重、安装时间长、使用寿命短、配套性不足等问题。五是针对地方、乡镇的小煤矿及含酸性水质老空水的排水救援装备及配套设施不足。

三、应对煤矿水害，有效开展应急救援的对策措施

本着“高效利用现有资源，优化区域布局配备先进装备，提高企业自救能力，健全法规标准制度保障，推进科技研发与信息化建设，规范事故应急处置”的总体思路，遵循既各有侧重、逐步推进，又相互结合、统筹把握的原则，采取以下措施提高应急救援排水能力。

（一）强化现有排水救援力量能力提升，发挥现有资源优势

一方面是加配排水和钻探设备，提高现有专业排水队伍的装备水平。全国6个专业排水站所在地均为水害威胁严重的地区，但近年来国家未能给这些专业排水站配备先进的排水、钻探等装备。下一步应根据专业排水队伍服务区域水害情况，配置大流量（大于1 000m^3/h）、超高扬程（大于800m），能够抽排含泥、含沙水的潜水电泵，配置吊装运输车辆和救生钻机等先进装备，发挥好这些专业力量的技术优势和布局优势。另一方面是加强专业培训演练，提高国家（区域）、央企等队伍专业排水技能。推动国家队、区域队尤其是央企队加强排水、钻探等新装备的培训演练工作，尽快达到熟练应用新装备的要求；地方矿山应急管理机构制定应急演练规范，组织队伍到服务矿井熟悉地质水文资料及现场状况；结合服务范围内的矿井水害状况进行演练，定期选择在水害严重地区的矿井停产实战演练。

通过多种手段提高队伍专业技能，发挥好国家（区域）、央企等队伍装备先进的优势。

(二)推动区域排水救援能力的提升，满足区域救援需要

一方面是优化水害严重区域排水能力布局。统筹优化全国区域排水救援能力布局，参照《矿山救护规程》4.4“……签订救护协议的救护队服务半径不得超过100km……”的规定，在水害较为严重地区按照服务半径（直线距离）100km范围，在原有70支救援排水队基础上，依托矿山救援队或有基础的矿山企业建立专业排水队，并按照不同地区、不同矿井类型、不同水害特点等因素，给各排水站配足流量不小于500m^3/h、扬程满足本区域排水需要的潜水电泵及配套设备，以保证发生较大水害事故时，救援人员及装备在1～2小时内赶到事故现场，并实施救援。特别是云南、广西、江西等应急排水力量薄弱地区，要加大专业排水力量建设。另一方面是优化水害较轻区域排水能力布局。对水害相对较轻，煤矿数量较少，发生水害事故又不能在8小时内到达事故现场实施救援的其他产煤省（区、市），依托大中型煤炭企业的矿山救护队，共同投资储备适量的排水量不低于300m^3/h的潜水电泵和配套的排水管路、阀门、电控设备，以及起吊、运输装备，以应对当地煤矿水害事故的应急救援。

(三)提高煤矿企业应急自救能力，实现第一时间自救互救

一方面煤矿要配备应急排水设备。水文地质类型为中等、复杂、极复杂以及曾经发生过水害的煤矿，需根据矿井的水害威胁的严重程度配置至少2台适应特殊水质的潜水电泵及配套的设备。潜水电泵的扬程应能满足排水的要求，其中：受奥灰水威胁的矿井潜水电泵的总排水量不低于500m^3/h，受老窑水威胁的矿井潜水电泵的总排水量不低于300m^3/h。根据调查分析，贵州、福建、江西等省市主要配备扬程为150m～350m潜水电泵，河北、湖南、吉林、江苏、辽宁、内蒙古、重庆等省市主要配备扬程350m～600m潜水电泵，安徽、山西、河南等省主要配备扬程大于600m潜水电泵，对于福建、重庆等省市采取平硐开采的矿井暂可不配备潜水电泵。建议煤矿具体配备标准要结合《煤矿安全规程》和《矿山救护规程》的修订，在规程里给予明确规范。另一方面要提高企业和员工的应急救援技能。强化矿工安全与岗位应急救援技能的培训教育，健全完善矿山企业水害等事故的应急预案，定期组织所有一线人员进行演练，达到快速反应、正确应对的标准，切实提高

矿工第一时间自救互救的能力。

(四)完善应急救援保障,建立长效运行机制

一是要完善应急救援投入保障机制。水害事故救援体系建设资金需要国家、地方、企业共同投入,并探索救援服务收费模式。(1)落实国办发〔2013〕99号文件关于国家、区域救援队等运行维护费用的要求,积极协调中央及地方财政解决国配大型装备的运营维护费用问题。(2)规范救援服务收费,提高服务水平。总结推广有关省在矿山救援服务收费方面的经验做法,指导各省规范收费标准和办法,完善救援服务收费机制。加强费用管理,保证收费切实用于维持救护队正常运转,配备必要的救援物资,提高救援服务水平。(3)进一步完善投入机制,充分调动和鼓励煤矿投资配备装备的积极性。应参照煤矿安全费用提取政策,制定提取应急救援装备专项费用的政策措施。二是要完善法规标准制度保障。加快推进出台《安全生产应急管理条例》,围绕贯彻落实《条例》制定矿山应急管理方面的配套规章标准制度规范。(1)在修订《煤矿安全规程》《矿山救护规程》中强化应急管理与救援工作,明确企业应急管理、救援装备配备、规范预案演练与自救互救技能等职责要求,提高"一专多能""队伍一体化"、先进适用装备配备等建设标准。(2)制定救援服务运行机制、补偿办法、应急物资储备标准、矿山企业岗位员工自救互救,以及救护队奖惩抚恤工资待遇等劳动保障方面以长效保障为目标的规章制度标准规范。三是要完善应急联动机制。制定和完善应急联动预案,强化应急联动演练,探索完善高效、全面的应急联动运行机制。

(五)推动高新技术研发和应用,提高应急救援科技化水平

一是制定应急排水泵标准规范,引导科研攻关努力方向。针对我国水害的特点与实际需要,通过修订矿用潜水泵等设施生产、认证标准,规范产品要求,从耐用、简易等方面,引导科研、生产单位加强科研攻关,提高排水设备生产的科技水平,增强适用性、可靠性、高效性。二是加快应急救援新技术新装备研究。加快进行或开展钻孔救援关键技术及装备、快速掘进修复救援通道成套技术装备、遇险人员生命探测和精确定位技术装备、灾区侦察技术装备、灾区应急救援通讯技术装备、矿井地质破碎带垮塌事故逃生避险装备等研究。三是完善应急救援信息化建设。加强应急救援信息化工作,到2015年底,实现国家、省、市高危行业(领域)中央企业应急平台建设率达到100%,基本实现互联互通和信息共享。建立国家、

省级、地(市)、全国排水救援队、全国矿井排水水泵及配套设施厂家、科研单位、水害专家以及矿井水害分布情况、典型矿井水害救援的案例分析等信息数据库系统,既承担矿山事故救援资源共享与及时更新作用,又承担高效指挥调度作用,提高矿山救援的信息化水平与运转效率。

(六)强化国务院安委会《关于进一步加强生产安全事故应急处置工作的通知》的落实,规范应急处置各环节工作

按照国务院安委会《关于进一步加强生产安全事故应急处置工作的通知》(安委〔2013〕8号)对事故应急处置工作的规定,加强科学救援理念的宣传,推动地方政府、企业落实事故应急处置中的责任,建立相关保障、评估奖励等制度,严格事故现场的管理,规范现场组织领导。国家应急救援指挥中心通过8号文的宣传贯彻、试点工作,以及事故现场指导、应急处置评估等手段,实现事故应急处置工作职责明确、指挥规范、高效有序。

2013年人感染H7N9禽流感疫情防控

一、疫情基本情况

2013年3月22日，国家卫生计生委接到上海3例不明原因重症肺炎病例的报告，接报后立即部署患者救治和调查处置工作。3月24日，上海将病例标本送中国疾病预防控制中心。3月26日，中国疾病预防控制中心从病例标本中检出H7病毒核酸阳性结果。3月29日，中国疾病预防控制中心从病例标本中分离出H7N9禽流感病毒。3月30日，国家卫生计生委组织专家会商后，确诊为人感染H7N9禽流感，并于3月31日依法发布信息，向世界卫生组织通报情况。

此后，上海、安徽、浙江、江苏4省(市)相继报告病例。4月4日，农业部在上海市某活禽经营市场的禽类中首次检出H7N9禽流感病毒，随后在浙江、江苏、安徽、河南4省的禽间及外环境中也检测到该病毒，疫情呈现一定的扩散态势。截至2013年底，我国内地共报告144例确诊病例，其中死亡48人，康复96人，病例分布于上海、江苏、浙江、安徽等12省市。

2013年疫情呈现以下特点：一是病例主要集中在上海、江苏和浙江3省市，报告病例数占病例总数的78%。二是年龄在2岁—91岁之间，以老年人为主，60岁以上占50%。性别以男性为主，占71%。三是职业以离退休人员、农民为主，占病例总数的62%。四是病例暴露和感染模式以活禽或活禽经营市场暴露为主，74%的病例有动物接触史或到过经营活禽的市场。五是大部分病例主要表现为发热、咳嗽等流感样症状，部分病例发展为重症肺炎，少数病例因多器官衰竭死亡。六是未发现病毒有公共卫生意义的变异，未发现病毒具备有效人传人依据。

二、主要做法

疫情发生后，党中央、国务院高度重视，习近平总书记、李克强总理第一时间要求各地各有关部门要高度重视，坚持把人民群众身体健康和生命安全放在第一位，做好疫情防控。中央政治局常委会、国务院常务会专门听取了工作汇报。国家卫生计生委和各地各部门认真贯彻党中央、国务院决策部署，坚持内紧外松、科学应对、突出重点、分类指导的工作原则，迅速落实各项防控措施。

(一)加强联防联控工作机制

根据4月3日国务院专题会议精神，成立了由卫生计生委牵头、相关部门组成的联防联控工作机制。联防联控工作机制和各成员单位迅速行动，及时组织学习中央领导同志关于做好疫情防控工作的指示要求和国务院会议精神，先后召开15次会议，会商、研究布置疫情防控工作。各成员单位按照职责分工，加强信息沟通和措施联动，积极指导地方开展防控工作。疫情发生地党委、政府高度重视，建立了多部门联防联控机制或启动应急响应。沪苏浙皖四地还建立了区域联防联控机制，加强地区间合作。未发生疫情的地区也积极开展信息沟通、人员培训、物资储备等应急准备工作。

(二)积极做好病例救治和疫情防控工作

卫生计生部门依法将人感染H7N9禽流感纳入乙类法定传染病。卫生计生、农业、质检、林业、中医药部门，以及军队、武警及时完善相关诊疗和疫情防控方案，指导地方做好病例救治，人和动物疫情监测与防控，出境人员和出口禽类及其产品疫情监测等工作。卫生计生部门对144例病例的所有密切接触者实施了医学观察，强化对各级各类医疗卫生机构人员培训，落实“四早”要求，提升及时发现病例的能力。民政、财政、人力资源和社会保障、卫生计生四部委印发通知，要求各地做好疫情防控和患者医疗费用保障工作。食品药品监管总局完成抗流感新药和诊断试剂审批上市。工业和信息化部积极做好疫情防控相关物资的储备与调运。

(三)加强疫情监测和研判

卫生计生部门加强不明原因肺炎病例和流感样病例监测，扩大监测范围，开展医疗机构人感染H7N9禽流感检测工作，落实对养殖业从业人员、活禽贩卖人员等重点人群的检测。林业部门严格执行野生动物疫源疫病监测防控日报告和零报告制度，加大溯源力度。质检部门加强口岸出境人员查验和疫情监测，加强供港澳活禽和食用禽产品检测和监测。充分发挥专家作用，卫生计生、农业、林业等部门组成联合专家组，指导疫情发生地开展采样检测和流行病学调查等工作。密切关注疫情态势，及时组织专家开展风险评估，科学研判疫情形势，研提应对策略。2013年已开展14次专题风险评估。根据疫情变化和风险评估结果，完善应急预案，做好应对疫情变化的准备。

(四)强化传染源控制和督导检查

卫生计生、农业、工商、食品药品监管、林业、中医药六部门联合印发通知，要求各地加强活禽市场管理，规范活禽调运，严格传染源控制。联防联控工作机制将科学防控和推动家禽产业转型升级结合起来统筹考虑，切实做到“两手抓”。农业部门将动物感染 H7N9 禽流感病毒暂时纳入一类动物疫病管理，强化动物感染病毒情况监测；研究制定并落实扶持家禽业健康发展的政策措施。财政部门积极安排养殖业损失补偿和产业发展相关经费。卫生计生、农业、林业、工商、食药等部门及时开展联合督导检查，了解疫情发生地防控工作落实情况，就进一步加强防控工作与地方交换意见，推动落实各项疫情防控措施，严防疫情扩散。

(五)做好信息发布和风险沟通

卫生计生、农业等部门及时向中办、国办报告疫情和工作信息，向有关部门通报情况。按照有关法律法规，及时向世界卫生组织、世界动物卫生组织等国际组织、港澳台地区、有关国家通报疫情和所采取的措施。坚持公开、透明原则，及时向社会发布疫情和防控工作信息。中宣部、新闻办等加强舆论引导，宣传普及防治知识，及时回应社会关切，引导公众科学理性应对。

(六)加强科研攻关与国际合作

科技部紧急安排应急防控研究专项，集成国内优势力量，大力推进诊断技术、疫苗、临床救治等应急攻关任务。卫生计生委密切与世界卫生组织等相关国际组织的沟通与合作，主动与世界卫生组织流感参比与研究合作中心和指定的实验室共享毒株。卫生计生和农业部门分别邀请世界卫生组织和世界动物卫生组织专家来华与我国内专家组成联合考察组，考察我人感染 H7N9 禽流感疫情形势和疫情应对工作。中国—世界卫生组织人感染 H7N9 禽流感防控联合考察组认为，中国政府的应对堪称典范，卫生计生部门准备充分，反应迅速、有效、专业，采取的措施得力有效。

三、取得的成效

2013 年人感染 H7N9 禽流感疫情应对，从病例样本中分离出病毒后 24 小时内就对病例进行了确诊，病例确诊后 24 小时内就向有关方面进行了通报并向社会公布,是近年来历次疫情处置中最迅速的一次。各地各有关部门按照党中央、国务院的统一部署,积极采取综合性防控措施,及时、有效地控制了疫情,切实保障了公众健康安全。世界卫生组织、联合国粮农组织、世界动物卫生组织等国际组织,以及《科学》《自然》等权威杂志,对此次我国疫情防控给予一致的高度评价,在第66届世界卫生大会上,中国政府在疫情发生后公开、透明、快速、有效的应对得到了各方广泛认同。疫情防控工作也得到了社会和公众的高度认可,通过12320热线和微博对全国进行民意调查显示,公众对政府疫情应对工作的满意度达80%以上。

四、重要启示

一是统一领导、分级负责是有效应对疫情的重要保证。党中央、国务院坚持政府主导、部门协作、分级管理的原则,及时分析疫情态势,科学决策、统一部署,形成了高效的组织领导机制,充分发挥专业防控力量,确保防控工作有序进行。二是联防联控工作机制是有效应对疫情的组织保障。联防联控工作机制的建立,强化了跨部门信息沟通和协调联动,尤其是强化卫生计生、农业、食品药品监管、工商和林业等部门的协调配合,大大提高了防控工作效率。三是依法科学有度防控是有效应对疫情的重要前提。在疫情防控过程中,及时将人感染H7N9禽流感纳入乙类法定传染病。各地各有关部门依法行政,依法办事,保证了各项防控工作顺利进行。充分发挥专家委员会作用,及时分析疫情动态和流行规律,科学决策,动态地调整防控策略和措施。根据疫情防控的迫切需求,及时部署科研项目,在检测技术、疫情监测、临床救治等方面取得突破,为疫情防控提供了坚实的科技支撑。四是强化公共卫生体系建设是有效应对疫情的重要基础。十年来,我国公共卫生体系建设得到全面加强,为疫情及时发现和有效应对奠定了坚实的基础。我国已建成全球最大的传染病疫情和突发公共卫生事件网络直报系统,建立了统一领导、分级负责、属地管理为主的卫生应急管理体制,突发公共卫生事件应急能力得到明显提升。五是坚持信息公开和加强国际合作是有效应对疫情的重要环节。各地各有关部门坚持公开、透明原则,及时公布疫情。积极开展宣传报道、舆论引导、健康教育等工作,为防控工作创造了良好环境。履行《国际卫生条例(2005)》有关规定,积极与世界卫生组织、有关国家和地区开展防控工作经验交流与合作,获得国际社会的赞誉和肯定。六是统筹疫情防控和家禽养殖业发展是有效应对疫情的重要因素。中央和有关地方政府及时出台相关产业扶持政策，并拨出专款，努力减少家禽业损失，同时积极推动家禽产业转型升级，做到科学防控和产业发展“两手抓”。

4 应急科技支撑

加强灾害应急科学研究与技术应用能力建设

2013年,民政部在减灾救灾领域重点加强灾害监测与评估、减灾救灾标准化、灾害应急技术装备等科学研究与技术开发,加强国内外交流合作,申报实施了一批有影响力的科研和工程项目,深入推动科研成果的示范应用和成果转化,较好地发挥了科学技术对减灾救灾决策的支撑作用。

一、加强灾害监测评估技术研发与应用

一是加强灾害遥感监测与旱灾风险评估技术研发与应用。加强洪水淹没范围、滑坡泥石流范围、积雪覆盖范围、重要道路损毁范围、房屋倒损、灾民安置点遥感监测与识别技术研究,开发了高分辨率遥感影像灾害特征分析工具,实现了基于高分辨率光学影像数据的洪水水体、滑坡泥石流体、积雪、损毁道路、倒塌房屋、灾民安置点等灾害特征参数的快速分析与提取。开展了基于遥感的旱灾特征参数快速提取与旱灾风险评估技术研究,研发了旱灾风险评估应用工具,初步实现了基于省、市、县级行政单元的旱灾风险分布面积、受影响人口数量、受影响农作物面积的统计分析,探索制作旱灾风险评估产品。

二是加强地面信息快速采集与分析技术研发与应用。加强了灾害现场信息统计上报、灾害信息处理、灾情手机报制作等技术研究。基于面向服务的架构体系,升级了国家自然灾害灾情管理系统,增加灾害信息处理工具包,实现了台账数据管理、年报报送及管理、冬春救助情况报送及管理、灾情信息分析、报灾日志管理、行政区划信息管理等功能的升级改造,进一步优化了人机交互界面,提升了系统友好程度和用户操作效率。开发了自然灾害手机报编发平台,实现了手机报编辑、审核、发送和管理等功能,实现了专用通讯录的同步管理。

三是加强灾害多源信息快速分析评估技术研发与应用。加强了台风灾害、旱灾快速分析技术研发,建立台风灾害致灾强度参数库,优化台风灾害致灾强度和

风险损失分析。建立全国分县旱灾快速评估参数库，构建我国东北、华北、华中、西北、西南、华南、华东等七大典型区旱灾快速评估模型，初步构建旱灾饮水困难与需救助人口快速评估基础参数库。开发了致灾强度、灾情与救灾工作信息快速分析工具，初步实现针对不同灾种提取分县域致灾强度主要损失率。开发灾害损失快速评估结果精度评判软件原型，初步实现灾害损失估算、灾害损失抽样点设计和基于重灾点实际损失估算整个灾区灾害损失等功能。

四是加强灾害监测评估多源系统集成与示范。研究制定了《灾害风险与损失评估业务工作规程》，提出了日常业务、应急业务和特别重大自然灾害综合评估等三种工作模式，理顺了业务流、数据流和产品体系。研究制定了减灾救灾数据管理规范和数据资源接口规范，升级改造了数据库管理系统，进一步提升了灾害信息共享与服务能力。

二、提升减灾救灾标准化水平

一是加强减灾救灾标准体系建设。依托国家质检公益行业专项“重大自然灾害救助标准体系研究”项目，深入分析和调研减灾救灾标准化现状与需求，开展全国减灾救灾标准体系设计与论证，初步构建了较为完善的减灾救灾标准体系框架和标准体系表。组织开展了减灾救灾物资与装备、灾害遥感应用、农业减灾救灾标准体系论证并编制标准体系表。收集整理了国内防灾减灾领域标准目录，编制了目录汇编。截至 2013 年底，由全国减灾救灾标准化技术委员会归口管理的国家标准有 15 项，民政行业标准有 23 项。

二是组织开展减灾救灾标准制修订。组织开展 10 项民政行业标准的制修订工作，其中：《自然灾害损失现场调查规范》《房屋受灾程度现场识别》和《冬小麦旱灾程度现场识别》3 项民政行业标准报批稿于 2013 年 10 月通过报批审查；《自然灾害承灾体分类与代码》国家标准送审稿和《防灾减灾人才资源统计指标》《自然灾害避灾点管理规范》《综合自然灾害风险图（1∶100 000）制图规范》3 项民政行业标准送审稿于 2013 年 10 月 17 日通过全国减灾救灾标准化技术委员会组织的技术审查；《救灾帐篷第 2 部分：12m^2 单帐篷》《第 6 部分：帐篷专用应急灯》《救灾装具第 7 部分：炉子》和《自然灾害图形符号》4 项民政行业标准形成标准送审稿。

三是组织开展标准基础研究和立项申报。组织开展《社区自然灾害风险图》《救灾工作应急包》《家庭防灾应急储备物资指南》和《救灾专用远光手电》等 4 项民政行业标准的预研究，形成标准草案和研究报告。《工程防灾安全监测基本术语》和《灾害监测业务产品制图要素(符号)分类体系与代码》2 项国家标准经国家标准化管理委员会批准正式立项。《小麦低温冻害受灾程度现场识别》《自然灾害遥感基本术语》和《自然灾害遥感现场信息采集要素分类与代码》等 3 项民政行业标准申请立项。

四是加强全国减灾救灾标准化技术委员会建设。制定第二届全国减灾救灾标准化技术委员会换届方案，开展标委会委员征集和换届工作。积极推进减灾救灾产品、灾害遥感应用和农业减灾救灾三个分技术委员会的申报和筹建。加强减灾救灾标准的前期研究和立项论证，强化标准制修订和研究项目实施的进度管理和质量控制，提升标准制修订质量。开展减灾救灾产品标准化调研工作，推动防灾减灾民用产品标准化。

三、推进灾害应急技术装备研发与应用

一是强化灾害应急技术装备管理，提高技术保障服务水平。完成自然灾害灾情手机报发送平台的软件开发及系统建设，增加了手机报编发模板设计、内容存储和审核等功能，提高了平台的功能完备性、界面友好性、运行效率及稳定性。加强民政部国家减灾中心信息系统建设，为减灾救灾业务运行提供硬件及网络环境保障。强化灾害应急技术装备管理及技术支持，为"4・20"芦山地震现场评估信息采集及通信提供可靠服务。

二是积极探索救灾物资装备研发。开展救灾物资储备管理及标准化的研究，依托"中央救灾物资储备调度管理高级研修班"，组织完成《帐篷应急灯》及《帐篷炉子》两项标准编制。开展 3G 网络、无线通信在救灾应急工作中的应用研究，实现了"4・20"芦山地震灾害现场视频信息的实时回传，提高了救灾工作的可视化。开展卫星通信、卫星导航、物资储备规范管理及信息化建设等方面的研究工作。

四、积极发挥科技在减灾救灾决策中的支撑作用

一是发挥科研对减灾救灾业务的支撑作用。国家减灾中心深入推进"灾害监测与评估综合业务系统"集成平台建设，提高灾害现场信息采集、处理和传输能力，接收处理灾情报告 10541 份，编制出版《2012 年自然灾害图集》、灾害信息员

《培训教材》和《操作手册》;减灾数据库新入库数据31.5TB,完成2218期业务产品、4.1万张社会经济统计表和132个基础地理图层的数据改造,核定9000余条年度、月度分省分灾种灾情数据;深化“国家重大自然灾害无人机应急监测合作机制”,环境与灾害监测预报小卫星星座A、B星延寿运行2年,获取近12万景数据,为芦山地震、伊拉克洪涝灾害、澳大利亚丛林大火、菲律宾“海燕”台风等国际自然灾害提供应急观测服务;为国家减灾委成员单位等发送290余期、18万条《灾情手机报》。

二是立项实施一批有影响力的科研和工程项目,推进减灾救灾政策创制。国家减灾中心承担的“基于自主控制的高分辨率遥感小卫星的综合减灾快速服务平台建设与应用示范”“基于自主卫星的灾情报送与服务综合应用示范”等高技术产业化项目获得国家发展改革委、财政部批复,“防灾减灾宣传教育与科普工程”项目顺利实施。开展中央救灾补助标准、综合减灾示范社区标准、救灾物资协议储备、“灾害评估师”执业资格、农村自然灾害生活救助项目等专题调研,形成《中央救灾补助政策调整研究》等报告,为减灾救灾政策创制提供技术支持。

三是加强各地减灾救灾科技支撑能力建设。国家减灾中心与湖北省减灾备灾中心、青海省减灾中心等共同申报实施国家发改委产业化项目,探索建立连通至村级的灾害信息报送与服务体系;与上海市民政局合作建设灾情数据应用灾难备份中心,实现北京—上海两地业务中心的数据同步和报灾系统的业务级容灾备份;举办“全国减灾中心第三届业务交流会”“2013年灾害监测评估多源信息综合应用技术培训”,加强各地减灾中心交流,促进灾害监测评估等成果的示范应用和转化。

5 应急救援队伍建设

国家矿山应急救援队建设经验及成果

建设“国内领先、国际一流”的国家矿山应急救援队，承担全国重特大、复杂矿山事故灾难的应急救援任务，是党中央、国务院在安全生产领域作出的重要决策，也是安全生产“十一五”“十二五”规划的重点工程之一。自2010年以来，在国务院领导的亲切关怀和多次关注下，在国家安全监管总局党组的高度重视和坚强领导下，各有关司局和相关单位大力支持、密切配合，国家安全生产应急救援指挥中心(以下简称应急指挥中心)克服困难、具体落实，采取超常规措施全力推进国家队建设工作。国家、地方和企业累计投入30多亿元，建设了国家矿山应急救援开滦队、大同队、平顶山队、鹤岗队、淮南队、芙蓉队和靖远队，配备了运输、排水、钻探、通信等一大批具有国内外领先水平的救援装备，极大地提升了国家队的装备水平和救援能力。

2013年6月25日，国家安全监管总局局长杨栋梁在北京向7支国家队代表授旗并做了重要讲话，这标志着7支国家队已经建成，开始履行国家赋予的职责使命。据不完全统计，共有60多家中外媒体对国家队授旗情况进行了报道或转载，在社会上造成了广泛的积极影响。国家队的建成，对于指导、带动其他应急救援队伍应急能力建设，形成更加高效的应急救援体系，最大限度地减少人民群众生命财产损失，促进我国矿山安全生产形势进一步好转有着重要意义。

一、前期工作

按照《国务院关于进一步加强企业安全生产工作的通知》(国发〔2010〕23号)中“依托大型企业，在中央预算内基建投资支持下，先期抓紧建设7个国家矿山应急救援队”的要求以及国务院领导同志重要指示精神，国家安全监管总局提出了国家和区域矿山应急救援队建设项目，决定在全国依托国有大型矿山企业，建设7支国家矿山应急救援队、14支区域矿山应急救援队。

2010年7月，总局向国家发展改革委报送了国家和区域矿山应急救援队建设项目建议书，2011年1月获得国家发展改革委批复立项。2011年3月，向国家发展改革委报送了国家队项目初步设计（代可行性研究报告），同时以安委办文件下发了《国家矿山应急救援队建设总体方案》，从总体上对国家队建设工作进行了规划和部署。2011年7月，国家发展改革委批复了国家队项目初步设计，安排中央预算内投资为国家队配备运输吊装、侦测搜寻、灭火与有害气体排放、排水、钻掘支护、模拟演练、通信指挥等7类专用救援设备共35种、305台（套）。项目总投资82 786万元，2011年下达投资计划80 000万元。

二、主要做法

2012年2月20日，总局局长办公会议确定采用“联合招标、分签供货”的原则，由应急指挥中心负责组织开展国家队建设及装备招标采购。应急指挥中心迅速贯彻落实总局党组会议精神，以高度的责任感和强烈的使命感，坚持搞好顶层设计，坚持做到标准先行，坚持进行典型引路，坚持推进突破创新，坚持特事特办快办，全力推进国家队建设工作。

一是严格落实工作责任。在总局领导特别是在王德学副局长的亲自推动下，先后七次组织召开总局应急救援体系重点建设项目领导小组会议，三次召开国家队项目建设任务部署会和工作推进会。以国务院安委办、总局或应急指挥中心名义下发了《国家矿山应急救援队建设总体方案》《关于加快推进国家和区域矿山应急救援队建设的意见》和《国家矿山应急救援队管理办法》等多个重要文件，对国家队建设工作进行了总体设计，对重点环节进行了规范。应急指挥中心多次召开主任业务办公会议，成立了国家队建设工作督导组，抽调12名同志组成督导组办公室，实行集中办公，落实了各项工作责任。

二是强化协调配合。总局加强与发展改革委、财政部、商务部的协调，及时解决资金拨付、进口装备采购审批等问题；加强与地方政府的沟通协调，总局领导亲自为开滦队开工奠基，亲自给七个国家队所在省政府领导写信，又多次与河南、河北、山西等省政府领导现场办公，共同推进国家队建设工作。应急指挥中心召开各类会议80多次，起草请示、报告等文件100多份，编制国家队建设工作简报32期，4次向国家发展改革委投资司报备项目建设工作方案和中标结果。应急指挥中心健全了协调联动机制，及时与总局有关司局和国家队所在地区财政、商务、安监、煤监等部门沟通协调,解决了资金下拨与支付等问题;建立了国家队建设情况"一月两调度"制度,全面掌握国家队建设进度,及时发现和解决问题;加强了现场督导,派出工作组先后赴各个国家队,与地方安全监管监察部门和依托单位进行现场办公,具体研究和协调推进建设工作。

三是周密组织中央投资装备采购。应急指挥中心坚持"平行作业、立体作业、交叉作业",倒排工期、细化任务,合理安排国内招标、国际招标时间,提高工作效率。科学编制了招标文件,圆满解决了进口装备招标审批问题,妥善解决了进口水泵安标问题,向财政部和商务部有关机构增补了国内、国际评标专家。四次发布国际和国内公开招标公告,抽取60名评标专家对189个厂家的投标文件进行评标,顺利完成了采购招标工作。到2012年9月13日,完成了全部1706份合同的签订工作。合同签订后,采取多种办法加快供货速度、保证装备质量,严格组织出厂验收和到货验收,及时进行技术培训,搞好装备管理。

四是采取有力措施推进依托企业配套建设。按照安委办下发的《国家矿山应急救援队建设总体方案》要求,全面推进国家队配套建设工作。积极协调国家队所在地方政府和依托企业,在资金、土地、人员等方面加大投入。着眼典型引路、树立样板,将开滦队、大同队、平顶山队作为国家队建设示范单位先期建设,形成了"一套建设标准、一套制度规范、一套教育训练教材、一套应急行动预案、一套示范演练科目和一套基础设施"及各具特色的"六加一"成果。积极推进国家队依托企业建立健全以矿山救护队、抢险排水队、钻探救援队、医疗急救队和专家组"四队一组"为主的组织体系,将国家配备的装备分别交由各专业队伍管理使用,细化专业分工,拓展救援领域,促进国家队实现由单一的矿山救护队向集预防、救援、培训和储备等功能于一体的综合性救援队伍的转变。

五是加强国家队领导班子建设。2013年以来,应急指挥中心按照总局印发的《国家矿山应急救援队管理办法》要求,根据各依托企业推荐的国家队班子成员人选意见,并按照干部管理权限征得依托企业上级主管部门(所在地省委组织部或省国资委)对国家队队长兼政委人选的同意,先后组成七个考核小组与依托企业上级主管部门共同组织对推荐人选进行了考察。通过加强领导班子建设有力促进了国家队建设,为提高队伍应急救援能力提供了坚强的政治保证。

六是加强队伍管理,全面提升国家队管理水平。各国家队结合自身实际,细化"六加一"试点成果,制定完善应急值守、日常管理、装备管理、培训演练等各方面的规章制度，对国家队建设与日常运行管理各项工作进行规范。应急指挥中心在总结国家队建设“六加一”试点成果的基础上，编制完成了《国家矿山应急救援队内务规范》和《国家矿山应急救援队训练与考核大纲》，作为国家队长远建设和发展的标准和依据，促进国家队建设走向制度化、规范化。

七是强化监督检查。在国家投资装备的采购过程中，应急指挥中心制定了《督导组办公室工作人员廉洁自律“十不准”》，由纪检监察部门派人专门督导落实。在编制招标文件、抽取评标专家、组织开标评标、督促履约供货等关键环节，都主动邀请驻总局纪检组监察局和应急指挥中心纪委代表进行全过程跟踪监督，确保国家队建设各项工作公平、公正、公开。在推进国家队配套建设过程中，应急指挥中心多次派出工作组，深入现场办公，检查建设进度，研究解决重点、难点问题。

三、已取得的成效

国家队建设主要取得了以下几个方面的成果。

一是中央投资装备已全部到位，国家队装备水平大大提高。截至 2013 年底，中央投资装备已全部到货。这些装备全部具备了项目初步设计确定的目标指标，特别是德国的里茨深井潜水电泵和宝峨地面大口径救生钻机、美国的安捷伦便携式气相色谱仪、荷兰的荷马特破拆与支护装备、日本的井下轻型钻机和国内相关厂家生产的仿真模拟演练系统、多功能集成式装备保障车、井下无线宽带视频传输系统等装备，基本代表了现阶段国内外矿山事故应急救援装备的最高水平，达到了“国内领先、国际一流”的总体要求。

二是基础设施建设已经完成。地方政府和依托企业总计投资 20 多亿元，7 个国家队基础设施由原来的 6.23 万平方米增加到 18.56 万平方米。其中，开滦、平顶山、淮南队均为易地新建，大同、鹤岗队在原址改扩建，芙蓉、靖远队也完善了办公场所和装备库房，基本满足了各国家队日常办公、训练与装备存储的需要。

三是企业配套装备有新的进展。开滦、鹤岗、大同、淮南和靖远队已配套各类装备 1 500 余台(套)，对国家投资装备形成了有力的补充。其中，淮南集团公司每年投入不低于 200 万元对淮南队现有常规装备进行更新补充；大同队“十一五”期间累计投入救援装备资金 17 000 万元，为矿山救护大队配备了具有国际先进水平的气体分析化验设备、通讯设备、柔质排水管路等；为钻机队配备了进口地面车载钻机和井下千米钻机等钻探设备，提高了钻探效率；为医疗队配备了先进的急救车辆和院前急救装备，改善了急救手段。

四是“四队一组”组建基本完成。各队“四队一组”的组建基本完成，调整、补充了矿山救护队员、工程技术人员、管理人员和救援专家，国家队总人数由原来的 3 096 人增加到 4 703 人，增加了 1 607 人。

五是国家队领导班子已经配备完成。根据《国家矿山应急救援队管理办法》，应急指挥中心会同各省国资委、安全监管监察部门，完成了各国家队领导班子的考核任命，并下发了领导班子的任职通知和任命书。7 个国家队的队长兼政委人选中有 5 人由依托企业现任副总经理担任，2 人由依托企业现任安监局长担任。首批配备的国家队领导班子成员均具有较好的专业基础，政治素质过硬、年富力强、救援经验丰富，有利于国家队开展应急救援工作。

六是信息化建设取得重大进展。利用国家投资建设的应急平台终端、卫星通信指挥车和小型移动平台等装备，实现了与国家安全生产应急平台的互联互通。同时，淮南集团公司投入专项资金 3 000 万元用于淮南队应急平台建设，建立“基地—中队—小队”的三级指挥调度信息体系，实现和集团公司、省、国家等各级安全生产应急平台之间的信息互通。大同队建立了大屏幕应急救援调度视频指挥系统，实现了对专业技术队和下属区域救护中队的实时调度指挥。应急指挥中心以总局应急指挥大厅应用为核心，制定了一系列应急值守和指挥大厅使用的规章制度，强化了小型移动平台、卫星通信指挥车的实战应用。在黑龙江省龙煤集团鹤岗分公司振兴煤矿透水、四川省泸州市泸县桃子沟煤矿瓦斯爆炸等事故救援中，总局分别与事故现场实现联通，总局领导在北京进行了实时指挥协调。在四川省芦山“4·20”7.0 级强烈地震抗震救灾中，在震区通讯中断的情况下，芙蓉队利用卫星通信指挥车建立了救援前线和后方指挥部的通讯联系，及时将现场图像传送到总局的应急平台，为救援决策指挥提供了强有力保障。

七是规章制度建设日趋完善，日常管理日趋规范。各国家队积极落实、深化“六加一”试点成果，结合自身实际，制定、修改和完善规章制度近 200 项，规范了队伍值守、训练、救援、日常管理等各个方面的工作。应急指挥中心已经印发了《国家矿山应急救援队内务规范》，国家队建设和发展逐步走向标准化、规范化。

八是国家队救援能力大大提升。国家投资的先进装备到位后，国家队在快速机动、灾区侦测、事故处置、后勤保障、培训演练和信息报送等六个方面的能力得到极大提升。利用多功能集成式装备保障车和充气发电照明车，将矿山救援中所需要的各类装备、工具和材料储存于集装箱式车体内，矿山事故发生后，与救援队伍同步快速运送到事故现场，满足事故救援中对多种装备、物资的需求，提高了快速机动能力。同时，还配备了大型排水设备运输、吊（安）装、供电以及救援队伍生活保障等方面的车辆。通过蛇眼探测仪、便携式气相色谱仪和远距离灾区侦测系统等装备，实现安全、快速、准确的灾区侦察；使用燃油惰气和液态二氧化碳灭火装置、井上（下）救灾钻机以及各种流量（扬程）的矿井潜水电泵等装备，提升了侦测搜寻与事故处置等方面的能力。其中地面救灾钻机的钻孔直径和深度可达700毫米、700米，为营救透水、坍塌冒落等事故被困矿工提供了先进装备。矿井潜水电泵的最大流量、扬程已经达到1 000立方米/小时、1 000米，可满足千米深井透水事故应急救援的需要。此外，通过应急平台终端、卫星通信指挥车、小型移动平台、井下无线宽带救灾通信系统、模拟仿真与演练评价系统等装备，整体提升了国家队救灾信息、图像报送和培训演练的能力。

国家队的建成已经在各类事故灾难救援中发挥了重要作用。据不完全统计，2013年至今，7支国家队在各类事故灾难救援中共抢救遇险人员225人。其中，在黑龙江鹤岗振兴煤矿“3·11”透水事故、四川攀枝花肖家湾煤矿“8·29”瓦斯爆炸事故等重大矿山事故救援中，相关国家队携带先进救援装备赶赴事故现场，顺利完成了救援任务。在四川芦山“4·20”7.0级强烈地震中，总局在第一时间派出了包括国家芙蓉队、区域天府队在内的37支、872人的安全生产应急救援队伍，携带专业救援装备，赶赴灾区抢险救灾，共搜救出39名被困人员（其中37人生还），转运伤员81人，发挥了重要作用。

国家卫生应急队伍“平战结合”探索

一、国家卫生应急队伍建立背景

进入21世纪以来，全国范围内各种重、特大自然灾害频发。2004年印度洋海啸、2008年我国四川汶川大地震、2009年海地地震，2010年玉树地震、舟曲特大山洪泥石流等灾害，均造成重大人员伤亡。在汶川、玉树地震救援活动中，地方卫生应急队伍暴露出现场处置装备较差，救援仍处于较低水平，且在高寒、酷暑、风沙等恶劣环境条件下的适应性、机动性差，缺乏自我保障能力。与突发事件的应急处置需要和公众的期望不相适应，也与我国经济社会发展水平不相协调。2010年9月，原卫生部卫生应急办公室（现国家卫生计生委卫生应急办公室）开始紧急医学救援、突发急性传染病防控类、突发中毒事件处置类以及核和辐射突发事件卫生应急四大类国家卫生应急队伍建设工作。

二、国家卫生应急队伍现状

在中央与地方财政支持与投入下，经过四年有计划、有步骤按区域分批建设，截至2014年底，共建立36支国家卫生队，其中有18支医疗队、13支传防队、3支中毒队、2支核和辐射队，分类布局在我国华北、华东、华中、华南、西南、西北、东北等七个大区域。国家队定位是处置特大突发事件及影响较大突发事件，国家队要同时兼顾省级队的职能，一般情况由事发地所在队伍或邻近队伍处置，根据需求再由相邻队伍填充。36支国家队伍的布局体现了区域灾害类型、地理特征、重点城市和力量强弱互补等特点。

三、国家卫生应急队伍“平战结合”

（一）平战结合是国家卫生应急队伍建设的客观要求

为了适应突发公共卫生事件的需要，国家卫生应急队在平时建立相应的指挥、管理系统，购置移动医院应急车辆、储备各类型医疗急救物资，组建各国家卫生应急队的医护人员；在非自然灾难发生时期，将这些要素通过巡回义诊、普及健康防病、灾害应对和自救互救知识等方式来服务社会，造福人群，这是卫生应急队自身发展的客观要求。一是能够创造一定的社会价值，让边远地区居民享受优质医疗服务；二是创造一个培训应急队伍的环境，增强医护人员与应急车辆、应急设备的磨合，提供实战演习的机会；三是通过普及健康防病、灾害应对和自救互救知识，提高全社会的卫生应急知识，增强卫生应急观念。

(二)平战结合是国家卫生应急队伍可持续发展的要求

国家卫生应急队伍只有在保证处置自然灾害、事故灾难、突发公共卫生事件和社会安全事件的同时，积极保持战备状态，实现战备效益和社会效益的统一，才可能实现可持续发展，因为平战结合能为国家卫生应急队伍可持续发展提供可靠保障。一是为国家卫生应急队伍提供物质保障。二是为国家卫生应急队伍提供技术保障。在实战演练中，不断优化处置的流程，提高处置的效率，在正式的救援灾害面前才能做到第一时间响应，发挥国家队应有的作用。三是为国家卫生应急队伍提供人员保障。在平战结合中势必培养和磨炼一大批卫生人才，平时他们是各卫生计生委、医院、疾病预防控制中心的管理人员、医务工作者、实验室技师等，突发灾害发生时他们是奔赴前线的国家队员，通过日常的训练和演练，这批队伍能随时拉得出，打得赢，这样的卫生应急人才能有力促进国家卫生应急队伍的建设。

(三)平战结合的具体措施与做法

根据规划，每支国家队有队员30～50人，专业车辆8～15辆。全国四类36支队伍共有队员1500余人，近400部车辆。在平时，发挥国家队人员、装备和技术优势，将医疗队纳入当地下乡巡诊义诊和社区医疗服务，将传防队纳入传染病防控和鼠疫，将中毒队纳入食品、水和环境监测，将核和辐射队纳入应急知识普及等活动。

1. 平时服务

通过为偏远地区居民进行巡回义诊这一形式，针对性地对国家队伍野外医疗救援能力作出锻炼，提高应急队员野外生存能力，同时，借此机会对应急车辆装备运转情况做出全面考察，提高人员与应急装备的磨合能力。国家应急队伍积极开展卫生应急知识“进农村、进机关、进学校、进企业、进社区”活动，广泛普及健康防病、灾害应对和自救互救知识，有效提升公众公共卫生意识和应对突发事件能力。

2.急时急用

通过组织国家卫生应急队伍参加各类型模拟训练、野外拉练等，检验队伍救灾防病措施落实情况，查找出存在问题和薄弱环节，切实提高了队伍的应急反应及实战能力。除此之外，各省亦有计划地组织急性传染病防控、突发中毒事件应急处置技能竞赛，举办食物中毒暴发调查和突发不明原因气体中毒事件、不明原因疾病暴发疫情处置等桌面推演，切实提高处置突发群体性事件处置能力。

3.战时应急

2013年，在云南鲁甸“8·3”地震中，重庆医疗队共有43名专家，配备11辆应急车第一时间于8月4日抵达鲁甸，在震中龙头山镇建立医疗队，并与昭通市第一人民医院对接，协助指导伤员的救治。云南省疾控中心建设的传染病防控类国家队，在灾区现场开展了卫生学检测和外环境大范围消杀工作，指导灾区落实卫生防疫措施。在自然灾难、突发事件出现时，国家卫生应急队伍发挥应有作用，为抗震救灾工作的顺利进行提供了重要的保障。

卫生应急队伍建设只有走平战结合之路，把现有的卫生应急资源力量用于平时的义诊、巡回就诊中，合理利用卫生应急资源，充分发挥出平战结合所带来的社会效益，造福于大众，卫生应急事业的发展才具有永久的活力和生机。

6 基层社区应急能力建设

2013年国家卫生计生委开展全国卫生应急能力评估工作

为科学、规范指导全国卫生应急能力建设，提升卫生应急能力，根据《中华人民共和国突发事件应对法》《突发公共卫生事件应急条例》等相关法律法规和《国务院关于全面加强应急管理工作的意见》，原卫生部、发展改革委《关于加快突发公共事件卫生应急体系建设和发展的指导意见》《全国卫生部门卫生应急管理工作规范》等文件规定，2013年4月，国家卫生和计划生育委员会在全国范围开展卫生应急能力评估工作，印发了《卫生应急能力评估工作指导方案》和《卫生应急能力评估标准》（以下简称《评估标准》）。

一、卫生应急能力评估的目的

通过对全国卫生系统卫生应急能力的调查，对省市县各级卫生应急能力现状进行评价，了解卫生应急准备和应对各方面能力发展状况以及卫生应急能力建设项目所取得的效果，找出卫生应急能力不同方面存在的不足之处，为将来合理安排卫生应急资源，以及明确卫生应急能力建设工作的重点提供科学依据。

二、卫生应急能力评估的方法和步骤

（一）评估方法

国家卫生计生委应急办在《评估标准》的基础上，组织开发了省、市、县各级《卫生应急能力评估调查问卷》，对各省、市、县评估组人员进行了培训，由各级卫生行政部门于2013年8月至2014年3月组织当地医疗卫生机构按照统一的问卷进行自评并录入Epidata数据库，逐级上报至国家卫生计生委应急办（具体评价工作由中国疾控中心卫生应急中心承担）。评估组通过分析各地上报数据，对我国

各级卫生应急能力进行评价,完成评估报告。

(二)评估步骤

一是2013年9月底前,各省级卫生行政部门对照《评估标准》,组织制订本省(区、市)卫生应急能力评估实施方案,指导本辖区能力评估工作。

二是2013年11月底前,各级卫生行政部门完成本地自评工作,并就自评中发现的能力建设突出问题和薄弱环节提出有针对性的改进方案。各省级卫生行政部门要将本省(区、市)自评结果材料(包括《评估标准》各细项得分、自评报告和卫生应急能力建设改进工作方案)以文字和电子数据形式报国家卫生和计划生育委员会卫生应急办公室。评估组通过分析各地上报数据,对我国各级卫生应急能力进行评价。

三是2014—2015年,各级卫生行政部门要认真落实卫生应急能力建设改进工作方案,进一步推动能力提升。县级以上(不含县级)卫生行政部门要加强督导检查,逐级开展对改进方案落实情况的检查评估。国家卫生计生委将组织督导组进行督导检查。督导组由卫生行政管理和专业技术专家组成,按照《评估标准》,通过听取汇报、查阅资料、抽查单位等方式,进行现场考评。

三、卫生应急能力评估的内容

卫生应急能力评估选择了八个最核心的卫生应急能力进行评估,以反映全国卫生应急能力整体情况。对八个核心能力分成24项评估内容、81个评估指标、200个题目进行评估。省、市、县级的卫生应急能力评估问卷总分均为1000分。八个卫生应急能力内容如下:

(一)体系建设(220分)

包括卫生应急体系建设纳入政府和卫生部门规划情况,以及卫生应急经费保障、预案建设、体制机制完善和指挥与决策系统建设等情况。

(二)应急队伍(70分)

包括卫生应急专家咨询委员会、专家库、卫生应急专业队伍建设等情况。

(三)装备储备(80分)

包括卫生应急装备目录和标准制订、物资调用机制建设、公共卫生应急物资储备建立和管理制度健全等情况。

(四)培训演练(70分)

包括卫生应急培训中长期规划制订、综合培训演练中心建立和培训演练活动组织等情况。

(五)宣教科研(60分)

包括卫生应急宣传教育材料编印、公众知识宣传、志愿者培训、媒体沟通和科研合作等情况。

(六)监测预警(120分)

包括突发公共卫生事件监测系统完善、事件报告和监测工作开展、风险评估机制健全、信息发布等情况。

(七)应急处置(300分)

包括突发公共事件发生后,应急响应启动、事件信息报送、队伍调派、物资调运和事件处置等情况。

(八)善后评估(80分)

包括卫生应急处置纳入政府奖惩、补助、抚恤和补偿等制度保障情况,以及卫生应急工作总结和评估制度建立情况。

卫生应急能力评估指标体系的建立,对规范和指导全国卫生应急能力建设发挥着重要作用。下一步,国家卫生计生委将进一步完善卫生应急能力评估标准体系,不断规范、提升各级卫生应急能力综合和专业能力。

2013年我国社区综合减灾工作情况

社区是社会的基本单元，也是防灾减灾工作的前沿阵地。社区居民是灾害的最直接承受者，更是应对灾害的第一响应人。因此，做好社区综合减灾工作意义重大。进入21世纪以来，全球气候变化日益显著，自然灾害风险不断增加，国际社会更加注重防灾减灾从社区做起，加强社区灾害风险管理，实现关口前移、主动防范。2005年第二届世界减灾大会通过了《兵库行动纲领(2005—2015年)》，明确提出“加强国家和社区的抗灾能力”。2013年5月第四届世界减灾大会在日内瓦召开，再次号召世界各国采取紧急行动应对国家和社区正面临的不断增加的灾害风险。

近年来，国家减灾委、民政部以提升城乡社区综合减灾能力建设为重点，在全国范围内大力推进社区综合减灾工作。2011年6月，经国务院同意，国家减灾委印发了《关于加强城乡社区综合减灾工作的指导意见》，提出社区综合减灾工作的总体要求、主要目标和任务；同年11月，《国家综合防灾减灾规划(2011－2015年)》颁布实施，明确提出“十二五”期间创建5 000个全国综合减灾示范社区的总体目标。2007年以来，国家减灾委、民政部组织开展了全国综合减灾示范社区创建活动，并不断推动全国综合减灾示范社区创建工作的规范化、标准化建设；制定出台《全国综合减灾示范社区标准》，提出创建全国综合减灾示范社区的三个基本条件和十个基本要素；2012年，印发了《全国综合减灾示范社区创建管理暂行办法》，进一步规范了示范社区创建各环节工作。截至2013年，国家减灾委、民政部已命名全国综合减灾示范社区5 408个。

2013年，国家减灾委、民政部以全国防灾减灾日、国际减灾日为契机，组织开展社区综合减灾系列主题活动。“5·12”防灾减灾宣传周期间，各地区、国家减灾委各成员单位围绕“识别灾害风险，掌握减灾技能”活动主题，积极推进防灾减灾宣传教育进社区、进学校，将防灾减灾知识纳入学校教育内容，将防灾减灾宣传教育纳入文化、科技、卫生“三下乡”活动，结合全国综合减灾示范社区创建工作，广泛开展了社区隐患排查、风险地图编制、防灾减灾培训、社区应急演练等活动。据不完全统计，防灾减灾宣传周期间全国共发放各类宣传材料逾4 600万份，举办培训及讲座近6 000场，举行不同规模的演练4万多场，发送公益短信超过3亿条，参与现场活动的直接受益人群达4 900万人次。“国际减灾日”期间，国家减灾委办公室、民政部国家减灾中心、北京市民政局等单位在北京市门头沟区举办了社区灾害预警及应急救助综合演练，在北京市启喑实验学校举办了地震紧急转移疏散演练、爱心捐赠仪式和防灾减灾知识宣传等活动；各地区结合当地实际，因地制宜，以社区为平台组织开展面向多灾种的应急避险和救援综合演练。在社区综合减灾工作实践中，各地注重加强组织领导，不断加大支持和投入力度，创新社区减灾工作的方法和途径，组织开展多种形式的防灾减灾宣传教育活动，开发系列防灾减灾宣传教育产品，经常性开展疏散逃生和自救互救演练，城乡基层综合减灾能力不断提升，全民防灾减灾意识不断增强，防灾减灾社会氛围逐步形成，成效逐渐显现。主要经验有以下几个方面。

(一)推动社区建立综合减灾工作机制

在各级政府的大力支持下，全国社区逐步建立健全负责社区综合减灾工作的组织，制定了规范的综合减灾工作制度，制定了灾时保护儿童、老年人、病患者、残疾人等弱势群体的对策，为社区中的老人、残疾人和儿童等需要帮助群体指定了明确的应急帮扶人员；社区在灾害预警、应急响应、紧急救护、防灾减灾宣传教育等方面，建立了规范有效的防灾减灾工作机制，为社区开展防灾减灾工作提供了有力的组织和制度保障。

(二)编制社区应急预案和灾害风险地图

各地结合社区所在区域环境、灾害发生规律和本区居民特点，制定或修订了社区灾害应急预案。同时，积极开展应急预案演练活动，提高应急预案的可操作性和针对性，增强了社区层面应急处置能力。截至2013年，全国有58.6%的社区已完成救灾应急预案编制工作，并经常组织社区居民开展预案演练活动。上海市民政局积极探索社会力量参与社区灾害风险评估工作模式，与复旦大学和有关社会组织合作，形成“政府部门统筹协调、高校人员专业指导、社会组织具体实施、社区居民广泛参与”的工作模式，组织社区居民广泛开展灾害风险隐患排查、编制社区灾害风险地图。

(三)加强社区防灾减灾公共设施建设

各地充分利用社区所在公园、绿地、广场、体育场、停车场、学校操场或其他空地建立应急避难场所，并进行功能分区；设置明显的安全应急标识或指示牌，明确标识应急疏散路径、避难场所位置、可安置人数和管理人员等信息;利用社区图书室、老年人活动室、宣传栏、宣传橱窗等建立减灾宣传教育场所;配备必需的应急物资以及救生设施工具,健全了社区减灾公共设施和装备。社区居民家中也储备了必要的照明、急救包和逃生绳等应急物品,农村社区还利用村委会办公室和其他公共活动场所等建设应急避灾场所,提高了社区在场所、物资和装备等方面应对灾害的基础保障能力。北京市民政局积极开展社区灾害预警系统试点建设,开发社区防灾减灾电子地图,推动建立社区灾害应急救援队伍,提高了社区灾害防御和应急处置能力。

(四)加强社区防灾减灾志愿者队伍建设

各地推动建设由社区青年学生、医务人员、退伍军人、民兵和保安等人员组成的社区志愿者队伍,平时参加社区防灾减灾宣传教育和应急演练活动,遇有灾害时及时报告,并协助做好灾害应急准备、紧急救援和群众转移安置等工作。通过开展社区防灾减灾相关培训,极大地提高了社区志愿者队伍开展防灾减灾的业务素质和工作水平,增强了社区防灾减灾的联动实力。各级民政部门还积极发动志愿者和社工参与社区综合减灾工作,组织开展应急救援、人员培训、心理抚慰、宣传教育等,推动志愿者和社工成为社区减灾的一支重要依靠力量。

(五)组织开展社区防灾减灾宣传教育活动

各地结合社区当地的人文、地域等特点,制订社区防灾减灾宣传教育计划,推动社区定期开展形式多样的社区居民防灾减灾宣传教育活动,在社区宣传教育场所经常张贴防灾减灾宣传图片材料。通过开展社区防灾减灾宣传教育培训活动,切实提高了社区居民的防灾减灾意识,培养了社区居民在识灾、防灾、减灾、抗灾、救灾等方面的知识素养,以及应对灾害的自救、互救能力。

通过上述活动,进一步增强了城乡社区居民防灾减灾意识,强化了灾害风险管理理念,提升了逃生避险和自救互救技能,营造了“防灾减灾,人人有责”的良好氛围,取得良好的社会效益。

7 应急体系建设

国家化学品事故应急体系建设研究

为深刻吸取山东省青岛市“11·22”中石化东黄输油管道泄漏爆炸特别重大事故教训，加强化学品事故应急处置能力建设，国家安全生产应急救援指挥中心按照国家安全监管总局领导要求，组织开展了国家化学品事故应急体系建设研究，提出了国家化学品事故应急体系建设方案。

一、建设国家化学品事故应急体系的必要性和紧迫性

2013年11月22日，山东省青岛市中石化东黄输油管道发生原油泄漏爆炸特别重大事故。事故发生后，习近平总书记强调，应急处置能力是国家治理能力的重要组成部分，各类企业必须做到安全投入到位、安全培训到位、基础管理到位、应急救援到位，确保安全生产。李克强总理要求认真吸取生命和鲜血换来的教训，创新安全管理模式，落实企业主体责任，提升应急处置能力。

2013年我国原油加工量4.76亿吨、成品油产量2.96亿吨、乙烯产量1 622.5万吨，均位居世界第二位。我国已经成为化学品生产和消费大国，石油化工行业产值位居世界第一位。但企业安全生产水平参差不齐，化学品生产、运输、储存、使用环节复杂，且数量巨大、品种繁多、用途广泛，每年仅公路运输的危险化学品数量就达到约2亿吨，其中易燃易爆油品约1亿吨、液氯约400万吨、液氨约300万吨。化学品事故具有发生突然、扩散迅速、持续时间长、涉及面广、多种危害并存、社会危害大的特点，一旦处置不及时、不恰当，将对人民生命财产安全和环境造成非常大的影响。

国外主要化学品生产消费国均已形成了较为发达的化学品事故应急体系。欧盟化学工业委员会(CEFIC)通过推行国际化学品环境保护计划(ICE)，建立了完备的化学品事故应急救援网络和统一的报警、响应机制。美国国家应急反应系统(NRS)由国家应急反应中心(NRC)、现场协调员(OSC)、国家应急反应小组

(NRT)和地区应急反应小组(RRT)组成,通过统一接警、现场协调员协调配合、地方政府统一指挥,形成了快速响应、有效处置的化学品事故应急体系。

经组织安科院、化学品登记中心有关人员认真研究,我们认为,与欧盟和美国相比,我国现有化学品事故应急体系存在着两个突出问题:一是缺乏全国统一的指导协调机构,各自为战,应急处置水平低;二是信息报送系统不畅,不能及时获取事故信息。为有效应对化学品事故,提高我国化学品事故应急处置能力,建立快速响应、信息畅通、有效处置的国家化学品事故应急体系已十分必要和紧迫。

二、国家化学品事故应急体系建设方案

(一)建设思路

借鉴国外成功经验和有效做法,充分考虑我国安全生产应急管理实际情况,以整合资源为主建立由国家和区域化学品事故应急中心组成的国家化学品事故应急体系。一是在不增加人员编制的前提下,通过整合总局内部现有资源,进一步理顺内部工作机制,建立国家化学品事故应急中心。二是依托地方安全生产应急管理机构,考虑我国化学品产业分布情况,鼓励、培育市场化专业救援,建设区域化学品事故应急中心。

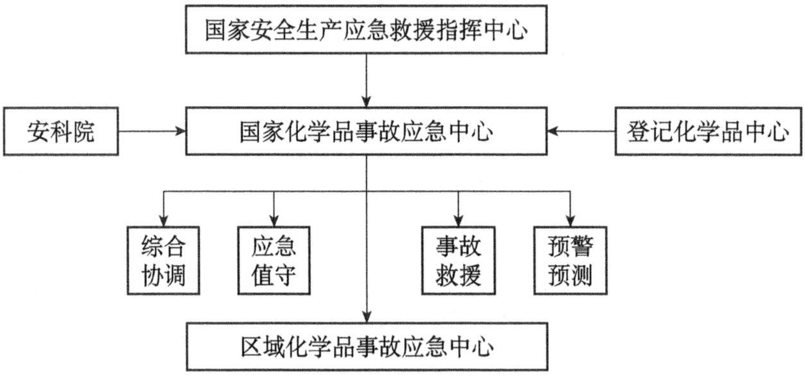

图1 国家化学品事故应急体系组织机构图

(二)机构设置及职责

1. 机构设置

在应急指挥中心加挂国家化学品事故应急中心牌子,以应急指挥中心现有编制和人员为基础,组建专门的化学品事故应急处置机构开展工作。安科院和化学

品登记中心作为国家化学品事故应急中心的主要支撑保障单位。

按照属地为主原则，区域化学品事故应急中心可参照国家化学品事故应急中心模式建设。在现行安全生产监管体制下，强化地方安全生产应急管理机构职能，充分发挥中央企业和地方危险化学品救援基地作用，按照“成熟一个，建设一个”的原则逐步建设区域化学品事故应急中心。

2. 主要职责

国家化学品事故应急中心主要职责：

(1)指导全国化学品事故应急体系建设，统筹掌握全国化学品事故处置专家、队伍、装备、水平等应急资源；

(2)结合安全生产信息化建设，发挥总局指挥大厅作用，不断完善化学品事故应急处置平台，为全国化学品事故应急处置提供业务指导和技术支持，并提供化学品事故预警技术支持，发布预警信息；

(3)依托应急指挥中心相应职能，根据事故需要按专业类别协调相应的人员、装备参与化学品事故的应急处置工作；

(4)依托国家安全生产应急救援联络员会议制度，重点联系军队(防化)、公安消防、环保等部门，共同指导协调化学品事故应急处置工作；

(5)完成总局交办的其他工作。

地方中心主要职责：

(1)统筹掌握本区域内的化学品事故处置专家、队伍、装备、水平、特色等应急资源；

(2)对所在区域的化学品事故信息及时接警，快速响应，及时向国家中心报送相关事故信息；

(3)为所在区域内的化学品事故应急处置提供技术咨询和专家指导；

(4)完成总局及国家中心交办的其他工作。

3. 人员组成

国家化学品事故应急中心人员按照综合协调、应急值守、事故救援和预警预测等业务划分，拟由三部分组成：一是从应急指挥中心内部调剂化学化工及相关专业人员，负责综合协调和事故救援工作；二是由安科院抽调熟悉化学化工、平台信息化等工作的技术人员，负责技术支持和数据应用(计算、分析)；三是长期聘请或招聘具有油气管道、城镇燃气、大型炼化装置、大型储存设施等专业实践经验的专家,负责值班值守、业务指导和分析研判工作。

(三)运行机制

1. 利用现有应急平台,实现信息共享、快速反应、专业救援指导

(1)依托总局和地方安全生产应急平台,完善化学品事故应急数据库,加强化学品事故预警、处置技术支持和专业指导(目前,总局应急指挥大厅已具备基本能力,完善数据库及有关功能应用工作也正在进行)。

(2)设立国家化学品事故报警专线电话,依托化学品登记中心和国家、地方安全生产应急管理机构建立全国统一的化学品事故接处警系统(现有技术手段可以实现不同区域同时接警功能),实现快速接警、及时响应。

2. 建立化学品事故应急会商机制

发挥总局业务司局、应急指挥中心、安科院、登记中心及有关专家作用,建立化学品事故应急处置定期、不定期会商制度。定期组织化学品事故预警预测,总结事故应急处置经验教训,提出工作建议;紧急状态下,研判、指导重大化学品事故应急处置工作。

3. 加强化学品事故调查技术分析工作

依托1996年经中编办批准成立的劳动部事故调查分析技术中心(与劳动部劳动保护科学研究所合署办公,目前机构自行保留在安科院重大危险源监控中心,建议恢复)及安科院的分析测试资源,在安科院建立事故调查技术分析中心,可为化学品事故调查工作提供支持和保障。

8 应急平台建设

以应急平台体系建设为抓手 扎实推进广州市应急体系与应急能力现代化

一、广州市应急管理面临的巨大挑战

改革开放以来，广州经济社会发展取得了巨大成就。三十多年来，广州地区生产总值增长357倍，建成区面积扩大了18倍，管理人口增长2.3倍，成为人口超千万、经济总量超1.5万亿元的特大城市，城市知名度和国际影响力日益增强。与此同时，经济的快速发展、城市规模的不断扩大和社会治理结构的深刻调整，也使广州应急管理工作面临巨大的挑战。

（一）特殊的地位对广州维护社会安全稳定提出了极高的要求

广州地处全国经济最发达地区之一的珠江三角洲的几何中心，是华南地区最大的中心城市，全省政治、经济和文化中心，省、市党政机关和战区军事指挥机关所在地，在政治、军事上具有重要战略地位。广州工商业高度发达，232家世界500强企业在广州投资发展，经济总量连续二十五年高居全国城市第三位，有“中国第三城”之称，经济影响力在国内举足轻重。广州毗邻港澳、面向东南亚，是中国改革开放的“窗口”和对外交往的重要门户城市，目前共44个国家设有领事机构，2012年经广州入境并过夜的境外人士近800万人次，城市国际化程度高、影响范围广。

（二）多元的人口结构对广州城市应急管理造成了巨大的压力

广州是一座包容性很强的城市，2013年全市户籍人口为832万人，但实际管理人口超过1 600万，其中近一半为外来人口。广州有出租屋约400万套，制假售假等违法行为80%以上发生在出租屋。广州拥有华南地区最重要的国际航空枢纽港，2013年机场旅客吞吐量突破5 200万人次，每天抵埠的国内外人士众多，涉外群体性事件时有发生，管理难度较大。广州还是多民族集聚的城市，复杂多元

的社会环境容易为国内外“三股势力”所利用，隐蔽战线的斗争形势严峻。

（三）特定发展阶段给广州城市安全运行带来了庞杂的难题

广州经过改革开放三十多年的发展，已经站在新的起跑线上，处于加快转型发展的新阶段，新旧体制转换和利益关系调整加速，城乡发展不平衡、收入差距扩大等问题没有根本解决，征地拆迁、企业改制、劳资纠纷等引发的群体性事件进入高发期，各类社会矛盾和问题进一步凸显，给广州经济社会发展带来的潜在影响不可低估。近年来，广州加快新型城市化发展，城市建设持续提速。2013 年仅重点建设项目就安排了 136 个，涉及领域多、建设任务重，中外生产企业众多，地下交通网络发达，安全生产压力大。此外，全市 18 层以上楼房超过 7 000 幢，高层消防安全和防火任务艰巨；机动车保有量超过 250 万辆，人口拥挤、交通堵塞、住房紧张、环境污染、教育资源不足等“城市病”，对广州城市运行和安全保障构成巨大压力。

（四）高发的公共卫生事件和自然灾害使广州应急管理面临极大的挑战

作为特大城市，广州人流物流频繁，公共服务管理难度大，跨区域的公共卫生事件时有发生；受亚热带气候影响，暴雨洪灾等极端天气和自然灾害频发，对企业生产和人民群众生命财产安全构成重大威胁。例如，2003 年突如其来的“非典”事件、2008 年低温雨雪冰冻灾害、2009 年“钴-60 卡源”事件、2010 年从化地区五十年一遇特大暴雨洪涝灾害、2013 年“12·15”建业大厦重大火灾事故等，都是对广州危机处置能力的严峻考验。倘若处理不当，就可能引发连锁反应和扩散效应，导致更大的人员和财产损失，甚至威胁地区和国家安全稳定大局，造成严重的不良社会影响。

二、广州市应急体系建设总体思路

“十一五”以来，广州认真贯彻国家《突发事件应对法》，坚持以世界眼光和战略思维，借鉴世界各国公共危机管理先进经验，准确把握特大城市应急管理出现的新情况、新问题，深入学习思考，不断总结提高，不懈探索创新，形成一整套具有广州特色的应急管理体系建设思路。

（一）重视顶层设计，着力构建统一领导、分工配合的应急管理指挥体系

世界各国成功经验告诉我们，特大城市管辖区域大，各种要素高度集聚，机构

单位层级多，隶属关系不尽相同，导致危机的风险点多、救援处置条件复杂、反应时间有限，没有统一完备的应急指挥体系就难以有效应对。纽约市之所以较好地处置了“9·11”恐怖袭击和北美地区大停电等重大突发事件，与该市拥有一套完整的危机应急处置体系是分不开的。日本东京借鉴各国经验，于2003年将过去由部门分类管理的应急管理体制改为由市政府综合防灾部统一协调的综合应急管理体制，对重大危机实施统一监控、处理和信息发布，大大增强了应急管理效能。基于这一认识，按照国家和省的要求，广州结合自身实际，成立了下设26个专项应急指挥机构的市突发事件应急委员会，构建起“统一领导、综合协调、分类管理、分级负责、属地为主”的应急管理指挥体制，形成了“应急准备—监测预警—应急处置—恢复重建”链条完整的应急管理体系，实现了全市应急管理统一指挥和资源统一调配，在近年处置禽流感疫情、抗击重大灾害等突发事件中发挥了重要作用。

(二)强化制度建设，构筑综合全面、系统规范的应急管理法治保障

应急管理工作作为政府常态化工作，如果没有权威和全面的制度依据，就没有方向和缺乏尺度，执行起来难以统一步调和令行禁止，必然影响危机管控实效，甚至导致严重后果。在这方面，世界上许多先进城市都做了有益的探索。例如，日本东京依据《灾害救助法》《灾害对策基本法》，出台了一系列保障城市应急管理的地方条例，并经常组织市民演练，收到很好的效果。对此，广州从实际出发，围绕深化落实国家和省有关法律法规规章，陆续出台了《应急抢险救灾工程管理办法》《突发事件危险源和危险区域管理规定》等8部法规和21部规章，内容涵盖公共卫生、社会安全、事故灾难、自然灾害的预防与处置等多个领域，初步建立起较为完善的应急管理法规规章体系，为增强市民群众危机意识、推动城市应急管理工作、加强风险隐患监督执法、实施快速处置和开展善后工作，提供了重要的法律保障。

(三)注重应对效果，打造快速反应、科学高效的应急管理运行机制

与一般城市相比，特大城市系统耦合性更为突出，各项要素之间的联系既紧密又脆弱，任何一次危机处置不当、反应过慢，都极有可能产生连锁反应，导致危机迅速蔓延和灾难影响持续扩大。因此，如何提高预警水平，并对破坏城市公共安全的威胁因素做出快速反应，是特大城市在应急管理上需要解决的突出问题。

近几年来,广州坚持把建立应急预案体系、提高特大城市危机处置快速反应能力作为重中之重,借鉴纽约、伦敦等城市的做法,制定了《广州市突发事件应急体系建设"十二五"规划》,明确15项主要任务和9大重点建设项目,研究制定各类应急预案3万多个,形成了以总体预案为核心,专项预案、部门预案、地方预案、重点企事业单位预案、重大活动预案为基础,覆盖多层级、多领域的应急预案体系。同时,在全国率先探索和开展不预先告知演练时间、地点和事件种类的"双盲"突袭式应急演练,总结推广相关经验,不断改进完善应急管理工作,为全面提升特大城市应急管理快速反应能力奠定了基础。

(四)增强市民危机意识,建立体系健全、网络完善的危机管理社会参与机制

各类企业、社会组织和市民群众作为城市危机管理的直接对象,同样负有危机应对义务和责任。在特大城市危机管理实践中,西方发达国家的城市政府依托其发达的社会组织系统,逐渐建立了一整套社会参与机制,在城市管理实践中发挥了重要作用。在2003年北美地区大停电和2005年伦敦地铁爆炸案中,纽约和伦敦市民面对危机所表现出来的良好素质,就得益于两座城市的政府高度重视市民危机意识和应急处置能力训练。近年来,广州坚持把提高广大市民和各类组织危机意识和应急处置能力,作为城市危机管理系统建设的一项基础工程来抓,以社区网格化建设为支撑,在全市街镇建立综治信访维稳中心和综合执法队,创建社区应急救援志愿服务站,率先在国内建立起民间应急救援组织,实现了从村(居)、街(镇)、区到市的应急管理无缝对接,进一步完善了"群众自防自治、社区群防群治、部门联防联治、相关单位协防协治"的危机管理社会参与机制。同时,编印突发事件处置流程手册,开展宣传培训教育,不断增强广大市民和各类组织的危机意识及应急处置能力,为提升广州应急管理保障水平、有效遏制重大突发事件发挥了不可替代的作用。

三、广州市应急平台体系建设实践

应急平台是广州推进科学预防和及时有效应对突发事件的重要工具。近几年,广州认真组织实施"十一五"和"十二五"应急体系建设规划,不断探索应急管理工作的新方法、新途径,重视顶层设计,着力构建统一领导、分工配合的应急管理指挥体系,初步建成统一指挥、反应灵敏、协调有序、运转高效、保障有力的突发

事件应急平台体系，应急管理综合能力明显增强，为广州新型城市化建设提供了有力保障。

（一）积极推进市、区县和部门应急平台建设

在推进区县和部门应急平台建设过程中，为避免各区县和部门盲目攀比，使应急平台建设走入高定位、高投入、低利用率的误区，造成大量的资源浪费，影响平台建设和推广，广州市积极推动各区县和部门应急平台建设：(1)着眼于处置大量的一般突发事件和未达到一般级别标准的事件及苗头性事件；(2)统筹掌握和科学管理属地全部应急资源，即“两网十库”建设；(3)注重风险管理和隐患化解；(4)建设规模以注重实效为原则，以小型化、低投入的应用系统为主，再根据实际需求和财政状况进行稳步建设，逐步升级。

1. 基础应用系统：包括预防与准备、值守与指挥、分析与评估等基本功能

(1)预防与准备。

风险分析与管理：包括区域内各类风险发生可能性、影响程度及脆弱性分析，实现风险源、隐患和重点防护目标的动态管理，如位置标识、责任单位、联系人、可控程度、影响范围、控制方法、整治措施等，建立提醒定期排查处理和跟踪反馈机制。

应急资源管理：包括政务联络网、应急联络网、救援队伍、装备物资、专家、避难场所等资源管理，以及案例、法规、知识等构建和完善。

数字化预案管理：对本级全部预案进行归类分级管理并关联事件。在事件处置时能实时关联预案并自动生成预案操作手册，即根据发生的不同事件类别和级别对应生成规范的操作指引，包括自动配置任务分工、联动单位及人员、相关装备物资专业队伍等，自动生成该事件的处置流程指引、要求和注意事项等。

预案短信推演：依据数字化预案，采用短信互动方式，模拟突发事件接报、核实、上报、指挥调度、协同响应、善后工作等处置过程，检验预案流程合理性以及任务分解、各项指令的上传下达是否清晰和准确。演练预案所涉及领导和处置单位以短信方式接收任务指令、响应反馈。演练以时间顺序展现推演全过程。

(2)值守与指挥。

应急值守管理：包括电话调度、短信调度、传真调度、多方通话、电话录音、通讯记录、事务管理、办内工作、领导安排、值班排班、值班日志等功能。

信息接报管理：总值班室通过电话、短信、传真等接报信息，可快速依据事件类型、级别、发生地点、危害情况等信息生成先期处置方案，自动分解为短信指令发送和电话外拨操作，迅速启动信息核实、上报（领导和上级部门）以及通知联动单位等操作。

事件管理：以事件为主线，对值班人员接报、续报、上报下达、协调各环节全过程进行自动记录和回溯管理，如事态发展、领导指示、成员单位响应情况、事件处理结果、事后评估情况以及相关通信记录等，能自动生成事件报告、值班日志、要情快报、要情周报、要情月报，符合自动分册建档和打印归档要求。

辅助决策：根据事件类型、危害程度、响应级别和事发地点等要素，自动关联相关预案及救援队伍、物资装备、专家、重大危险源、避难场所等信息，生成具有清晰的组织体系、处置流程、资源调配等要素的操作手册，满足指挥调度或简本打印等需要。

指挥调度：依据辅助决策和领导指示信息，以预案响应流程为驱动，智能批量分发各项上报下达的短信指令，如事件简况、现场状况、各参与单位职责、任务和路径指引等信息，并辅助以电话或传真进行确认，及时跟踪和传达各种反馈信息，将预案行动方案迅速转化为协同执行力，最大化缩短应急响应、救援时间。

(3)分析与评估。

突发事件发生情况统计分析：生成分部门、街镇和分类别的突发事件发生情况（月度、季度、年度以及不定期）综合统计报表，以及突发自然灾害类、事故灾难类、公共卫生类、社会安全类等事件发生情况统计和报表。

突发事件处置情况统计分析：生成各部门、街镇处置突发事件情况（月度、季度、年度以及不定期）综合统计报表，对各单位应急响应效益（时效与执行力）进行分析与评估，对突发事件处置过程中各参与单位情况进行统计和量化评估，如信息报送、参与处置力量、响应时间、达到现场时间等数据进行统计。

2. 在基础应用基础上，根据实际需要和当地财政状况，逐步扩展升级分析与评估、监测与预警、智能辅助决策等功能

(1)分析与评估。

突发事件风险分析：对各类风险进行系统化的分析评估，智能生成风险矩阵图，关联生成风险控制和隐患整治和防范应急预案。

应急能力评估：系统化地对组织体系、应急预案、应急准备、值守应急、监测预

警、指挥协调、处置效果、应急保障、宣教培训、响应速度、信息共享、恢复重建、事后评估、满意度评价、改进度评价等特征指标进行量化或模糊综合评价，优化改进策略。

(2)监测与预警。

视频监控管理：将公安、交通、水利等专业视频监控信息汇集至总值班室或指挥中心大屏幕显示系统，实现灵活的信号调度。

专业监测管理：将气象、环境、水利、安监等专业监测数据汇集至总值班室或指挥中心，建立起异常情况智能触发预警预案的自动化机制。

(3)智能辅助决策。

电子地图辅助：联动电子地图进行快速定位，智能计算领导和各种资源赶赴事发现场的最优路径、预计时间；动态展现事发地点周边环境、次生危险源以及影响半径内可快速调度和利用的救援队伍、物资装备、避难场所等态势图，提出最优处置方案供决策参考。

智能信号调度：目前因矩阵控制、图像处理等设备操作复杂，应急办对大屏幕信号调度等操作严重依赖建设单位的现场支持。智能信号调度对各种来源的音频、视频、计算机信号等统一调度和可视化操作，实现跨党政内网和电子政务外网的安全信息推送。

(4)预案桌面推演与评估。

桌面预案推演应包含有四大类突发事件中各主要类别的应急预案推演模块。各推演模块应包含：能模拟突发事件发现、核实、上报、反馈、指挥调度、处置措施、协同响应、善后工作等处置流程，可设定处置标准和评估标准；能检验预案流程和任务分工的合理性、可操作性；依据评估标准对各处置单位的信息报送、执行指令、处置措施、协调配合、善后工作等进行评估和提出改进意见。

(5)便携式移动平台。

基层领导可以通过平板电脑、智能手机快速获取信息快报、视频应用、地图应用(事件性质、规模、发展态势、周边影响和导航指引等)。

基层处置单位通过平板电脑、智能手机达到现场后，可以进行位置标注，接收任务和反馈、请求信息支持、地图应用(地点标注、周边态势、导航信息)、信息快报、视频应用、自助查询等应用。

3. 关于区县和部门平台建设环境要求方面

基本环境和设备条件方面，总值班室要求具备电脑操作台或办公桌、电话、传真、打印机等基本办公设备。基础应用系统原则上要求安全稳定、简单易用、维护方便，在停电等特殊情况下仍能保证值班电话正常，且能满足三至五年录音和数据存储要求。

各区县和部门视实际需求和地方财力，建设合适的应急指挥大厅、会商室，建设大屏幕显示、中控、会议、网络、存储、安全等支撑系统，或购置移动指挥车、便携式移动平台以及卫星电话、数字化对讲机（如800兆对讲机）、3G/4G单兵视频传输系统等设备。

(二)积极推进镇街基层应急小平台建设

古人讲："郡县治，天下安。"这个治，就包括突发事件少、处置工作到位、社会平安。因为基层是预防、发现和处置各类突发事件的主体，也是第一关口。在突发事件发生时，如何在基层迅速地实施先期处置，将事件的影响控制在最小范围，有效减少人民群众生命财产损失，是应急管理工作的关键。实践表明，基层应急管理基础较好的地方，通常能有效地实施预警和应急处置。相反，如果基层预警缺位，应急保障不足，就会在灾难突发时难于应对，最终遭受惨重损失。

基层应急管理能力直接决定突发事件应对成效，是应急管理工作从被动应对型向主动保障型战略转变的基础。众多的镇街基层政府、部门和相关单位因缺乏资金、人才和场地，基本上都停留在"小米加步枪"式传统电话和纸质台账的人工方式，应急工作基本上还是靠土办法和个人经验。随着突发事件和公共安全形势日益严峻，随意且效率低下的传统模式，必然向信息型、应急型、综合型、主动型的现代化管理模式转变。

比如广州增城区积极创新应急管理新模式，让服务于基层街镇的应急平台工具化、小型化和普及化。具体而言，就是要摒弃传统应急平台"七国八制"的硬件和软件系统集成模式，实现硬件、软件和通信一体化，使应急平台转变成为智能、强大、简约、极致且高可靠、易部署的小型化装备，满足应急值守、智能预案、指挥调度、现场移动应急及总结评估等应用需求，以提高基层日常应急值守工作效率，减少忙中出错的概率，实现接报突发事件后的2～3分钟内完成信息报送、指挥调度和协同响应，让基层具备"化危为机"的快速反应能力。

四、基于全市应急平台体系的应急管理与演练工作情况

(一)落实责任,健全应急管理体制

2006年,广州成立市应急委和应急办,市长担任应急委主任,市委、市政府分管领导分别担任副主任,应急委下设安全生产、三防、防震抗震、地质灾害、突发公共卫生事件等26个专项应急机构。区、县级市及所有镇(街)、村(社区)也都成立了相应的应急管理机构,初步建立职责分明、协调有力、运转高效的应急管理体制,全市应急管理有了坚实的组织保障。

(二)未雨绸缪,应急预案覆盖多层级、多领域

规范应急预案编制、审批环节,实现对应急预案的情景构建和动态管理,注重风险评估和应急能力评估,不断优化应急预案。目前,制定各类应急预案3万多个,大型活动应急预案制定率达100%,已经初步形成覆盖全市、区(县级市)、镇(街)、社区(村)、学校、企事业单位和重大活动等多层级、多领域的较为全面的应急预案体系,涵盖自然灾害、事故灾难、公共卫生事件和社会安全事件四大类突发事件。尤其是三防、消防、粮食供应、地震、卫生、动物疫情、森林防火、托幼机构及学校管理等重要专项应急预案都完成编制或修订。推广"预案手册化",将预案内容简化编制成手册和简明操作卡(应急处置明白卡),将应急处置程序、处置措施、联络方式等简明化,使人一看就知道"该谁做、何时做、如何做"。同时,利用应急管理门户网站、挂图等形式,加大应急预案宣传力度,让公众认识和了解应急预案知识。

(三)求实创新,应急管理机制日益完善且运转高效

围绕应急管理机制的预防为主、预测预警、信息报告、信息发布、应急响应及处置关键环节,突出重点,完善工作机制,应急管理机制日益完善,且运行高效、反应快捷。

1. 强化风险管理,从源头上减少突发事件

一是建立风险隐患集中排查整改机制。每年集中开展突发事件风险隐患排查整改,对隐患进行分类分级,建立台账,跟踪整改,突出治理重大隐患,从源头上预防和减少突发事件的发生。自2008年以来,每年开展风险隐患排查,整改率达

到95%以上。二是在全省率先建立突发事件隐患评估和防范对策会商会议制度，定期召集部门、专家等分析研判突发事件隐患和发展趋势，提出有针对性的防范应对措施。会商会议机制建立以来，每年开展十多项专项整治工作，及时妥善化解众多风险隐患。三是在全国率先颁布实施《突发事件危险源和危险区域管理规定》，进一步规范危险源和危险区域的管理，强化风险管理部门的共同监管和防范责任。

2. 完善预测预警网络，“早发现、早报告、早处置”

依托信息技术，加快监测预警网络建设，国土、水务、农业、卫生、公安、环保、海洋渔业、地震、气象等监测网络日趋完善，突发事件预测预警机制逐步健全，基本实现“早发现、早报告、早处置”。

3. 创新信息报送与发布机制，掌握主动权

一是拓宽信息渠道。在全省率先建立以北京街为代表的分布在全市各街(镇)、社区(村)的4 000多人的基层信息队伍，组建应急志愿者服务队伍，成为信息报送主渠道的补充。二是创新报送方式。推行“三核查”和“三结合”方式，有效解决过去突发事件信息“报不准”和“报不快”的问题。“三核查”就是接到信息报送后、向领导报送前，必须第一时间向事发单位、属地政府和专项应急指挥机构(或职能部门)核查。“三结合”就是报送信息必须同时采用电话报送、手机短信报送、书面报送三种形式相结合，确保信息报送“快速”。市应急办每天对城市运行、突发事件处置和舆情动态等信息进行综合分析、研判和动态跟踪，实行城市运行信息“每日一报”，定时报送市领导，为市领导决策提供参考。三是明确报送责任。将各种易发、多发的突发事件主报责任以市政府文件形式逐一界定划分，严格将主报责任固定下来，每一种事件都有明确、具体的信息主报单位。四是推行约谈整改。每月对各单位报送信息情况进行通报，并具名通报该单位分管负责人。对迟报、漏报信息情况，实施约谈整改，分析查找原因，限时整改。五是规范信息发布。出台《广州市突发事件信息发布管理规定》，建成应急信息发布平台系统，确保第一时间向社会发布准确、客观、权威的突发事件信息，每年向公众发布上亿条应急和预警信息。

4. 注重协调联动，强化现场处置

建立健全条条之间、块块之间、军地之间协同作战的应急管理联动机制，突出

抓好现场和善后处置，快速处置各类突发事件。应急力量按照“第一时间”原则，加强应急预案的学习和演练，提高快速反应能力，能够在第一时间到达现场、第一时间有效处置、第一时间控制事态，努力确保事态不扩大、不升级、不激化。落实综合善后处置措施，强化应急处置善后环节，力求不留隐患，避免突发事件引起连锁反应、目标转移及次生衍生问题，全面、彻底解决问题。同时，着力推动与珠三角毗邻城市之间的应急管理区域合作，建立健全与广州毗邻七市以及珠三角九市应急管理区域合作机制，强化信息共享及联合应急演练等，协同预防和应对跨区域突发事件。

5. 加强应急队伍建设，提升应急救援综合能力

按照“一队多用、一专多能”原则，建立专兼职应急队伍。依托公安消防队伍组建13支综合应急救援队伍，又依托民兵、预备役人员、保安员、基层警务人员、医务人员等建立镇街综合应急救援中队，承担日常应急救援工作，成为应急救援的骨干力量。市综合应急救援支队特勤大队、番禺区综合应急救援大队、白云区石井街综合应急救援中队、花都区狮岭镇综合应急救援中队作为示范基地，正在加紧推进试点建设。市应急办、团市委、广州青年志愿者协会联合成立广州青年志愿者协会应急志愿服务总队、区(县级市)应急志愿服务队和街(镇)应急志愿服务分队，每个街(镇)配置20人以上的应急志愿服务分队，承担突发事件的信息报告和部分先期处置、协助救援等工作，非专业应急队伍成为重要补充力量。

6. 争取智力支持，提升应急管理水平

健全了“行政专家”和“业内专家”相结合的科学决策机制，组建应急管理专家队伍，430多名专家进入专家库，专家在防范和应对突发事件中发挥了重要作用。加强和扩大与院校、研究机构的合作，争取技术、智力支持，寻求高效配置与有效运筹应急资源的新范式，市应急办与国家行政学院、中山大学、广州中国科学院工业技术研究院、市信息安全测评中心合作，推进模拟应急演练系统、危险源和危险区域管理系统、城市公共安全风险评估体系建设和体验式灾难教育基地可行性研究、广州市水灾害防治对策研究等。目前，正在加快成果应用转化。

7. 深化应急科普宣教，提升公众应急意识

以提高公众应急意识和应急避险能力为重点，加大应急知识科普宣教，推进应急管理知识进社区、进学校、进农村、进家庭、进企业。一是发放《时刻准备

着——公众应急手册》。市应急办累计向公众免费发放500多万册《时刻准备着——公众应急手册》,并通过“百人百场”应急知识宣传活动和防灾减灾日、消防日等系列活动,不断加大面向社会公众的应急知识宣传力度。二是创新宣教形式。市应急办相继推出了防震、防火等8部应急动漫宣传片,在公共场所和新闻媒体上播放,进一步扩大了宣教覆盖面。三是在全市开展全民普及应急救援和救护知识活动。这项活动从2012年开始,与市红十字会合作以送教上门等形式进行。2013年,组织对镇街、社区、学校等基层应急管理人员和部分群众进行应急救护知识培训教育,58期培训班近8 000人参加培训,7 000人考核合格并取得救护技能资格证书。

(四)强化演练,提升处置能力

在组织展示性应急演练、桌面演练的基础上,在全国首先探索和推广不预先告知演练时间、地点与事件种类的“双盲”突袭式应急演练,检验预案的科学性和磨合应急联动机制。先后开展全市应急演练大比武、亚运城综合应急演练、广佛同城大客流疏散演练等大型综合性应急演练。“双盲”突袭式应急演练成效明显,得到全社会的广泛关注和高度评价,被国家和省政府总结推广。把演练作为预案宣传的重要途径,积极组织和动员基层单位、公众参加应急演练,让公众在演练实践中,学习领会应急预案知识和相关应急处置措施等。

(五)夯实基础,全面推进基层应急管理

率先在全省开展应急管理“五个一工程”建设。即市确定一个区(县级市),每个区(县级市)确定一个街(镇)、一个社区(村)、一家企业、一所学校作为示范单位,依靠群众,以点带面,扎实推进。两批98个示范单位在基层应急管理发展中发挥了重要的带头和示范作用,基层应急管理基础进一步夯实,综合应急能力明显提升,隐患排查、信息报送、先期处置、协助处置等作用明显。广州基层应急管理“五个一工程”建设得到了省政府充分肯定和其他兄弟城市的好评,省政府在全省推广了这一做法。

五、下一步工作思路

总体上说,经过多年努力,广州应急平台体系基本形成,应急管理工作整体水平得到提升,各类突发事件发生数量和经济损失等连年下降,较大以上级别的突

发事件得到有效遏制，安全生产状况总体稳定，社会总体和谐稳定。

但是，由于受多种因素影响，仍存在不足之处和薄弱环节。主要是：应急联动机制有待进一步完善；应急管理水平和应急救援综合能力等相对于形势需要还有一定的差距；各类应急物资分散在各系统及部门，未建立统一的应急物资储备与调拨管理系统；应急科普宣教亟待进一步深化，一些基层单位特别是普通群众仍不同程度地存在侥幸心理和麻痹思想，对应急管理缺乏足够认识及应有的关注、支持和参与，突发事件处置过程中，群众自救互救及避险能力和先期处置作用有时得不到很好的发挥。下一步广州将在以下几个方面继续努力。

1. 继续推动工作重心下移，让服务于基层政府的应急系统工具化、小型化和普及化，巩固基层应急管理工作；重点整合资源，统筹推进，避免重复建设和资源浪费，形成应急管理工作合力。

2. 将全市战略性储备库与社会化的流通、商贸、生产等企业储备点相结合，形成常态与非常态的动态储备机制，实现应急资源的实物储备、市场储备、生产能力储备以及社会捐赠的联动调拨模式；建立全市社会化应急物资储备和调拨支撑体系，搭建供需双方沟通的可信溯源应急物资信息平台，推动全市社会稳定和应急产业健康发展。

3. 进一步提高全民对应急救援救护的参与度，培育和发展公益性的公民应急自救、互救和求救的社会化网络以及手机 APP。一是争取将应急救援救护知识和技能培训纳入大中小学和学龄前教育体系，实现各年龄层学生应急救援救护教育全覆盖。二是将应急救援救护宣教培训纳入为民办实事民生工程，形成以各地应急工作部门牵头、各有关部门为责任单位的目标管理运行机制，逐步建立“横向到边、纵向到底”的全民应急教育培训体系。三是进一步发挥红十字会机构和网络优势，优化教学培训资源，把应急救护培训向镇街、社区、村延伸。四是重点推动“全覆盖”的感官式和体验式宣传教育，让公众在切身感受和体验中提升应急避险意识。

9 应急管理科普宣教

2013年防灾减灾日活动开展情况

2013年5月12日是我国第五个防灾减灾日，活动主题是“识别灾害风险，掌握减灾技能”。5月6日至12日为防灾减灾宣传周。国家减灾委于4月中旬下发《关于做好2013年防灾减灾日有关工作的通知》(国减电〔2013〕1号)及《2013年中央层面防灾减灾日主要活动分工方案》，对各地开展防灾减灾日各项工作进行安排部署。

防灾减灾宣传周期间，国家减灾委办公室制作了防灾减灾日主题宣传挂图，出版《中国减灾》防灾减灾日专刊，在中央电视台、中央人民广播电台、《人民日报》等中央媒体上播放或刊登防灾减灾公益广告，联合中国人保财险公司制作并在北京地铁有关线路上设置大型防灾减灾平面广告。国家减灾委专家委在成都举办了第四届国家综合防灾减灾与可持续发展论坛。各地区、各有关部门结合实际，开展了防灾减灾科普宣传、减灾基本技能普及、灾害风险隐患排查治理和防灾减灾应急演练等活动，主要包括以下几个方面：

(一)高度重视，加强主题活动的组织领导

“5·12”防灾减灾日当天，王勇国务委员主持召开国家减灾委全体会议并作重要讲话，总结近年来防灾减灾救灾工作，分析研判当前形势，研究部署下一阶段工作任务，要求各地区、各有关部门以防灾减灾日为契机，利用多种手段和方式，向城乡居民普及防灾减灾知识和逃生避险基本技能，努力形成全员参与、全社会关心防灾减灾的良好氛围。国务院办公厅、教育部、科技部、民政部、财政部等部门成立了防灾减灾宣传周活动领导小组，制定了活动方案。各级政府和有关部门积极响应，北京、黑龙江、上海、江苏、浙江、安徽、江西、山东、湖北、贵州、云南、新疆等省(自治区、直辖市)主要领导还亲临防灾减灾宣传活动现场，观摩应急演练，深入群众开展互动交流。

(二)突出主题，广泛宣传防灾减灾常识

各地区、各有关部门发挥广播、电视、报刊、网络等媒体的作用，突出防灾减灾

日主题，组织做好各类自然灾害知识和防范应对措施的宣传普及。民政部、国土资源部、交通运输部、水利部、国资委、海洋局等部门利用电子显示屏、网络、宣传画、板报等形式，广泛深入宣传防灾减灾和应急避险知识，达到了从点到面的宣传效果。中国科协广泛动员科技馆、科教基地等，面向公众开放并开展防灾减灾科普活动。中国红十字会总会组织开展了全国红十字青少年自救互救知识竞赛。北京、江西、四川、云南、贵州、青海等地举办了形式多样的防灾减灾科普宣传活动，既有知识宣讲、专家答疑等传统活动，也设立有奖竞猜、模拟体验等互动形式。上海、浙江、湖北等地创新宣传形式，利用微博、微信等新社交媒体，提高防灾减灾日的宣传效果和群众关注度。

（三）注重体验，普及防灾减灾基本技能

各地区、各有关部门发挥各类防灾减灾教育培训基地、重特大自然灾害遗址和有关纪念馆、体验馆的宣传教育和警示作用，通过组织体验式、参与式防灾减灾活动，向社会公众尤其是中小学生、农民工、工矿企业职工等普及逃生避险基本技能。中央办公厅秘书局、住房城乡建设部等部门组织干部职工到北京市公安消防总队培训中心、北京市民防灾教育馆、中国消防博物馆等防灾减灾教育基地，开展灭火逃生、地震体验等防灾减灾教育活动。安全部、人力资源社会保障部、新闻出版广电总局、国防科工局等部门组织了紧急疏散逃生、自救互救等基本技能训练，提高了干部职工防灾减灾技能。

（四）分类指导，深入排查治理灾害风险隐患

各地区、各有关部门按照“分类指导、分级管理、重点突出、全面推进”和“谁主管、谁负责”的原则，针对城市地铁、火车站、大型商场、影剧院、集市等人口密集场所以及学校、医院、居民区、政府机关、工矿企业、城市地下管网等重点部位，认真开展灾害风险隐患排查和治理工作，并及时进行了整治，进一步提高了安全防范能力。水利部组织10个由部领导带队的防汛抗旱检查组，对七大江河流域防汛抗旱、山洪灾害防治和台风防御等准备工作进行检查。安全监管总局专门下发通知，要求做好汛期安全生产工作，全面加强矿山、危险化学品、建筑施工等重点行业领域的隐患排查治理。河北、云南等地加强对风景名胜区和城市公园绿地开展灾害风险隐患排查，制定应急预案，完善游客疏散引导制度。贵州省针对居民住房开展隐患排查，检查项目21个，整改合格率90%。

(五)注重实效,扎实开展防灾减灾应急演练

各地区、各有关部门组织政府机关、企事业单位、医院、学校、城乡社区等进一步完善各类防灾减灾应急预案,因地制宜组织开展应急预案演练活动,提高预案的针对性和可操作性。中央宣传部、中直管理局、外交部、公安部、民政部、新闻出版广电总局、中国科协等部门分别在机关大院内组织开展了综合防灾减灾和应急避险逃生演练活动,增强了干部职工应急避险逃生意识。北京、河北、辽宁、山西、山东、广东、广西、陕西、新疆等省(自治区、直辖市)因地制宜,以学校、机关、企业和社区为平台,组织开展面向多灾种的应急避险和救援综合演练。

据不完全统计,2013 年防灾减灾宣传周期间,全国共发放各类宣传材料逾 4600 万份,举办培训及讲座近 6000 场,举行不同规模的演练 4 万多场,发送公益短信超过 3 亿条,参与现场活动的直接受益人群达 4900 万人次。通过上述活动的开展,进一步增强了城乡居民防灾减灾意识,强化了灾害风险管理理念,提升了逃生避险和自救互救技能,营造了“防灾减灾,人人有责”的良好氛围,取得良好的社会效益:

一是安全防范意识得到进一步提升。在全社会弘扬了防灾减灾文化。有关主题活动注重将理论知识与互动体验相结合,有助于加深社会公众对灾害的理解、对风险的关注,培养和增强了公众的社会责任意识和防灾避险意识,充分调动了广大人民群众参与防灾减灾的积极性,形成了群防群治的良好局面。

二是应急处置能力得到进一步提高。通过完善各类防灾减灾应急预案,有针对性地开展应急演练活动,组织各类应急管理专题培训,向社会公众普及防灾减灾基本技能,提高了应急预案的实际可操作性,增加了应急救援队伍的实战经验,提升了专业人员的职业素养和广大人民群众的自救互救技能。

三是协调联动机制得到进一步完善。国家减灾委及地方各级减灾委充分发挥综合协调职能,不断强化部门间的协调联动,建立良好的防灾减灾宣传教育日常运行机制。减灾委各成员单位结合各自职能,积极参与,主动协作,为防灾减灾各项活动的顺利开展提供了可靠保障。

第五部分

2013 年应急管理典型案例介绍与分析

1 吉林省吉煤集团通化矿业集团八宝煤业公司“3·29”特别重大瓦斯爆炸事故案例介绍与分析

2013 年 3 月 29 日 21 时 56 分，吉林省吉煤集团通化矿业集团公司八宝煤业公司（以下简称八宝煤矿）发生特别重大瓦斯爆炸事故，造成 36 人遇难（企业瞒报遇难人数 7 人，经群众举报后核实）、12 人受伤，直接经济损失 4 708.9 万元。

4 月 1 日，该矿不执行吉林省人民政府禁止人员下井作业的指令，擅自违规安排人员入井施工密闭，10 时 12 分又发生瓦斯爆炸事故，造成 17 人死亡、8 人受伤，直接经济损失 1 986.5 万元。

一、矿井概况

八宝煤业公司隶属于吉林通化矿业公司。地处吉林省白山市，井田面积 6.0km^2。矿井可采储量为 9 162 万吨。全公司职工人数 3 061 人，井下从业人员 2 979人。矿井设计生产能力 180 万吨/年。2011 年核定生产能力为 300 万吨/年。

开拓方式为立井多水平开拓，延伸方式为阶段斜井、分区式开拓。

通风方式为混合式，3 个入风井、2 个回风井。其中：立井一主井、一副井；通风方法为抽出式，主扇型号为 BD-II-10-№35，电机功率 900kW×2。实现主、备扇同能力配备和双回路供电。现矿井总入风量 7 467m^3/min，总排风量7 766m^3/min。2011 年瓦斯鉴定，矿井瓦斯相对涌出量为 10.59m^3/t，矿井瓦斯绝对涌出量为 26.21m^3/min，瓦斯等级为高瓦斯矿井。

采煤方法为水力采煤和综合机械化采煤。事故发生时，井下有 5 个采区、5 个采煤面、24 个掘进面，事故发生地点为八宝煤矿八宝井－416 采区。

二、事故经过

（一）“3·29”事故经过

2013 年 3 月 28 日 16 时左右，－416 采区附近采空区发生瓦斯爆炸，该矿采取了在－416 采区至－380 石门密闭外再加一道密闭和新构筑－315 石门密闭两项措施。29 日 14 时 55 分，－416 采区附近采空区发生第二次瓦斯爆炸，新构筑密闭被破坏，－416 采区至－250 石门一氧化碳传感器报警，该采区人员撤出。通化矿业公司相关领导接到报告后迅速赶赴八宝煤业公司，研究决定在－315、－380 石门及东一、东二、东三分层顺槽施工 5 处密闭。16 时 59 分，公司和八宝煤业公司领导带领救护队员和施工人员到－416 采区进行密闭作业。19 时 30 分左右，－416 采区附近采空区发生第三次瓦斯爆炸，作业人员立即撤出。三次瓦斯爆炸均发生在－416 采区－4164 东水采工作面上区段采空区，未造成人员伤亡。21 时左右，公司及矿领导与施工人员再次返回实施密闭作业。21 时 56 分，该采空区发生第四次瓦斯爆炸，事故共造成 36 人死亡(其中 1 人在救治中死亡)。

(二)“4・1”事故经过

“3・29”事故搜救工作结束后，吉林省人民政府和国家安全监管总局工作组要求吉煤集团聘请省内外专家对井下灾区进行认真分析，制定安全可靠的灭火方案。4 月 1 日 7 时 50 分，监控人员通过传感器发现八宝煤业公司井下－416 采区一氧化碳浓度迅速升高。为保矿保井，9 时 20 分，有关矿领导分别带领救护队员下井，到－400 大巷和－315 石门实施挂风障措施，以阻挡风流，控制火情。10 时 12 分，该区附近采空区发生第五次瓦斯爆炸，事故共造成 6 人死亡、11 人下落不明、8 人受伤。

三、矿山救护队参加救援及伤亡情况

通化矿业公司设有矿山救护大队，大队下设五个中队，分别为八宝煤业救护中队、道清煤矿救护中队、松树煤矿救护中队、永安煤矿救护中队和永安公司救护中队，每个中队下设三个小队。

在两起事故中，通化矿业公司五个救护中队在中队长带领下参加了事故处理和救援，救助 6 名遇险人员升井，搬运 41 名遇难者。

在“3・29”事故中，14 名救护队指战员参加密闭作业，造成 11 人牺牲、3 人受伤。在“4・1”事故中，17 名指战员参加挂风障锁风作业，造成 6 人牺牲、2 人受伤、9 人失踪。这两起事故共造成 26 名救护队指战员牺牲。

四、事故原因

(一)直接原因

八宝煤业公司忽视防灭火管理工作，−416东水采工作面上区段采空区漏风，煤炭自燃发火，引起采空区瓦斯爆炸，爆炸产生的冲击波和大量有毒有害气体造成人员伤亡。

(二)间接原因

企业安全生产主体责任落实不到位，违章指挥、违规作业。

1. 八宝煤业公司对井下采空区的防灭火措施落实不到位

一是采空区相通。该矿−416采区急倾斜煤层的区段向上部的老采空区漏风。二是密闭漏风。由于巷道压力大，造成−250石门密闭出现裂隙，导致漏风。三是防灭火措施落实不到位。没有采取灌浆措施，对封闭的采空区注氮气不足，没有及时根据采空区内气体变化情况再补充注氮，导致注氮效果无法满足防灭火要求。四是没有在−416采区预先设置防火门。

2. 冒险作业，违规施工密闭

一是违反规程规定进行应急处置。第一次瓦斯爆炸后，该煤业公司在安全隐患未消除的情况下仍冒险组织施工作业；第二次瓦斯爆炸后，该煤业公司才向通化矿业公司报告。二是处置方案错误，违规施工密闭。没有制定科学安全的封闭方案，在危险区域内施工密闭，施工材料准备不充分，同时施工五处密闭，延长了作业时间，致使人员长时间滞留危险区。三是施工组织不得力，作业人员始终工作在危险区域。

3. 在危险区域工作时间长，错过了最佳防治时间

五、事故教训

一是两起事故造成26名救护队指战员牺牲，都不是在灾后抢险中造成的，而是为了保护矿井、恢复灾区，参加施工冒险作业造成。由于没有科学制定救援方案，没有完全掌握事故灾害情况，派救护队员施工作业，造成救护队员无辜伤亡。二是在思想理念上没有摆正生命与生产、生命与效益、安全与发展的关系，造成事

故惨痛的教训。三是在开采容易自燃煤层时,没有科学制定和落实灌浆、注惰气等综合防灭火措施,缺乏注惰气时间、注惰气量和防灭火效果经验,没有及时控制煤炭自燃发火,导致事故发生。

六、防范措施

(一)牢固树立和落实科学发展观,牢牢坚守安全生产红线

坚决贯彻落实党中央、国务院关于加强安全生产工作的重大决策部署和习近平总书记、李克强总理等中央领导同志的一系列重要指示精神,坚决执行安全生产特别是煤矿安全生产法律法规,牢固树立和落实科学发展观,牢固树立以人为本、安全第一、生命至上的安全发展理念,牢固树立正确的政绩观和业绩观,把安全生产纳入企业发展的统筹谋划,加强领导、落实责任、强化措施、统筹推进、全面提升,从根本上改善安全生产条件,提高安全保障能力。严格认真落实《煤矿矿长保护矿工生命安全七条规定》,切实做到铁七条、刚执行、全覆盖、真落实、见实效。

(二)落实安全生产主体责任,严格禁止违章指挥、违章作业行为

一是严格落实安全生产主体责任,建立健全各项安全管理规章制度,加强全员、全方位、全过程的精细化管理,把安全生产责任层层落实到区队、班组和每个生产环节、每个工作岗位。二是加强对员工的安全教育与培训,增强职工维权意识,向作业人员如实告知作业场所和工作岗位存在的危险因素、防范措施以及事故应急措施。三是加强煤矿安全质量标准化建设,加大安全投入,完善井下安全避险“六大系统”,加强对重大危险源的监控。四是采取有力措施,加强企业内部管理。五是严格落实领导干部带班下井制度,强化现场管理,严禁违章指挥,严查违章作业。六是全面开展安全隐患大排查,切实做到整改措施、责任、资金、时限和预案“五到位”,及时治理消除各类隐患,不带隐患生产。

(三)突出重点,加强瓦斯治理和防灭火管理

一是突出安全生产重点,加强“一通三防”管理。筑牢思想防线,教育引导员工人人都做安全员。瓦斯治理要做到“先抽后采、抽采达标”,严禁瓦斯超限作业。二是按规定构筑防火门,加强密闭管理,防止漏风;合理确定矿井煤层的自燃发火预测预报指标气体的发火预警临界值,当井下存在自燃发火预兆或预警指标超过临界值时,立即停止作业,撤出井下人员。

(四)规范和强化应急管理,提高事故应急处置能力

加强救护队伍建设,加大应急投入,配备必要的应急物资、装备和设施,制定和完善应急预案,一旦发现险情或发生事故,保证应急响应,以安全可靠的原则进行应急处置,安全有效地组织施救。二是组织开展有针对性的应急知识培训,根据生产特点和生产过程中的危险因素开展应急演练,切实提高从业人员的应急意识、自救互救能力和应急处置能力。

(五)扎实开展安全生产大检查、大整改,务求取得实效

按照全覆盖、零容忍、严执法、重实效的总要求,认真落实国务院安委会文件关于深入开展安全生产大检查、大整改活动的部署,全面彻底地排查各类安全生产隐患和存在的各种安全问题,强化安全措施,及时消除各类隐患,解决存在的问题,堵塞安全漏洞。加强组织领导,落实工作责任,创新检查手段,确保取得实效,有效防范和坚决遏制重特大事故发生。

2 四川芦山"4·20"强烈地震灾害应对工作

2013年4月20日8时2分,四川省雅安市芦山县(北纬30.3度,东经103.0度)发生7.0级地震,震源深度13公里。地震共造成218.4万人受灾,196人死亡,房屋、基础设施和公共服务系统等受损严重,给当地人民生命财产和经济社会发展造成严重影响。在党中央、国务院的坚强领导下,灾区各级党委、政府和有关部门积极努力,组织广大干部群众全力做好抗震救灾工作。

一、灾害基本情况

(一)地震概况

4月20日8时2分,四川省雅安市芦山县发生7.0级地震,震源深度13公里,震中海拔约为1300米。震中距离芦山县驻地约17公里,距离宝兴县驻地约18公里,距离芦山县宝盛乡、太平镇、龙门乡分别约3.5公里、4公里和5公里。震中距离汶川地震震中约85公里,同处于龙门山断裂带。据中国地震台网中心测定,截至4月23日8时59分,共记录到余震3 333次,其中3.0级以上余震100次,包括5.0—5.9级4次,4.0—4.9级21次,3.0—3.9级75次。最大余震为5.4级。

据地震部门发布的相关信息,此次地震的最大烈度为Ⅸ度,等震线长轴呈北东走向分布,Ⅵ度区及以上总面积为18682平方公里,其中,Ⅸ度区东北自芦山县太平镇、宝盛乡以北,西南至芦阳镇向阳村,长半轴为11.5公里,短半轴为5.5公里,面积208平方公里。

(二)灾害损失

据民政部统计,地震对四川省成都市、乐山市、眉山市、雅安市、甘孜藏族自治州、凉山彝族自治州等6个市(自治州)的33个县(市、区)造成影响,其中雅安市芦山县、雨城区、名山区、天全县、宝兴县等21县(市、区)的受灾较为严重,极重灾区为雅安市芦山县。经核定,此次地震造成218.4万人受灾,196人遇难,紧急转移安置83.3万人;农村房屋倒塌4.9万间,严重受损38.2万间,一般损坏100.8万间；城镇居民住房倒塌房屋 82.0 万平方米，严重受损 397.0 万平方米，一般损坏 1 675.2万平方米；直接经济损失 659.42 亿元。

(三)历史对比

芦山地震是此次震中周边 400 公里范围地震损失较重的一次。据统计，1971 年以来芦山地震震中周边 400 公里范围内共发生 4.5 级以上地震 51 次，造成人员伤亡的地震共 28 次，10 人以上死亡的地震共 9 次。其中，最大震级为 2008 年 5 月 12 日的四川汶川 8.0 级地震，共造成 69 227 人死亡，房屋倒塌 797 万间，房屋严重损坏 2454 万间，是历史上周边损失最重的地震。与 1973 年四川炉霍县 7.6 级地震、1974 年云南永善县与大关县交界发生的 7.1 级地震相比，芦山地震的死亡人数远小于这两次地震，但房屋受损更为严重。

二、主要特点及影响分析

1. 人员死亡率相对较低，房屋破坏率高

芦山地震共造成 196 人死亡(无失踪人口)，芦山县万人死亡率为 10.0 人/万人，重灾区 5 县(区)万人死亡率平均为 0.54 人/万人；与汶川地震相比，芦山地震人员死亡率相对较低。然而，房屋倒塌和严重损坏总体情况依然严重，虽然部分灾区县在汶川地震后被列入重灾区，新建房屋的抗震设防水平有所提高，但除部分重建的学校和医院设防达到抗震Ⅷ度水平外，整体设防水平有限，从而使芦山地震极重灾区、重灾区房屋倒损严重。

2. 灾害涉及面广，影响大

芦山地震灾区 21 个县(市、区)全部属于汶川地震受灾区，其中，5 个县为汶川地震重灾县(芦山、宝兴、汉源、石棉、大邑)，两次地震破坏作用叠加，引发大范围的地质灾害，对灾区造成了重大影响。芦山地震灾害除造成严重人员伤亡和财产损失外，还导致各类基础设施、公共服务系统严重毁损。极重灾区、重灾区部分县城、乡镇供水、电力、通信设施中断，学校、医院、政府机关等设施设备损坏；地震与频繁的强余震引发多处山体崩塌、滑坡，数次阻断或损毁道路，救灾物资运送难度大，灾区群众生活一度受到极大影响。

3. 地质条件复杂，潜在危险性高

灾区位于四川盆地西缘，为青藏高原和四川盆地的过渡地带，地貌类型多样，地形相对起伏大，地质构造复杂，生态环境恶劣。据相关部门统计、遥感监测结果，截至5月10日，灾区共导致山体崩塌、滑坡等威胁点5151处，其中新增1337处，由于地震导致山体松动、土质变松，且汛期震区可能频发暴雨洪涝，部分地质隐患点存在较高滑移危险。

4. 灾区经济社会欠发达，恢复重建难度大

近60%的受灾县为山区和老区县，经济条件差，自救能力相对较弱。21个受灾县2011年实现地区生产总值1 545.3亿元，不足全省的6.5%，2011年实现地方公共财政收入103.2亿元，仅占全省的9.6%，乡村人口比例高达62%，农业比重较大。重灾区交通条件较差，道路等级偏低，大型救援设备和救灾与恢复重建物资调运、周转困难，大大增加了救灾和恢复重建难度。

三、应对工作

1. 及时启动救灾应急预案

4月20日9时，国家减灾委、民政部针对四川芦山7.0级地震灾害紧急启动国家Ⅲ级救灾应急响应，组织协调民政部、发展改革委、教育部、财政部、国土资源部、交通运输部、水利部、卫生计生委、地震局等九部门组成的国家减灾委工作组赶赴灾区察看灾情，指导开展救灾工作。减灾中心立即启动灾害损失快速评估机制和无人机监测机制，灾后一小时完成地震灾害损失快速评估，派出无人机现场工作组赶赴地震灾区，开展灾情监测、数据采集与现场评估等工作，为救灾决策提供参考。

2. 组织调运救灾物资

灾后两小时，民政部迅速从成都、武汉、长沙、西安和兰州中央储备库向灾区紧急调运3万顶帐篷、5万床棉被和1万张折叠床。午后1时，第一批1万张折叠床从成都库调出；当晚10时，帐篷和棉被从兰州、西安、武汉、长沙库陆续调出发运。21日11时许，第一批帐篷从西安运抵雅安灾区。截至21日晚10时，3万顶帐篷、5万床棉被和1万张折叠床全部运抵雅安灾区。克服交通拥堵、桥梁垮塌、山体滑坡等重重运输困难，灾后第二天和第三天陆续将救灾物资发放到群众手中。随后又视灾区需求分五批次紧急增调中央救灾储备物资，共向四川省调运了8万顶帐篷、10万床棉被、1.05万张折叠床和700个简易厕所。协调中华慈善总

会向灾区支援10万平方米彩条布、10万支蜡烛和200台小型净水设施。四川省民政厅共调运省级救灾储备物资1.2万顶帐篷、10万床棉被、1万件衣物、103万平方米彩条布、10万支蜡烛等物资。由于救灾物资组织调运及时,使灾区几十万转移的群众迅速得到了吃、住、医的保障。

3. 指导做好受灾群众生活救助

为落实李克强总理视察地震灾区时有关指示精神,4月23日民政部联合财政部、国家粮食局制订出台临时生活救助政策,对"三无"人员(因灾房屋倒塌或严重损坏无房可住、无生活来源、无自救能力人员)按每人每天10元钱、1斤粮的标准发放临时生活救助,时限为6个月。灾区通过搭建帐篷和简易篷布房、设立集中安置点、鼓励投亲靠友和政府租房等多种方式,共安置受灾群众79.7万人,其中,设立687个临时安置点集中安置15.5万人,受灾群众自建简易房安置7.5万人,其他方式安置56.7万人。雅安市共安置受灾群众74.2万人,占全省安置总数的93%。

4. 组织开展灾害损失评估

根据4月23日中央政治局常委会议、4月24日国务院常务会议精神,民政部、发展改革委、地震局协调部署,国家减灾委专家委员会和民政部国家减灾中心组成评估组,会同四川省人民政府共同开展灾害评估工作。民政部联合发展改革委、财政部、国土资源部、住房城乡建设部、地震局等五部门以及国家减灾委专家委员会先后召开三次会商会,在征求四川省人民政府和30个中央有关部门意见基础上,形成《四川芦山"4·20"强烈地震灾害评估报告》送审稿。根据5月15日国务院常务会议要求,专家委评估组结合四川省人民政府提出的意见,民政部、发展改革委、财政部、国土资源部、地震局五部委和住房城乡建设部于5月16日联合对修改后的评估报告进行审核,5月17日五部委联合向国务院呈报了评估报告。

5. 指导规范救灾捐赠活动

及时落实中央领导关于救灾捐赠工作指示和国务院办公厅通知精神,民政部于4月21日深夜向社会公开发布了《民政部关于四川芦山7.0级强烈地震抗震救灾捐赠活动的公告》和《民政部关于高效有序做好支援四川芦山地震灾区抗震救灾工作的通知》,引导有捐赠意愿的个人、单位通过依法登记、有救灾宗旨的公益慈善组织和灾区民政部门进行捐赠,明确要求物资捐赠要提前与灾区确认后再实施，避免资源浪费，细化捐赠信息公开的具体要求，提出资金使用导向，指导和规范全国救灾捐赠工作，社会反响良好。截至5月28日，全国性社会组织、各省(民政、红十字会、慈善会等)捐赠接收机构共接收社会捐赠款物合计34.39亿元(资金26.36亿元)。其中，全国性社会组织接收7.57亿元(资金5.96亿元)，四川省接收10.75亿元(资金7.30亿元)，其他省份合计接收16.07亿元(资金13.10亿元)(不含港、澳、台地区数据)。

3 四川省泸州市泸县桃子沟煤业有限公司“5·11”重大瓦斯爆炸事故案例介绍与分析

2013年5月11日14时15分左右，四川省泸州市泸县桃子沟煤矿发生瓦斯爆炸重大事故，造成28人死亡、8人重伤、10人轻伤。

一、煤矿基本情况

桃子沟煤矿始建于1978年，设计能力1万吨/年，为私营企业，2002年核定生产能力达到3万吨/年。2007年1月17日，四川省批准该矿进行独立扩能，设计能力9万吨/年。

二、事故发生和抢险救援经过

5月11日14时15分左右，该矿3111非法开采区域发生瓦斯爆炸。事故发生时井下共有108人。5月12日凌晨，国家安全监管总局局长杨栋梁、副局长付建华赶到事故现场，传达了国务院总理李克强、副总理马凯、国务委员王勇等国务院领导同志的批示精神，并做出重要指示：一是要科学制定方案，在确保安全的前提下进一步对井下进行全面搜寻，严防发生次生事故；二是千方百计救治受伤人员，组织专家针对每一位伤员制定救治方案，精心组织，全力救治；三是由泸州市政府组织有关方面进一步彻底核清下井人数和事故伤亡人数；四是认真细致做好善后工作，确保社会稳定；五是依法依规严肃查处事故，彻查事故原因，严肃追究事故责任；六是深刻吸取事故教训，举一反三，真正牢固树立以人为本、生命至上的安全理念，切实强化措施，立即在全省煤矿开展停产整顿，进行拉网式隐患排查，切实治理消除安全隐患，严厉打击非法违法行为，坚决关闭不具备安全生产条件的小煤矿。

经当地政府初步核实，事故发生时井下108人，通过自救互救出井55人(其中1人救治无效死亡)，53人被困；截至5月12日22时16分，共搜寻到26名遇难者，搜救出 27 人；12 日，又有 1 名重伤员死亡。

三、事故初步原因及暴露出的突出问题

这起事故，是继四川省攀枝花市 2012 年“8・29”瓦斯爆炸特别重大事故后发生的一起重大瓦斯爆炸事故。初步分析，事故的直接原因是：桃子沟煤矿在技改期间非法组织生产，在批准的区域外采用巷道式采煤，多个作业点同时作业，没有形成通风系统，作业点无风微风作业，瓦斯积聚达到爆炸浓度，遇火源引起瓦斯爆炸。

这起事故性质恶劣、损失惨重、影响极坏，是一起重大责任事故。既反映出矿主利欲熏心、草菅人命、以身试法，也反映出地方政府和有关部门执法不严、监管不力。事故暴露出以下突出问题。

1. 在批准区域外组织生产

这次事故发生在“8・29”事故后仅八个多月，事故的性质和情节几乎与“8・29”事故同出一辙，可以说是“8・29”事故的重演，都是采用隐蔽手段隐瞒真相私挖滥采，都是在批准的区域之外非法生产，都是采用临时封闭巷道的手段，两张图、两本账，隐瞒真相、逃避监管。

2. 该矿技改期间非法组织生产

该矿没有取得煤炭生产许可证和安全生产许可证，边技改边生产，且以掘代采、乱采滥挖。

3. 不具备基本安全生产条件

非法生产区域采用明令禁止的淘汰的巷道采煤法，布置了 22 个采掘作业点同时作业，没有形成通风系统，无风微风作业，导致瓦斯积聚，且没有安装监控系统。这样一个非法乱采滥挖的区域却每班安排 50 多名工人冒险作业，疯狂程度令人发指。

4. 停产整顿验收流于形式

在攀枝花市肖家湾煤矿“8・29”事故后，该矿进行了停产整顿，但没有真正吸取事故教训，没有真正进行隐患排查和整改，而是停产等待验收，停产等待复工，复工后仍然非法违法生产。

5. 矿长和企业主要负责人草菅人命

无视并严重违反《煤矿矿长保护矿工生命安全七条规定》，新任的矿长没有参加培训，也没有签署承诺书，所作所为与《七条规定》背道而驰，企业主要负责人违法组织生产，要钱不要命，无视矿工生命安全。

6. 有关部门安全监管不力

该矿技改建设工期一延再延，边技改边生产，没有得到有效查处。且在技改工程没有完成的情况下，有关部门违规批准其试生产。安监部门派驻的驻矿监管员没有认真履行职责，形同虚设，没有制止、查处、上报该矿非法生产行为。

四、防范措施

1. 宣传贯彻落实好《七条规定》

《七条规定》颁布后，中共中央政治局常委、全国人大常委会委员长张德江同志做出重要批示，指出制定和实施七条规定十分必要，要认真抓好落实，并要求开展"保护矿工生命，矿长守规尽责"主题实践活动。

宣传贯彻《七条规定》是开展"安全生产年"活动的重要内容，是"打非治违"的重要抓手。各地要在成立省级主题实践活动领导小组的基础上，加强组织领导，协调解决重大问题，特别是结合本省、本地煤矿安全生产的实际，制定贯彻落实《七条规定》的具体措施和细则，真正落实矿长安全生产第一责任人的责任，切实使《七条规定》入脑入心，条条贯彻落实到煤矿井下现场、班组岗位和每一名矿工。

2. 扎扎实实开展"打非治违"专项行动

停产整顿、打非治违行动年年搞，经常抓，但成效不明显，主要原因是不认真，不动真格的。事故后停产整顿，在申请复产验收时，必须同时提交停产期间整治隐患的清单，决不允许只停不整、坐等验收。对复产验收工作不认真、不负责、走过场的要严肃问责。从几起事故分析，一些企业在价格下滑的情况下，为保收入、保效益，层层压指标，超能力生产，给安全生产带来新的隐患，要引起大家的注意。必须对煤炭企业加强监管，严禁超能力下达生产指标，对下达的利润指标也要认真分析。

3. 加大煤矿整顿关闭工作的力度

四川现有近 1 300 处煤矿，96%是 30 万吨/年以下的小煤矿，其中 9 万吨/年以下的小煤矿 980 处。四川 2012 年煤矿死亡人数多,小煤矿数量多、生产力水平低、安全无保障是主要原因。只有深化煤矿整顿关闭,减少小煤矿的数量,才能从源头上减少事故,实现煤矿安全生产状况根本好转。四川省委省政府已统筹考虑了煤矿整顿关闭工作,制定了近期整顿关闭方案和具体实施办法,下一步要加大工作力度,力争多关、早关、真关。

4. 加大瓦斯治理的力度

四川有煤与瓦斯突出矿井 126 处,且瓦斯突出灾害严重,治理的难度很大。要高度重视瓦斯突出防治工作,凡没有落实两个"四位一体"综合防突措施的,一律不得恢复生产。小煤矿无论从技术上,还是成本、装备上,很难具备防突能力。江西的瓦斯灾害严重,但乡镇煤矿这几年没有发生大的瓦斯事故,最主要的经验是乡镇煤矿不准开采煤与瓦斯突出矿井。建议逐步将 9 万吨/年以下的突出矿井全部关闭退出,同时严把准入关、审批关,必须按《关于进一步加强煤矿瓦斯防治工作若干意见的通知》(国办发〔2011〕26 号)的规定,在"十二五"期间停止审批 45 万吨/年以下的突出矿井,对于违规审批的,严肃追究责任。

5. 加强基础建设

一要以开展安全质量标准化活动为契机,坚决淘汰木支护和非防爆电气设备、非阻燃电缆、老旧空压机等明令禁止的设备设施,特别是引发多起火灾事故的滑片式空压机。二要组织研制推广先进适用的中小煤矿机械化采掘装备,加快提高中小煤矿采掘机械化水平,切实减少工作面个数、掘进头个数和下井人员数量。对新建、改扩建、技术改造的中小煤矿,具备条件而不采用机械化开采的,坚决不予立项审批;无法实施采掘机械化改造的,应考虑让其退出。

4 山东保利民爆济南科技有限公司“5·20”特别重大爆炸事故案例介绍与分析

2013年5月20日10时51分许，位于山东省章丘市的保利民爆济南科技有限公司乳化震源药柱生产车间发生爆炸事故，造成33人死亡、19人受伤，直接经济损失6 600余万元。

一、事故发生经过和应急处置情况

2013年5月18日，502工房分甲（事故发生时当班）、乙两班生产。其中甲班上中班（15:30—24:00），共生产15箱（360根）带双雷管座起爆件（含太安药量11克）震源药柱、372箱不带起爆件震源药柱和229箱大直径乳化炸药，并产生了带起爆件震源药柱废药（乳化炸药），存放于502工房当班储物室内。5月19日，该生产线停产一天。

5月20日，甲班上早班（6:00—15:30）。5:30，配料工开始配料；6:10，班前准备完毕且相关设备正常后，开启1、2号装药机，开始生产直径60毫米的不带起爆件震源药柱；8:00，开启4号装药机，同时生产直径70毫米的2号岩石乳化炸药。随后，陆续有技术员、检验员等6名相关人员进入车间内工作。9:43—9:46，甲班组长和加料员一起先后从储物间抬了三包废药（经调查核实为该班5月18日的剩余废药）放在敏化机的西侧；9:52—10:47，加料员分七次向敏化工序的搅拌机内加入36铲废药。10:51，该工房突然发生爆炸。

事故造成33人死亡，其中车间工人30人，车间外施工人员3人；造成19人受伤，其中车间工人4人，车间外施工人员9人，其他区域受伤6人（含车间监控室值班员1人，周边其他区域人员5人）。

爆炸时502工房总药量为3.7吨，参与爆炸药量约2.4吨，折算成TNT炸药当量约1.8吨。爆炸造成502工房生产线及设备粉碎性破坏，建筑物大部分整体坍塌，周围建筑物破坏范围约为265米。

事故发生后，保利民爆济南公司负责人立即向山东省、济南市民爆行业主管部门及集团公司报告，并请求地方政府救援，随即成立了现场事故救援小组，组织开展人员搜救、疏散撤离和医疗救护等工作。

接到事故报告后，山东省和济南市党委、政府主要负责同志立刻作出批示指示，迅速启动突发事件应急处置预案，省、市有关领导同志率领安全监管、公安、消防、国防科工等相关部门负责同志及时赶往事故现场组织开展抢险救援工作。济南市人民政府组织700余名消防、专业救援人员和60余名医疗救护人员，调集15台(套)大型机械设备、20辆救护车和生命探测仪及搜救犬，迅速赶赴事故现场，紧急开展抢险救援及应急处置工作。

事故发生后两小时内，在抢险救援指挥部领导下，现场救援人员将19名伤员全部救出并及时送往五家医院进行救治。

事故发生后三十余小时，通过人工与机械相结合的破解方式分层清理，共搜寻出13具遇难者遗体，事故现场清理处置炸药1吨左右。

在国务院有关部门联合工作组的现场指导下，山东省及济南市组织230余名公安、相关专家和工程技术人员及专业救援人员等，对现场废墟进行第二次筛选清理，两次共计收集DNA检材样本1 106份，并全部进行鉴定比对，全部确认了33名遇难人员身份。同时，开展了相关侦破、调查、排查和分析论证工作。通过扎实有效的工作，排除了人为破坏、雷击、装药机热积累和乳化炸药自爆等导致爆炸的可能性。济南市人民政府组织各方成立33个工作组，对遇难者家属进行一对一慰问安抚，迅速开展遇难者家属的接待、心理疏导、赔付等工作。目前，善后处理工作已结束，19名伤员得到有效救治，当地社会秩序稳定。

二、事故原因和性质

(一)直接原因

震源药柱废药在回收复用过程中混入了起爆件中的太安，提高了危险感度。太安在4号装药机内受到强力摩擦、挤压、撞击，瞬间发生爆炸，引爆了4号装药机内乳化炸药，从而殉爆了502工房内其他部位炸药。

(二)间接原因

1. 保利民爆济南公司法制和安全意识极其淡薄，安全管理混乱且长期违法违规组织生产

(1)违规改变生产工艺。违反《民用爆炸物品生产、销售企业安全管理规程》

(GB28263—2012)的有关规定,未经论证鉴定、有关单位评价咨询、主管部门备案或批准,擅自在乳化型震源药柱中加装太安起爆件,埋下了安全隐患;起爆件保管、领用、使用、登记和回收管理混乱,使起爆件中的太安混入震源药柱废药;采用回收不合格震源药柱中主装药再利用的生产方式,致使震源药柱起爆件中的太安炸药混入废药后,进入乳化炸药制药环节。

(2)违法增加生产品种,超员超量生产。违反《民用爆破器材工程安全设计规范》(GB50089—2007)、《民用爆炸物品生产、销售企业安全管理规程》(GB28263—2012)、《民用爆炸物品安全管理条例》(国务院令第466号)等有关规定,擅自将震源药柱压盖(加装含太安炸药的起爆件)、热合、拧螺旋套、装箱、封箱工序移入502工房。擅自增加生产二号岩石乳化炸药品种并增开1台装药机和擅自增加生产线操作工。擅自提高产量,该公司2012年实际生产震源药柱12 937吨,超过许可能力近一倍。2013年1—4月份已生产4 554吨,严重超产。事故发生时,502工房现场人员总数达34人,工房总药量为3.7吨,远超最大允许定员14人、定量2.5吨。

(3)违规进行设备维修和基建施工。按照有关规定,炸药在线生产时不能进行设备维修,但502工房在生产作业的同时,对工房内膜热合机进行维修。事故发生时,工房外侧安全距离范围内违规进行包装工房连廊基建施工。

(4)弄虚作假规避监管。在有关部门验收考核和到现场检查时弄虚作假,撤人撤设备,形成合法生产假象,验收检查后继续违规生产;在向行业主管部门报送实际产量过程中弄虚作假、编造数据,欺瞒行业主管部门,逃避监管;未按照要求及时连接视频监控系统并上传工房生产作业的实时监控影像。

2. 保利集团、保利化工公司、保利民爆集团对安全生产工作不重视,对保利民爆济南公司安全生产监督管理不力

保利集团、保利化工公司、保利民爆集团负有对保利民爆济南公司安全生产管理工作进行指导、监督、检查的职责。对保利民爆济南公司安全生产工作疏于指导督促,监督管理不力,安全生产监督检查走过场。2012年以来保利民爆集团和保利集团多次到保利民爆济南公司进行安全生产等工作检查,没有发现并纠正其存在的违法违规生产和内部安全管理混乱问题;对保利民爆济南公司未及时与上级公司连接视频监控系统督促整改不力;组织下属企业开展"打非治违"和隐患排查治理工作不认真、不扎实、不得力。

3. 地方民爆行业主管部门工作不扎实，安全监管不得力

(1)章丘市经济和信息化局(以下简称章丘市经信局)负责本行政区域内的国防科技工业管理工作，承担保利民爆济南公司有关证照、年检的审核把关和报送工作，履行行业安全生产监督管理职责不认真、不得力，安全生产监督检查工作图形式、走过场。2012 年以来多次组织或参与对保利民爆济南公司的安全生产检查，未能发现和查处该公司长期存在的违法违规生产问题；工作不负责任，对该公司新增 3 500 吨出口产能审批把关不严；对该公司长期存在违法违规生产和内部安全管理混乱问题失察。

(2)济南市经信委负责本行政区域内的国防科技工业管理工作，承担保利民爆济南公司有关证照、年检的审核把关和报送工作，履行行业安全生产监督管理职责不得力，开展安全生产监督检查不认真、不深入、不严格。2012 年以来多次组织或参与对保利民爆济南公司的安全生产检查，未能发现和查处该公司长期存在的违法违规生产问题；行政审批工作不认真，对该公司新增 3 500 吨出口产能审批把关不严；对该公司长期存在违法违规生产和内部安全管理混乱问题失察。

(3)山东省国防科工办负责本行政区域民用爆破器材生产、销售的安全生产监督管理，履行行业安全生产监督管理职责不到位，组织开展安全生产和相关工作监督检查不认真、不深入、不扎实。2012 年以来多次组织或参与对保利民爆济南公司的安全生产和相关工作检查，未能发现和查处该公司违法违规生产问题；对该公司新增 3 500 吨产能出口情况监管不力；对该公司长期存在违法违规生产和内部安全管理混乱问题失察。

4. 地方政府对民爆行业安全生产工作监管不到位，“打非治违”工作不彻底

(1)章丘市人民政府未认真履行安全生产属地监管责任，贯彻执行安全生产法律法规和政策规定不得力，组织开展“打非治违”工作不深入、不扎实、不彻底，督促指导本地区民爆行业主管部门履行安全监管职责不严格，对保利民爆济南公司长期存在的违法违规生产和内部安全管理混乱问题失察。

(2)济南市人民政府履行安全生产属地监管责任不到位，贯彻执行安全生产法律法规和政策规定不得力，组织开展“打非治违”工作不深入、不彻底，督促指导本地区民爆行业主管部门履行安全监管职责不到位，对保利民爆济南公司长期存在的违法违规生产和内部安全管理混乱问题失察。

(3)山东省人民政府履行安全生产属地监管责任不到位,组织开展"打非治违"工作不深入、不彻底,督促指导本地区民爆行业主管部门履行安全监管职责不到位。

三、事故防范措施建议

(一)牢固树立和落实科学发展观,坚守安全生产红线

保利集团和山东省、济南市、章丘市各级人民政府及其有关部门要深刻吸取山东保利民爆济南科技有限公司"5·20"特别重大爆炸事故的沉痛教训,痛定思痛、举一反三,下大气力加强安全生产工作。要按照党中央、国务院的重大决策部署和习近平总书记、李克强总理等中央领导同志的一系列重要指示要求,牢固树立和落实科学发展观,牢固树立正确的政绩观,牢固树立安全第一、生命至上的理念,始终坚持科学发展、安全发展,始终坚持经济发展以安全为前提和保障,始终坚持把人民生命安全放在首位,正确处理安全与发展、安全与生产、安全与效益的关系,牢牢守住发展绝不能以牺牲生命为代价这条不能逾越的"红线";要充分认识做好安全生产工作的极端重要性和当前安全生产的严峻形势,高度警醒起来,以对党和人民高度负责的精神,全面加强各行业领域尤其是民爆行业的安全生产工作,采取更加坚决、更加有力、更加有效的措施,通过完善体制机制、完善责任体系、完善政策措施,强化工作落实、强化监督考核、强化责任追究,促进各地区、各有关部门和各类生产经营单位搞好安全生产,遏制事故发生;要从基层基础抓起,全面提升企业的安全生产条件、安全保障能力和安全管理水平,全面提升政府及其有关部门的安全监管能力和水平,全面提升安全生产工作的科学化水平。同时,要大力转变发展方式,调整经济结构,提高发展水平,从深层次上解决问题,切实做到固本强基。

(二)切实落实安全生产主体责任,进一步强化企业内部的安全管控

保利集团及各类民爆生产经营单位要坚决克服重生产、重扩张、重速度、重效益、轻管理、轻安全的思想,依法履行安全生产主体责任,全面加强企业内部的安全管理。要建立健全并严格落实以法定代表人负责制为核心的各级安全生产责任制,直至延伸到现场、车间、班组、岗位;要坚持高标准、严要求、强管理,加强安全管理制度和安全责任体系的顶层设计,优化股份制企业内部治理结构,强化对

下属企业扩张、扩能和日常生产经营过程的安全管理与监督，搞好分层分级管理，严格现场安全管理，防止出现对下属企业特别是控股企业的管理失控，确保国家的安全生产法律法规、标准规程和工作部署要求真正落到实处；要按照《民用爆炸物品企业安全生产标准化管理通则》的要求，大力推进企业安全生产标准化建设，制定并完善岗位、班组以及企业达标实施细则，实现岗位达标、班组达标和企业达标，规范企业安全生产行为，杜绝"三违"现象，夯实安全生产基础；要加大安全投入，推进科技创新与进步，不断提高本质安全水平；要认真深入持之以恒地搞好隐患排查治理，及时发现和治理安全隐患，防患于未然；要强化对员工的安全生产教育培训，尤其要对新进员工、转岗员工、使用新设备新工艺员工、危险工序关键岗位员工和质量安全管理人员，开展有针对性的安全法制教育与培训，并加强考核和监督检查，切实提高员工的法制意识、安全意识和安全操作技能。

(三)不断健全完善民爆行业安全管理法规制度，着力提高制度执行力

各级民爆行业管理部门要在严格执行《安全生产法》《民用爆炸物品安全管理条例》(国务院令第 466 号)、《民用爆炸物品生产、销售企业安全管理规程》(GB28263—2012)等法律法规及规程规范，进一步理顺中央和地方民爆行业管理体制，明确地方各级民爆行业管理部门工作定位的基础上，针对新情况、面对新问题、适应新变化，认真堵漏洞，全面加强法规规章和制度建设。要修订和完善民爆行业管理法规和规程，健全各类民爆生产专用设备设施、产品质量安全管理制度规程，特别是要制定和健全震源药柱、起爆件等小品种工业炸药产品及元件生产及废药复用的保管、领用、使用、登记等相关制度规程；要针对事故暴露出的问题，对起爆件中的装药作出明确规定，制定和完善震源药柱产品及起爆件(含太安或梯恩梯炸药)生产过程的安全管控制度措施，完善废旧药物回用与销毁处理工序的操作规程和技术措施要求，明令对可能混入敏感物质或金属砂石等异物造成其安全特性发生变化的废药，一律按废品进行销毁处理，不得回用；要建立健全民爆企业危险工序、关键岗位操作人员上岗制度及办法，统一制定标准，统一执行标准，坚持持证上岗；要着力提高制度的执行力，逐级加强对遵章、履规、守纪情况的监督检查，发现一地、查处一地，发现一处、查处一处，发现一人、查处一人。特别要强化对单质猛炸药等高敏感物质的安全管控，把现场安全管控规章制度措施落实到每一个危险工序、每一个作业岗位和每一个操作人员。在此基础上，要针对民爆行业中新技术、新材料、新工艺、新设备不断采用的实际情况，建立风险识别、

评估、管控制度，加强危险因素辨识及风险分析，严格落实风险对策及措施，强化关键工序、环节的技术检查与安全控制。

(四)认真搞好安全生产大检查，深入开展“打非治违”工作

保利集团和山东省、济南市、章丘市乃至整个民爆行业要按照国务院关于集中开展安全生产大检查的部署和“全覆盖、零容忍、严执法、重实效”的要求，认真深入地开展安全生产大检查，确保取得实效。要切实提高大检查质量，做到真查细查、真整实改，严禁搞形式主义，严禁做表面文章，严禁粗枝大叶，严禁走过场；要针对本地区、本行业、本单位存在的突出问题和本次事故教训，重点整治民爆企业超产、超员、超量、超时问题；要加强对生产线项目的验收、试产、投产、运行及工房扩建等环节的管理，对存在重大安全隐患的要责令停产整顿，对整改仍不合格的，要吊销许可证照，并依法提请地方人民政府关闭；要加大对企业日常安全监管和现场执法力度，创新监管和检查方式，采取明查暗访、突击检查、回头检查、交叉检查、驻企蹲点彻查等多种方式，真正发现问题，强化现场处罚，跟踪督促落实；要巩固大检查成果，总结经验教训，建立相关制度，规定检查频次，细化检查内容，严格检查要求，讲求检查效果，努力使安全检查督查工作制度化、规范化、常态化、长效化。同时，要继续按照《国务院办公厅关于集中开展安全生产领域“打非治违”专项行动的通知》(国办发明电〔2012〕10 号)要求以及国务院安全生产委员会的相关部署，深入持久地开展“打非治违”工作，坚持不懈地向前推进。要充分认识不断深化“打非治违”工作的重要性、必要性和艰巨性、长期性、复杂性，牢牢抓住“打非治违”这个安全生产工作的“牛鼻子”不放松、不停顿、不懈怠，针对本地区、本行业、本单位的实际情况，进一步完善机制、明确职责、落实责任、加强领导、突出重点、扎实推进。要认真总结前阶段“打非治违”工作的经验，找出存在的突出问题和薄弱环节。对打击非法违法生产经营建设行为不力导致事故发生的，要严厉追究责任。各有关部门要在党委、政府的领导下，继续保持对非法违法、违规违章行为的高压态势，严厉打击民爆企业违法违规改变生产工艺、增加生产品种、超员超能生产和进行基建施工等行为，严厉打击矿山、道路交通、建筑施工等其他行业领域各种违法违规行为。要加强部门联动，开展联合执法，形成工作合力，提高工作效果。保利集团及各类生产经营单位尤其是民爆企业，要积极开展治理违法违规违章工作，深入持久地进行自查自纠，及时严肃认真地解决违法违规生产经营和施工等问题。同时，要持之以恒地排查整改纠正企业中存在的对安全生产不重

视、安全生产责任制和规章制度不完善不落实、安全投入和教育培训不到位、现场安全管理混乱以及违章指挥、违章操作、违反劳动纪律等问题。

(五)大力推动民爆行业科技进步,提高企业本质安全水平

各级民爆行业主管部门和保利集团以及各类民爆企业要加大安全投入,推进安全技术进步,积极采用自动化、连续化、信息化技术,改造传统的生产方式和管理模式,加快现有工业炸药生产工艺、装备和产品的升级换代,减少在线人员和在线药量,改进乳化炸药装药机泵送系统,降低泵腔内机械摩擦、撞击、挤压、热积累现象产生的事故风险。尤其要重点解决震源药柱等民爆产品小品种自动化水平低、危险岗位现场操作人员多等问题,提升民爆行业危险生产工艺安全技术水平,逐步实现远程遥控、人机隔离操作。要严格督促企业在危险生产工房出入口设置安装智能化门禁系统,做到人员出入自动记录、超员自动报警,严格管控危险场所在线人员;要严格督促企业按要求设置和完善危险工房生产线视频监控系统,做到所有民爆产品(包括小品种等)生产工艺流程和危险工房全覆盖,乳化炸药装药机的实时运行技术参数应自动上传生产线监控系统或设置运行数据后台存储备份,消除监控盲区,提高生产线安全监控自动化、信息化水平,并建立生产线监控系统的评测制度,提高系统的安全性、真实性、可靠性,切实管好、用好视频监控系统,真正做到在线监控,发挥安全管控作用;要重点发展以现场混装炸药、导爆管雷管等为代表的安全、高效产品品种,加强现场混装车的安全管理,认真研究解决混装车推广使用中存在的技术、管理、市场问题,加大混装作业方式的推广力度,促进可靠性高、安全性好、节能环保新产品的研发和应用。

(六)切实落实政府及有关部门的安全监管责任,全面加强对民爆企业的安全监管

山东省、济南市、章丘市各级人民政府及各级民爆行业主管部门、安全监管部门要落实安全生产行政首长负责制和其他领导"一岗双责"制,落实行业主管部门直接监管、安全监管部门综合监管、地方政府属地监管责任,切实加强组织领导,做到全面履职、党政同责、一岗双责、齐抓共管。尤其是各级工业和信息化及国防科工部门作为民爆行业的主管部门,承担对民爆企业安全生产许可、生产能力许可、年检等的审批职能,负有对民爆行业安全生产的直接监管职责,要采取有力措施,强化行业安全监管工作。要按照管行业必须管安全、管业务必须管安全、管生

产经营建设必须管安全和“谁主管、谁负责”“谁许可、谁负责”“谁发证、谁负责”的原则，切实履行好对民爆企业安全生产的监督管理责任，严格许可制度和审批责任制，真正做到项目审批前要严格审查，审批中要严格把关，审批后要强化监管，切实解决重审批轻监管、重许可轻检查和忽视对企业取证后安全生产动态监管问题。尤其是对安全生产条件发生变化的企业更要严格审查把关，对降低安全生产条件、降低设防标准的，要暂扣相关证照，责令限期整改；整改不达标的，要提请地方人民政府依法予以关闭。各级民爆行业主管部门要与公安等部门加强工作配合衔接和信息共享，在各司其职的基础上，建立民爆物品生产、销售、运输等环节的信息沟通机制，加强部门协调联动，严格现场行政执法，强化日常监督检查，防止出现监管漏洞，实现对民爆物品生产、储存、流通、使用全过程的动态监管，严防违法违规超量生产、销售等问题的发生；要按照有关要求，不断完善民爆行业安全生产监管体系，强化各级尤其是基层安全生产监管工作，切实落实对中央企业的属地监管责任，严禁层层下放监管权限，真正加强对中央企业的安全监管；要制定监督检查计划，明确监督检查任务，建立现场监督检查档案，认真组织督查检查活动，提高工作效能效果。对政府及有关部门人员不依法认真履行安全监管职责、工作不认真不负责、对非法违法行为和重大安全隐患查处和督促整改不力造成事故的，要严肃追究责任。

5 吉林省长春市宝源丰禽业有限公司“6·3”特别重大火灾爆炸事故案例介绍与分析

吉林省长春市宝源丰禽业有限公司“6·3”特别重大事故由于人员伤亡巨大，时值禽流感高发时期，加之现场情况复杂、危险源众多，事故应急处置工作任务重、风险大。在党中央、国务院和当地各级党委、政府的高度重视和艰苦努力下，通过采取灭火、人员搜救、危险源处置和疫情防范等措施，对这一特别重大事故灾难进行了有效处置。

一、事故基本情况

2013年6月3日6时10分许，位于吉林省长春市德惠市的宝源丰禽业有限公司主厂房发生火灾爆炸事故，造成121人死亡、76人受伤，17 234m^{2}主厂房及主厂房内生产设备全部损毁，直接经济损失1.82亿元。

(一)事故企业基本情况

宝源丰禽业有限公司为个人独资的有限责任公司，成立于2008年5月，法定代表人贾玉山(辽宁铁岭人)，经营范围为肉鸡屠宰、分割、速冻、加工及销售。作为德

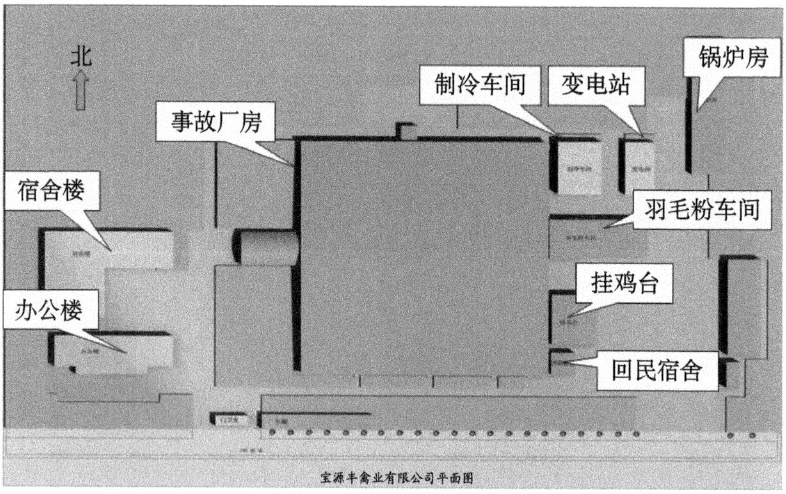

图1　宝源丰禽业有限公司平面图

惠市政府招商引资的重要企业，日可屠宰加工肉食鸡10万只，年生产肉鸡36 000吨，

年均销售收入约 3 亿元，时有员工 430 人左右。事故企业平面布置见图 1 所示。

(二)事故企业主厂房功能分区及安全出口情况

事故企业主厂房功能分区及安全出口情况见图 2 所示。

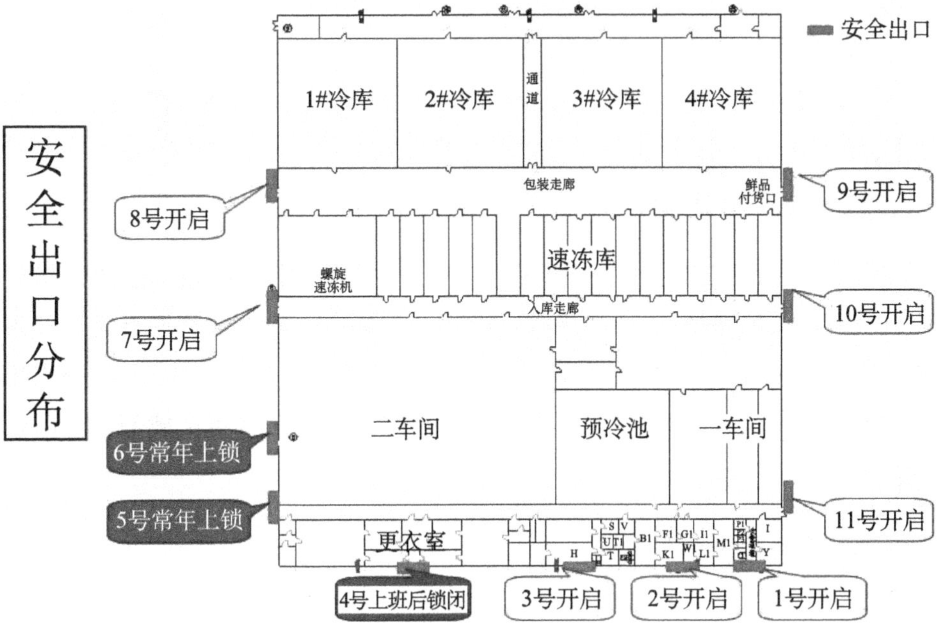

图 2　事故企业主厂房功能分区及安全出口示意图

1. 主厂房功能分区情况

主厂房内共有南、中、北三条贯穿东西的主通道，将主厂房划分为四个区域，由北向南依次为冷库、速冻车间、主车间(东侧为一车间、西侧为二车间、中部为预冷池)和附属区(更衣室、卫生间、办公室、配电室、机修车间和化验室等)。

2. 主厂房安全出口情况

主厂房三条主通道东西两侧各设一个安全出口，冷库北侧设置五个安全出口直通室外，附属区南侧外墙设置四个安全出口直通室外，二车间西侧外墙设置一个安全出口直通室外。事故发生时，南部主通道西侧安全出口和二车间西侧直通室外的安全出口被锁闭，其余安全出口处于正常状态。

(三)事故企业工艺流程及当班人员情况

1. 生产工艺流程情况

事故企业生产工艺流程主要有挂鸡(挂鸡台)，宰杀、脱毛、除腔(一车间)，预冷(预冷池),分割(二车间),速冻(速冻车间),包装(纸箱间),储存(冷库)。

2. 液氨制冷系统情况

事故企业配备有包括储罐、制冷压缩机组、冷冻设备及配套管道在内的液氨制冷系统。事故发生时系统内约有45吨液氨。

3. 事发当天当班人员情况

事发当天宝源丰公司在车间现场人数为395人,其中一车间113人、二车间192人、挂鸡台(主厂房外部东侧)20人、冷库70人。

(四)事故主要原因

该起事故是由于宝源丰公司主厂房一车间女更衣室西面和毗连的二车间配电室的上部电气线路短路,引燃周围可燃物。燃烧产生的大量有毒有害烟气增加了被困人员逃生的困难,加之事故企业没有组织过应急疏散演练,大部分当班职工不熟悉应急疏散通道的位置,且企业违规锁闭位于人员密集区域的应急疏散通道,造成重大人员伤亡。

二、事故应急处置过程分析

事故发生后,党中央、国务院高度重视,习近平总书记、李克强总理等党和国家领导同志均对事故处置和善后工作作出了重要指示,并指派郭声琨国务委员带领国家安全生产监管总局、公安部等有关部门领导同志立即赶往事故现场指导应急处置工作。吉林省及长春市两级党政主要负责同志均立即赶赴现场组织事故应急处置工作。现场救援人员克服巨大的困难,经过近四个小时的全力扑救和十轮搜救,共计救出被困人员25人,疏散周边群众3 000余人,搜寻到遇难人员遗体120具(不含在医院死亡1人)。

(一)企业自救互救情况

企业是安全生产的责任主体,事故发生后企业应立即启动相关应急预案,在确保安全的前提下组织抢救遇险人员,控制危险源,封锁危险场所,杜绝盲目施救,防止事态扩大;要组织现场人员及时、有序撤离到安全地点,减少人员伤亡。企业第一时间的自救互救对事故应急处置效果具有重要的影响。

1. 事故发生经过及企业处置工作

6月3日5时20分至50分左右,宝源丰公司员工陆续进厂工作。6时10分左右，现场部分工作人员发现位于主厂房南侧的一车间女更衣室及附近区域上部有烟、火，并向其他区域迅速蔓延。较早发现火情的人员进行了初期扑救，但火势未得到有效控制。20 分钟后，事故企业办公室主任打电话报警，并组织部分位于主厂房外的职工抢救被困人员。

该企业的一名制冷操作工在制冷车间发现主厂房起火后，迅速组织制冷车间职工关闭连通制冷车间储罐与主厂房氨输送管道的阀门。由于火势迅速蔓延，浓烟已充满整个制冷车间厂房，遂组织人员撤离，部分阀门未彻底关闭。

由于缺乏应急演练，企业管理层不掌握基本的应急处置知识和企业应急资源情况。自 6 时 10 分发现火情到 7 时 18 分第一批消防队伍到达现场的一个小时的时间里，企业管理人员没有采取打开锁闭的安全出口、破开夹芯板外墙开辟救援通道等措施，丧失了救援的最佳时机。

2. 主厂房内被困职工逃生获救情况

事发时主厂房内共有 375 名职工（不包括 20 名在主厂房外挂鸡台操作的人员）。其中，一车间人员主要沿下料间至羽毛粉车间逃至室外；二车间人员部分经速冻库、冷库逃至室外，部分经打包间、纸箱间逃至室外；其他部位的人员主要经冷库逃生。二车间沿南侧走廊和二车间西侧门逃生的人员由于通道锁闭，未能成功逃生。逃生过程中，保温材料燃烧产生的大量有毒烟气和泄漏的氨气造成大量人员中毒窒息，没能顺利逃生。

搜救人员在主厂房内共搜救生还 25 人，搜寻到遇难人员遗体 118 具，主厂房外搜寻到遇难人员遗体 2 具。通过自救互救逃生的人数为 230 人。

由于缺乏应急演练和报警装置，事故企业较早发现火情的人员没能及时通知所有主厂房内的工作人员，加之初期火势主要沿厂房上部及墙体的保温材料蔓延，厂房内部的职工没能及时发现火情，延误了最佳逃生时机。同时，由于位于人员密集区域的逃生通道被锁闭，部分职工由于缺乏培训演练而不熟悉厂房内的其他逃生路线，慌乱之中没能及时逃离起火的厂房，导致大量人员伤亡。主厂房内人员逃生路线见图 3、4、5 所示。

（二）灭火及人员搜救情况

地方人民政府负责本行政区域内事故应急处置工作。事故发生地人民政府及有关部门接到事故报告后，相关负责同志应立即赶赴事故现场，按照有关应急预案规定,成立事故应急处置现场指挥部,代表本级人民政府履行事故应急处置职责,组织开展事故应急处置工作。事故现场指挥部要及时疏散和安置事故可能影响的周边居民和群众,处置过程中要注意保护救援人员的安全。

1. 灭火救援情况

6时30分(发现火情20分钟后),德惠市公安消防大队接到110指挥中心报警后,立即调集力量赶赴现场处置。吉林省及长春市人民政府接到报告后,省、市党政主要负责同志和其他负责同志立即启动应急预案,并赶赴现场,组织调动公安、消防、武警、医疗、供水、供电等有关部门和单位参加事故抢险救援和应急处置,先后调集消防官兵800余名、公安干警300余名、武警官兵800余名、医护人员150余名,出动消防车113辆、医疗救护车54辆,共同参与事故抢险救援和应急处置。火灾于当日11时被扑灭。

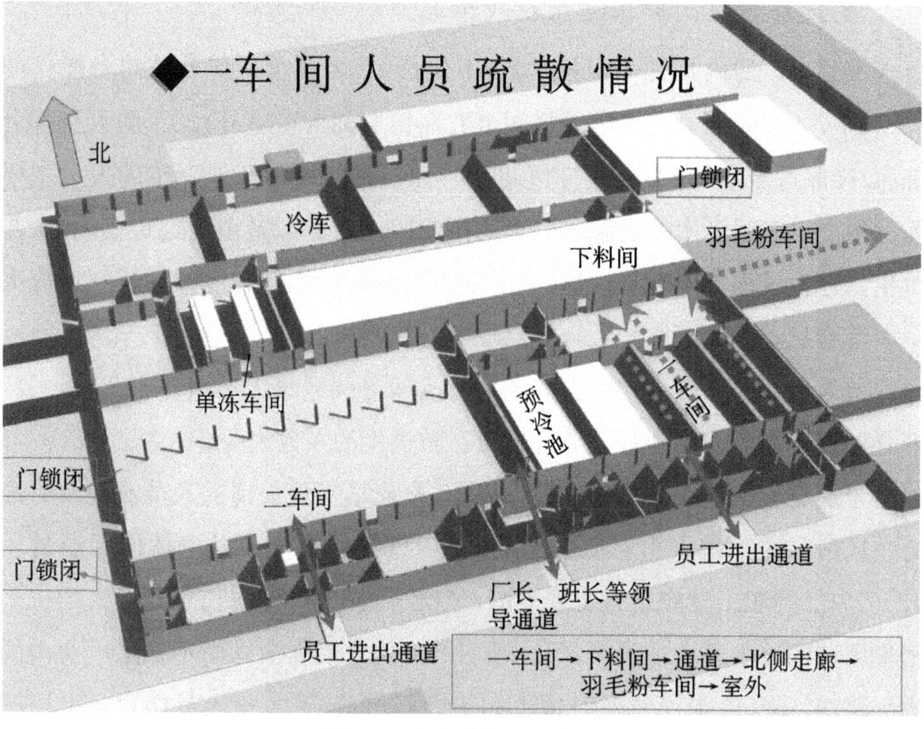

图3　一车间人员疏散情况

由于制冷车间内的液氨储罐中储存有大量液氨,消防部队按照事故现场指挥部"确保液氨储罐不发生爆炸,坚决防止次生灾害事故发生"的原则,采取喷雾稀释泄漏氨气、水枪冷却液氨储罐、破拆主厂房排烟排氨气等技战术措施,并在宝源

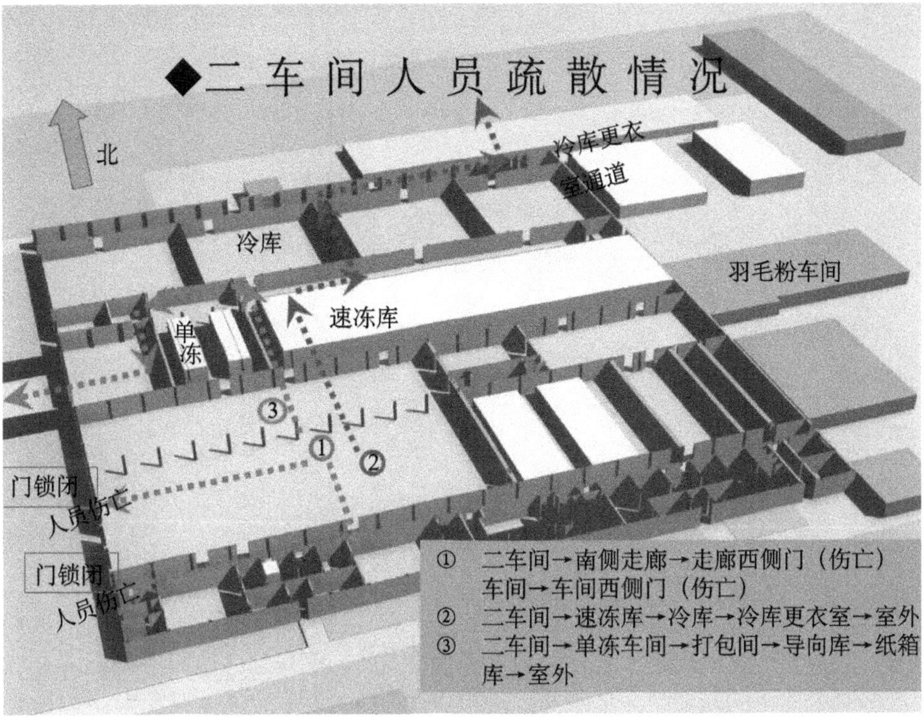

图 4　二车间人员疏散情况

丰公司制冷操作工的配合下，采取高喷水流结合破拆主厂房部分可燃材料、关闭相关阀门等有效措施，成功地隔离保护了制冷车间内的液氨储罐和主厂房冷库，避免了次生事故的发生。

2. 人员搜救情况

8 时 6 分，吉林省消防总队总队长到达现场，成立现场作战指挥部，命令长春消防支队负责在灭火救援的同时组织搜救，一是要在两个小时内完成第一轮搜救，重点搜救有生命迹象的区域；二是搜救出的遇难人员要准确定位，并做好与医疗救护人员的交接工作；三是搜救人员要用高压水枪击落厂房上部悬空的物品，防止坠物伤人。搜救人员在水枪掩护下从厂房东、西、南三个方向强行突破，先后解救出位于厂房东南侧的 25 名被困人员，在厂房内搜寻出 61 具遇难者遗体。12 时 45 分，现场作战指挥部再次组织 450 名官兵及 5 条搜救犬进行搜救，在厂房中部和南部搜寻出 57 具遇难者遗体。4 日下午，现场作战指挥部决定扩大搜索范围，组织人员对整个厂区进行全面搜索。4 日 13 时 50 分，在厂房外污水池的鸡毛堆内发现了 1 具遇难者遗体。截至 4 日 18 时，经过六次地毯式搜救、三次移物式

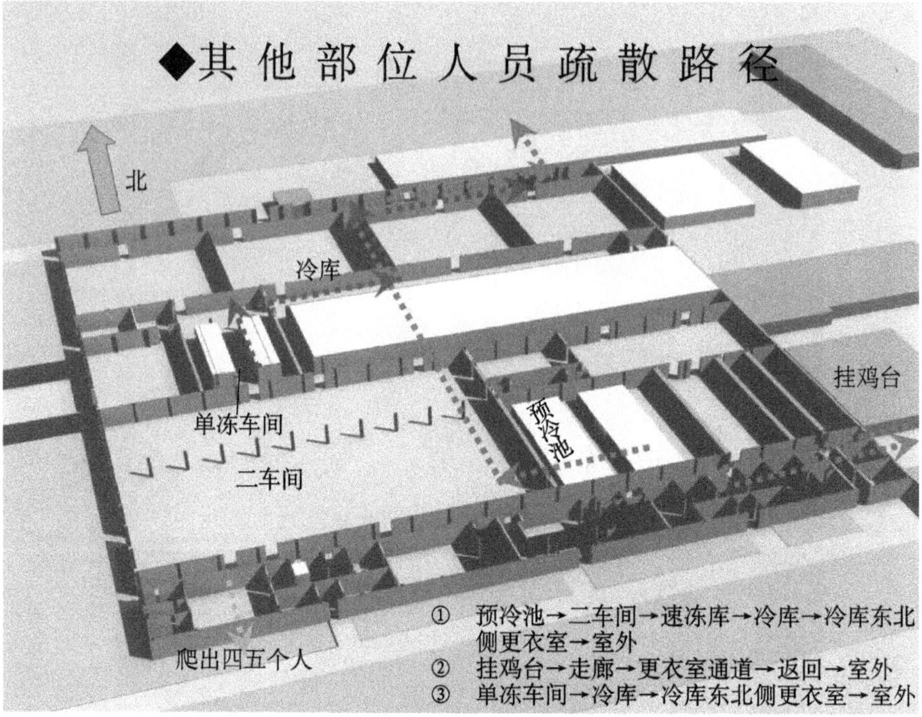

图 5 其他部位人员疏散情况

搜救、一次清理式搜救，共疏散出被困人员 25 人，搜寻到遇难人员遗体 119 具(不含在医院死亡 1 人)。

国务院事故调查组于 5 日再次要求组织搜救，又在主厂房外污水池的通过板桥下发现了 1 名遇难人员遗体。至此，现场搜救工作结束，共搜寻到遇难人员遗体 120 具(不含在医院死亡 1 人)。

(三)现场危险源处置情况

涉及危险化学品事故的抢险救援工作结束后，现场通常会残留有一些盛装危险化学品的储罐等设备设施，这些设备设施如果未得到及时妥当的处置，会形成威胁事故后续善后、调查工作的危险源。

该起事故灭火结束后，事故现场留存的 12 个液氨储罐和部分制冷设备、管道中仍残留近 30 吨液氨，由于液氨在常温常压下可汽化为无色、易燃、腐蚀性的有毒气体氨气，且氨气在空气中的爆炸极限为 16%～28%(体积)，现场搜救和事故调查取证工作受到了重大威胁。

由于液氨制冷厂房内不具备动火、吊装作业条件，输送设备在灭火过程中被水浸泡而无法启动，加之长春市政府聘请的专家缺乏现场实践经验，液氨处置工作进展缓慢。

国务院、事故调查组领导同志高度重视液氨处置工作，李克强总理、安全监管总局杨栋梁局长多次询问液氨处置情况并提出要求。安全监管总局委派国家安全生产应急救援指挥中心有关负责同志直接组织指挥液氨处置工作。经过认真研究现场工艺条件，全面分析风险危害，液氨处置现场指挥部在事故企业制冷操作工的配合下，通过利用压力差（充氮气加压），经过现场的管线将液氨导入专用运输槽车的方法，经过八天的昼夜处置，安全转移了制冷系统中残留的近 30 吨液氨。其中，6 月 5 日 14 时 35 分至 6 月 7 日 6 时，12 个储罐内的共计约 25 吨液氨全部导出。6 月 13 日 12 时，制冷系统工艺管道及末端蒸发器残留氨全部处理完毕。

（四）卫生防疫工作情况

事故应急处置过程中，受伤人员救治、遇难者遗体处置工作十分重要，同时，防止事故次生疫情的发生也是应急处置过程中应高度重视的环节。

该起事故发生时，正值禽流感高发时期，但当地卫生防疫部门未能根据具体情况进行风险分析，仅仅按照通常工作方式对起火厂房等部位进行了卫生防疫，没有及时对事故企业冷库中储存的 2 600 余吨禽类制品开展卫生防疫工作。经过近一周时间的解冻、腐烂，事故现场臭味弥漫，严重影响了后期液氨处置和现场调查取证工作的顺利进行。经国务院事故调查组责令，当地卫生防疫部门才对现场残存的腐烂禽类制品采取了无害化处理并消毒灭菌等有效处置措施，避免了次生疫情的发生。

（五）现场证据保护情况

事故应急处置过程中应当注意采取措施保护现场物证。当物证影响人员搜救时，应当做好物证的定位、拍照取证、实物留存等工作。

该起事故中，由于起火厂房面积大、人员伤亡大及厂房内设施影响搜救等原因，在人员搜救过程中实施了移物式地毯搜寻，但搜寻过程中没有对移除的物品采取针对性的保护措施，造成部分物证丢失，影响了事故调查工作的顺利开展。事故调查组不得不根据分析判断，采取定位筛查的方式，找回短路产生的熔珠这一关键证据。

而在液氨处置过程中，现场指挥部与事故调查组密切联系，及时根据事故调查组的要求，对部分液氨储罐采取了保护措施，妥善地保留了物证，保证了事故调查取证工作的正常进行。

三、经验教训

通过对该起事故应急处置工作的总结分析，既有应充分肯定的经验，更有应深刻吸取的教训。

一是领导高度重视安全生产和应急处置工作。事故发生后，党中央、国务院领导同志高度重视事故处置和善后工作。正在国外出访的习近平总书记专门做出重要批示，李克强总理亲自主持视频会议，对事故处置和善后工作提出要求。郭声琨国务委员率领国家安全监管总局、公安部领导同志赶赴事故现场指导救援。国家安全监管总局派出了专门人员指导救援工作并组织指挥液氨处置工作。吉林省及长春市两级党政负责同志均立即前往事故现场组织指挥事故灭火搜救工作。

二是事故现场指挥部科学的处置方案使灭火救援行动迅速展开。由吉林省公安消防部门组建的现场作战指挥部根据事故现场情况，确立了“救人第一”的指导思想以及“确保液氨储罐不发生爆炸，坚决防止次生灾害事故发生”的作战原则。现场灭火搜救队伍在指挥部的统一指挥下，采取集中力量堵截火势向制冷车间蔓延、稀释制冷车间厂房内有毒气体、适时关闭相关阀门等措施，坚决防止液氨储罐发生爆炸。同时，人员搜救配合灭火作战同时开展，全力营救被困人员。科学有效的方案措施保证了灭火救援工作的迅速开展，杜绝了次生事故的发生，争取到了宝贵的人员搜救时间。经过救援人员的努力，共计救出被困人员 25 人。

三是应急处置过程中企业专业技术人员发挥了重要作用。事故发生后，事故企业负责制冷操作的专业技术人员冒着危险及时关闭了相关阀门和设备。在随后的灭火救援和液氨处置工作中由于其熟悉本厂情况和工艺特点，配合救援人员成功地保护了制冷车间，并全程配合处置残存液氨，在事故应急处置工作中发挥了重要的作用。

四是舆论引导到位。该起事故由于人员伤亡巨大、处置时间长，引起了国内外的广泛关注。事故应急指挥部每天召开新闻发布会，在媒体发稿前及时公布事故处置、人员善后等事故信息。同时，利用主流媒体适时发布液氨处置信息，保证了事故处置信息能够及时、有效地传递给社会公众，避免了舆论炒作和影响社会稳定问题。

同时，在事故处置过程中也暴露出了很多问题，教训十分深刻。

一是红线意识不能停留在口头。发展要始终把人民群众的生命安全放在首位，要将红线意识落实固化在制度、标准、规范之中。企业不能为了减少投入而忽视安全工作，政府不能为了招商引资、拉动经济发展而降低安全环保等标准，不能不按相关审批程序搞特事特办，不能违规“一路绿灯”。该起事故中，事故企业为了减少投资，违规更改了厂房建筑材料的防火等级，为事故埋下了重大隐患；德惠市人民政府没有牢固树立和落实科学发展观和安全发展理念，片面地追求GDP增长，片面地强调为招商引资项目“多开绿灯、特事特办”，忽视安全生产；消防部门在没有进行消防设计审核、消防验收的情况下违法出具《建设工程消防验收合格意见书》，最终酿成了惨剧。

二是非高危行业的重大危险源监督管理不能忽视。对禽类加工、冷饮生产等涉及危险化学品重大危险源的非高危行业企业，要加强日常监督检查和重大危险源监控，在劳动人员密集的场所要切实加强电气设备的检测检修，设置有毒有害气体监测报警装置及事故通风系统，切实做好重大危险源的监控监管工作，落实防范措施。

三是应急预案不能“一定了之”“一发了之”。强化应急预案，就是要在科学系统分析本企业风险危害因素的基础上，对可能的事故灾难采取预防措施。这是“安全第一、预防为主、综合治理”方针的基本要求。要加强应急预案制定与演练工作，督促指导相关部门和各类生产经营单位尤其是劳动密集型企业，制定有针对性的专项应急预案和现场处置方案，并定期组织演练，特别是应急疏散演练，检验预案的实用性、可操作性。

四是事故联合应对工作机制需要进一步细化完善。政府及有关部门、单位要在事故发生后及时、安全、有力、有序、有效进行应急处置的过程中，发挥行业、专业优势，各司其职，部门预案要有效衔接，预案措施要科学、有效、有针对性。该起事故发生时，正值禽流感高发时期，但卫生防疫部门仅做常规处置，没有及时开展腐烂禽类制品的防疫工作，险些造成重大次生疫情的发生。

五是应急救援要科学化、专业化。生产安全事故类型多样，事故现场情况复杂,缺少专业的救援指导会降低应急处置效率,甚至造成次生衍生事故的发生。要做好专家储备,发挥专家作用。同时,要充分发挥企业管理人员和专业技术人员熟悉现场的优势,配合专业的应急救援队伍,做到科学化、专业化救援。在该起事故的液氨处置工作中,由于长春市政府聘请的专家缺乏实践经验,没有组织专业机构或队伍进行现场处置,液氨处置工作长达八天,并影响了其他工作的开展。

六是对职工事故防范意识和自救互救能力要作为一项重要任务常抓不懈。要把事故应急意识和自救互救技能教育培训作为全民素质教育的重要内容,纳入地方各级人民政府及其有关部门的宣传教育和培训工作计划,通过媒体宣传等多种形式,深入持久地开展宣传教育和培训工作,不断提高全民事故防范意识和逃生避险、自救互救技能。

6 2013 年汛期东北地区洪涝灾害应对工作

2013 年入汛以后，东北地区连续遭受强降雨过程，加之上游水库泄洪，致使东北地区大部发生洪涝灾害，对人民群众生产生活和社会经济发展造成了严重的影响。在党中央、国务院的坚强领导下，灾区各级党委、政府和有关部门积极努力，组织广大干部群众全力做好抗洪救灾工作。

一、基本情况

(一)汛情

2013 年入汛以后，东北地区连续遭受 5 次强降雨过程(7 月 17—19 日、7 月 19—21 日、7 月 21—23 日、7 月 25—28 日、8 月 14—17 日)，汛期平均累计降水量达到 462.3 毫米，较常年同期(364.5 毫米)偏多 26.8%，为 1995 年以来历史同期最多。其中，黑龙江省先后经历 13 次高强度降雨过程，截至 9 月下旬，全省平均降雨量为441.4毫米，比常年同期偏多 28%，居 1952 年以来第二位，较 1998 年多 43 毫米。100 毫米以上降雨覆盖全省总面积的 91%，200～400 毫米达 34.3%，400 毫米以上达 49.7%。8 月 15—16 日，辽宁省多地出现短时强降雨，抚顺市清原县南口前镇北口前村 48 小时最大降雨量达 449 毫米。

受强降雨及俄罗斯境内水库泄洪影响，嫩江上游发生超 50 年一遇特大洪水，松花江上游发生超 20 年一遇大洪水，嫩江中下游及松花江干流发生 10～20 年一遇的较大洪水；黑龙江发生 1984 年以来的最大洪水，中游发生超 30 年一遇大洪水，下游同江至抚远江段发生超 100 年一遇特大洪水；辽河流域浑河上游发生超 50 年一遇特大洪水。黑龙江、松花江、嫩江干流堤防累计发生 8 500 多处险情，其中，黑龙江干流堤防先后发生 3 处决口：8 月 16 日，位于绥远县境内的农垦 290 农场黑龙江大口门堤防出现了宽 3 米、深 2 米的溃口，绥东镇 39 个村屯进水或被淹；8 月 22 日，萝北县肇兴镇柴宝段黑龙江堤防发生宽 20 米的垮坝，全镇 13 个村屯进水或被淹；8 月 23 日，同江市八岔乡境内黑龙江堤防出现长 200 米的决口，同江市八岔乡、银川乡、街津口乡和抚远县浓江乡49个村屯进水或被淹。同时,黑龙江西北部大庆市、黑河市和吉林省中东部地区出现内涝,致使房屋倒损严重。

(二)灾害损失

据民政部统计,此次洪涝灾害共造成辽宁、吉林、黑龙江3省604万人受灾,因灾死亡111人,失踪88人,紧急转移安置70.5万人;房屋倒塌7.3万间,严重损坏11.1万间,一般损坏17.3万间;农作物受灾面积2152.4千公顷,其中绝收732千公顷;直接经济损失421.9亿元。

二、主要特点及影响分析

此次洪涝过程影响范围广、局地降水强度大、持续时间长,特点及影响主要有以下方面:

1. 本地降雨与客水叠加效应明显,加重汛情

入汛以来,东北地区先后经受五次强降雨过程,持续强降雨造成水库来水量大,为减轻水库自身压力,尼尔基水库、丰满水库以及俄罗斯结雅水库、布列亚水库等大型水库加大泄洪,给齐齐哈尔、黑河、伊春、鹤岗、佳木斯、抚远县以及农垦沿江农场等地造成了相当大的压力,从而加重汛情。

2. 灾害影响范围广,人员伤亡严重

此次东北洪涝灾害共造成黑龙江、吉林、辽宁三省237个县(市、区)604万人受灾,受灾面积约占东北地区总面积的80%,受灾人口约占东北总人口的5%,造成111人死亡,88人失踪,其中,辽宁省清原县山洪导致164人死亡失踪,占死亡失踪总人口的三分之二以上。

3. 农村房屋倒塌严重,恢复重建任务艰巨

此次洪涝灾害共造成农村房屋倒塌7.3万间,损坏28.4万间,倒塌和严重损坏的房屋以泥草房为主,且大多住户为低收入户、低保户或五保户,自救能力弱。此外,东北三省属高寒地区,一般每年10月5日即开始上冻,10月20日左右就进入了封冻时期,大部分灾区恢复重建有效施工时间短,部分地区入冬以前无法开展恢复重建,来年开春后将面临更加艰巨的重建任务。

4. 农作物大面积受灾,冬春救助需求压力大

东北三省是我国重要的农业商品粮基地,承担着国家粮食增收和粮食安全的

重任。此次洪涝灾害重灾区三江平原是我国重要的一季作物粮食主产区，洪涝灾害造成大面积农作物受灾。同江、抚远等重灾县的受灾家庭主要收入来自于农业，农作物受灾后，冬春生活受到很大影响。农田被淹面积大、水量极多，排水难度大、退水慢，即使排涝后即时复耕，也需要三年左右的时间恢复生产，对当地农业的后续影响极大，可能造成口粮的持续性短缺，给未来几年的冬春救助工作造成严重影响。

三、应对工作

党中央、国务院高度重视东北洪涝灾害的抗灾救灾工作，国家防总、国家减灾委加强对抗洪救灾工作的综合协调，民政部、水利部、财政部、中国气象局等部门及时启动抗洪救灾相关应急预案，完善部门联动机制，加强汛情监测和会商，积极研究抗洪措施，迅速部署各项抗灾救灾工作。灾情发生后，灾区各级党委、政府高度重视，坚持一手抓防范、一手抓救灾，妥善做好受灾群众生活救助和临时安置工作，切实保障好受灾群众基本生活。

1. 紧急启动响应，加强工作指导

针对黑龙江、吉林和辽宁三省的洪涝灾情，国家减灾委、民政部按照《自然灾害救助条例》和《国家自然灾害救助应急预案》要求，采取切实措施，有效保障灾区群众基本生活。8月16日、8月17日国家减灾委、民政部分别针对黑龙江、吉林和辽宁灾情及时启动国家四级救灾应急响应，并派出工作组协助指导地方抗灾救灾。8月19日针对辽宁抚顺山洪启动国家三级救灾应急响应，民政部姜力副部长率国务院工作组到灾区察看灾情、指导救灾。黑龙江省于8月16日启动省级救灾应急一级响应，并派出四个工作组赴灾区蹲点指导救灾工作。吉林省于8月17日启动省级救灾应急四级响应。辽宁省于8月16日启动省级救灾应急四级响应，17日将响应级别提升为三级，19日提升为二级。灾区各级领导深入一线指导抗灾救灾工作，保证了各项救助措施的迅速到位，有力地维护了灾区社会的稳定。

2. 迅速调拨物资，妥善安置群众

为解决灾区群众临时生活困难，民政部会同财政部及时向辽宁、吉林、黑龙江三省灾区下拨中央自然灾害生活补助资金4.2亿元，调拨帐篷1.05万顶、棉被1.6万床、折叠床1.1万张和睡袋5 000条，帮助地方做好救灾工作。同时，各受灾省

区也积极组织救灾工作。黑龙江省安排本级救灾响应资金 1.8 亿元，投入救灾物资采购资金 2 400 万元，省民政厅紧急调拨 11 427 顶帐篷、34 520 床棉被和 12 600 张折叠床等物资，解决灾民临时生活困难。为加快推进恢复重建，省政府下拨 8.8 亿元农房恢复重建资金。辽宁省民政厅向灾区调拨 1 650 顶救灾帐篷、3.3 万床棉被褥、8 000 套迷彩服和 1 000 张折叠床，省民政厅商财政厅下拨 2 亿元倒房重建资金。吉林省民政厅向灾区调拨 1 250 顶帐篷、1.52 万床棉被、1 700 张折叠床、5 000 套单衣裤，并商省财政厅先后下拨1.27亿元自然灾害应急救助资金，妥善安排受灾群众基本生活。及时的资金拨付和物资调拨有力地保障了灾民的正常生活和灾区恢复重建工作的顺利开展。

3. 加强综合评估，及时掌握灾情

针对黑龙江、辽宁和吉林等东北三省洪涝灾害，国家减灾委、民政部通过综合评估系统、卫星遥感监测等科技手段，密切关注和跟踪灾情发展，加强对重灾区的灾情监测和应急评估，与气象、水利、农业等有关部门和东北三省及时沟通情况，与前方工作组保持密切联系，研判灾情发展趋势，合力做好灾害应对工作，最大限度地减轻洪涝灾害造成的损失，确保人民群众生命财产安全。

4. 开展现场倒房核查，科学部署灾后恢复重建

为核查受灾地区房屋倒损情况，为灾后恢复重建工作提供科学依据，民政部救灾司、国家减灾中心迅速部署，由国家减灾中心相关部门业务人员组成工作组，于 9 月 24 日至 27 日期间赴黑龙江省开展农房倒损核查评估工作。工作组对大庆市肇州县、绥化市肇东县和海伦市、齐齐哈尔市克东县、佳木斯市同江市、鹤岗市绥滨县、省直管抚远县等 5 市 7 县(市)16 个乡(镇)的 28 个行政村开展倒损房屋的现场调查核查工作，通过分层随机的方法抽样及入户核查，按照受灾户、现场状况和台账“三见面”的方式，逐一核实登记。现场工作结束后，工作组迅速开展数据整理、分析评估工作，完成现场核查评估报告，为中央救灾资金的拨付以及灾区尽快开展灾后恢复重建提供科学依据。

7 山东省青岛市"11·22"中石化东黄输油管道泄漏爆炸特别重大事故案例介绍与分析

2013年11月22日10时25分，位于山东省青岛经济技术开发区的中国石油化工股份有限公司管道储运分公司东黄输油管道泄漏原油进入市政排水暗渠，在形成密闭空间的暗渠内油气积聚遇火花发生爆炸，造成62人死亡、136人受伤，直接经济损失75 172万元。

一、事故原因

经调查，事故的直接原因是：输油管道与排水暗渠交会处管道腐蚀减薄、管道破裂、原油泄漏，流入排水暗渠及反冲到路面。原油泄漏后，现场处置人员采用液压破碎锤在暗渠盖板上打孔破碎，产生撞击火花，引发暗渠内油气爆炸。

间接原因是：中国石油化工集团公司及下属企业安全生产主体责任不落实，责任体系不健全，部门职责不清、责任不明；安全生产大检查和隐患排查整治不深入、不细致、不彻底，未能及时消除重大安全隐患；事故应急救援不力，现场应急处置措施不当，盲目动用非防爆设备进行作业，严重违规违章。山东省、青岛市、青岛经济技术开发区及相关部门履行职责不力，对管道保护的监督检查不彻底、有盲区，督促企业整治管道安全隐患不力；事故发生地段规划建设混乱，管道与排水暗渠交叉工程设计不合理；对事故风险研判失误，未及时提升应急预案响应级别，未及时采取警戒和封路措施，未及时通知和疏散群众。

二、事故发生经过应急处置基本情况

(一)企业处置情况

11月22日2时12分，中石化管道公司潍坊处调度中心发现东黄复线黄岛油库出站压力由4.56MPa降至4.52MPa，通过泄漏检测系统分析黄岛油库出站0.8km处可能发生漏油。调度中心在确认黄岛油库无操作、安排青岛输油站进行巡线后，黄岛油库出站压力又降至4.33MPa，随即采取紧急停输、导通泄压措施，2时25分东黄复线全线停输。2时48分，青岛输油站巡线人员在赶往现场途中向青岛经济技术开发区公安分局110指挥中心报警称，东黄复线可能有人偷油。4时许，青岛输油站人员到达现场察看管道泄漏情况，黄岛油库专职消防队到场进行监护，并对作业区域实施封挡、警戒，调集吸油毡、砂子等应急物资，清理地面油污。5时08分，潍坊处运销科向管道公司运销处报告，东黄复线黄岛油库大约1km处发现跑油。5时45分，黄岛油库人员在排水暗渠入海口处发现海上溢油，随即组织力量、调集物资进行处置，并向青岛经济技术开发区石化区安监分局报告。7时20分，挖掘机在管道泄漏处附近东侧路面实施开挖作业，20分钟后挖出2m×2m×1.5m作业坑，管道露出，未发现漏点。8时15分，潍坊处人员到达现场，察看泄漏情况，并向管道公司报告。9时15分，管道公司通知现场潍坊处人员按照预案成立现场指挥部，做好抢修工作。10时25分，现场挖掘机作业时作业现场发生爆炸，排水暗渠和海上溢油处原油起火燃烧。现场人员立即将情况报告管道公司，公司启动应急预案，调集抢险力量，在政府现场指挥部的统一领导下全力参与救援，实施现场清理、围堰抽水、海上清污等工作。

(二)政府及部门处置情况

11月22日2时31分，青岛经济技术开发区公安分局110指挥中心接到群众关于丽东化工厂南门路面冒油的报警后，调派2辆巡逻警车和青岛市公安消防支队特勤三中队2辆消防车赶赴现场处置，到场后在漏油路段设置警戒线。3时11分，110指挥中心将现场情况报告区管委会应急办，并调派交警到场实施区域交通管制。3时21分，区管委会应急办通知安监、环保、市政等部门和黄岛街道办事处、石化区建设指挥部赶赴现场。4时许，区管委会应急办及有关部门人员相继到场。安监部门和石化区建设指挥部参与现场处置；市政部门参与清理路面油污，并向现场人员提供排水暗渠位置、走向、入海口等情况；黄岛街道办事处调集人员和物资，对抢修现场作业区域实施围挡封闭；环保部门组织协调有关单位力量设置围油栏，控制排水暗渠入海口处油污。4时40分许，黄岛油库专职消防队到达现场，提出与特勤三中队交接。根据110指挥中心指令，特勤三中队移交现场后返回。7时51分，市政府总值班室接到开发区管委会应急办事故情况报告后，向环保、安监、海事等部门通报情况，并报告市政府相关领导，根据指示通知经信委、环保等部门到场指导处置工作。8时54分，110指挥中心接到黄岛边防派出所原油流入海域的情况报告后，调派特勤三中队1辆消防车到排水暗渠入海口处进行现场监护。10时26分许，110指挥中心接到多名群众报警称，黄岛街道办事处区域发生爆炸，随即调派交警、消防、医疗救护等力量赶赴现场处置。在政府统一指挥下，现场救援人员全力做好交通管制、疏散周边群众、抢救遇险人员、扑救暗渠和海上火灾、开展医疗救护等工作。

三、存在问题及不足

(一)企业方面

一是对管道原油泄漏到排水暗渠可能引发的危害后果缺乏研判。对发生泄漏的管道穿越秦皇岛路与斋堂岛街交会处的市政排水暗渠情况不清楚，没有考虑到泄漏原油会流入排水暗渠，产生的蒸发气体与密闭暗渠内的空气形成爆炸性混合气体，未对泄漏量、漏油走向、可能影响的范围及产生的后果作出准确判断，仍按照一般管道泄漏事故处置，留下事故隐患。

二是现场抢修作业监护措施不到位。组织抢修作业时，对现场的危险性认识不足，没有对作业环境进行检测。操作挖掘机破碎锤在排水暗渠钢筋混凝土盖板上方进行打孔作业时，没有采取消除火花措施，未能消除事故隐患。

三是对泄漏事故应急响应不及时。在发现路面和海上大面积油污、泄漏事故态势扩大的情况下，没有通过各种途径通报周边可能受到危害的单位和居民。没有提升应急响应等级，及时向上级公司和地方政府、相关部门报告，预案针对性不强，难以执行落实。

(二)政府及部门方面

对事故安全风险研判和应急响应不足。在应急处置中，政府及相关部门对原油管道泄漏及其可能产生的危害后果缺乏分析和判断，发现海上溢油后没有认识到事故态势的严重性，仍按照一般事故进行处理，隐患风险意识不强，未能及时提高响应等级，政府现场协调、统一指挥作用不够。

四、工作建议

一是严格落实企业安全主体和部门监管职责。石油化工企业作为高风险行业，应落实安全生产管理主体责任，全面排查生产、储存、外输系统和工艺设施、生产单元的安全隐患，逐一制定针对性的整改措施，及时整改消除事故隐患。政府部门要加大对监管单位的隐患排查、整改和综合治理的监督指导，督促企业落实人防、物防、技防等措施，保障企业安全运行。

二是强化作业过程安全管理。对发生的事故，要准确判别安全风险，全面分析可能造成的危害范围及后果，在此基础上制订应急处置方案，要对所有作业人员进行安全技术交底，严格落实现场检测、监护等措施，严禁违章指挥、违章作业和违反安全作业规程的行为，保证作业过程安全。

三是强化应急响应协作机制。企业和政府部门要根据职责分工，进一步修订完善各级各类应急预案，在响应分级、启动条件等方面要明确具体，相互之间的内容要紧密衔接、协调一致。要加强企业与政府部门之间联勤联动，定期组织开展综合演练，确保事故发生后能够响应及时、应对有序。

四是提高应急处置整体效能。发生事故后，企业单位要准确判别事故性质及可能造成的危害、影响范围，及时报告政府及相关部门，并保持信息互通。政府及相关部门要根据事态发展情况，及时启动预案，成立统一领导的组织指挥机构，统筹协调企业、政府和地方资源，密切协作、科学施救，提高应急处置效能。

第六部分

2013 年全国应急管理工作大事记

2013 年全国应急管理工作大事记

1 月 11 日　云南昭通市镇雄县发生严重山体滑坡灾害，国家减灾委、民政部启动国家Ⅲ级救灾应急响应，民政部副部长姜力率领由发展改革委、民政、财政、国土资源、交通运输、水利、卫生等七部门组成的国家减灾委工作组，赶赴灾区察看灾情，指导开展救灾工作。

1 月 14 日　吉林省吉林老金厂金矿股份有限公司井下发生重大火灾事故，造成 10 人死亡、28 人受伤(其中 1 人重伤)。

1 月 18 日　17 时 30 分，贵州省六盘水市盘江精煤股份有限公司金佳煤矿金一采区 211 运输石门掘进工作面发生一起重大煤与瓦斯突出事故，事故共造成 13 人死亡、3 人受伤。

1 月 28 日　7 时 35 分，黑龙江省黑河铁路集团有限责任公司 40 296 次货运列车运行至管内北黑线襄河站内一平交道口前 115m 处时，与黑河市五大连池市客运有限责任公司号牌为黑 N21198 的大客车尾部相撞。事故共造成大客车上 10 人死亡、37 人受伤，北黑线中断行车 3 小时 41 分。

1 月 29 日　10 时 30 分，黑龙江省牡丹江市东宁县永盛煤矿井下发生气体中毒事故，造成 12 人死亡。

2 月 1 日　9 时许，一辆运输烟花爆竹的车辆在途经连霍高速洛三段南半幅 741km＋900m 处义昌大桥时发生爆炸，引起桥面垮塌，造成多辆车辆坠落桥下，造成 10 人死亡、11 人受伤。

2 月 1 日　16 时 49 分，一辆号牌为川 E44303 的客车从古蔺县城开往水口镇(核载 30 人，实载 30 人)，行至古蔺县石宝镇境内处，违规超车时应急处置不当导致坠崖，造成 11 人死亡、18 人受伤(其中 5 人重伤)。

2 月 1 日　21 时 30 分，一辆号牌为冀 T-23171 的旅游客车(核载 47 人，实载 54 人)，在甘肃省庆阳市宁县境内宁(宁县)五(五里墩)县乡公路 2km＋200m 处，下坡右向急转弯时驶出弯道外侧，将道路钢质波形防护栏冲撞变形后坠入 29.2m 深的坡下，车辆起火烧毁，造成 18 人死亡、32 人受伤。

2 月 1 日　22 时许，一辆由河北省霸州市发往甘肃省宁县的大客车，在途经宁黄公路宁县县城东山弯道时，从 10 米高的坡道上冲下，车辆起火燃烧，共造成

18 人死亡、32 人受伤。

2 月 2 日　7 时 30 分许，一辆号牌为贵 HA2008 的中型客车(核载 19 人，实载 34 人)，驶至从江县四银公路 5km＋800m 处时，翻下道路右侧约 65m 深山沟，造成客车上 12 人死亡、22 人受伤。

2 月 6 日　国家安全生产应急救援指挥中心印发了《2013 年安全生产应急管理工作要点》(应指综合〔2013〕4 号)，明确了 2013 年全国应急管理工作总体思路、主要目标和重点工作安排。要求突出抓好六方面工作：全面推进安全生产应急救援体系建设，大力强化安全生产应急处置工作，加快完善安全生产应急管理政策法规，切实加大安全生产应急管理保障力度，进一步加强安全生产应急管理基础工作，不断强化安全生产应急队伍自身建设。

2 月 19—20 日　全国减灾救灾工作会议在四川省成都市召开，民政部党组副书记、副部长姜力出席会议并讲话。

2 月 22 日　国家安全监管总局局长杨栋梁会见来访的美国佛罗里达州前州长杰布·布什一行，双方就如何加强应急管理合作、特别是应急人才培养等方面事宜进行了商谈。

2 月 28 日　20 时左右，河北省冀中能源张矿集团艾家沟煤矿发生一起重大火灾事故，事故发生时井下有 13 人在进行巷道维修作业，造成 13 人遇难。

3 月 11 日　14 时 30 分左右，黑龙江省龙煤集团鹤岗分公司振兴煤矿发生井下溃水事故，事故发生时，共 698 人下井作业，其中 673 人安全升井，25 人被困井下，经矿山救护队员全力救援，7 名被困矿工获救，其余 18 人遇难。

3 月 12 日　19 时 10 分许，一辆号牌为鄂 Q69888 的双层卧铺客车(核载 36 人，实载 22 人)行驶至二广高速 1765km＋200m 处荆州长江大桥南端时，突遇一辆逆向行驶的号牌为鄂 E2J440 的两轮摩托车，双层卧铺客车驾驶员紧急向右打轮，导致客车失控冲断大桥右侧护栏，坠入桥下 15m 深的江滩，造成客车上 14 人死亡、8 人受伤(均为重伤)。

3 月 12 日　20 时 07 分，贵州省水城矿业集团格目底矿业公司格目底一号矿井(马场煤矿)发生煤与瓦斯突出事故。事故发生时井下有 80 人作业，其中 55 人安全升井，22 人死亡，3 人下落不明。

3 月 18 日　16 时 18 分许，一辆号牌为云 E10598 的大客车(核载 30 人，实载 29 人)，行驶至大保高速 113km＋200m 处保山市境内时，车辆失控与中央隔离护栏刮擦碰撞并滑行38.7m，随后快速冲向道路右侧，撞断道路右侧波形防撞护栏，翻下路外95m深的山沟，造成大客车上15人死亡、14人受伤。

3月18日　17时，天津光阳海运有限公司所属“光阳新港”轮由天津驶往台州途中，在龙口港正北约40海里处倾覆，船上14人全部落水，此次事故最终造成14人死亡。

3月20日　9时许，福建省南平市夏道运输公司一艘由延平区安济村开往夏道镇的闽南平渡4195渡船，在靠近渡口时，突遇瞬间狂风暴雨，被暴风推出几十米后翻沉，造成15人落水遇难。

3月22日　11时25分许，福建厦蓉高速和溪路段一部满载水泥的赣L38239重型半挂牵引车因车辆失控，先后撞上闽DUM793小汽车、贵C80937卧铺大客车（核载44人，实载45人，其中儿童3人）、闽E63356大货车，造成12人死亡、34人受伤，直接经济损失达530多万元。

3月29日　21时56分，吉林省吉煤集团通化矿业集团公司八宝煤业公司发生特别重大瓦斯爆炸事故，造成36人遇难、12人受伤，直接经济损失4708.9万元。

3月29日　西藏自治区墨竹工卡县发生山体滑坡灾害，国家减灾委、民政部启动国家Ⅲ级救灾应急响应，民政部副部长姜力率领由民政、财政、国土资源等三部门组成的国家减灾委工作组，赶赴灾区察看灾情，指导开展救灾工作。

4月1日　吉林省通化矿业集团公司违反禁令擅自组织人员进入八宝煤业公司井下作业，发生瓦斯爆炸事故，造成17人死亡、8人受伤，直接经济损失1 986.5万元。

4月7—8日　国务委员王勇深入唐钢、开滦集团、达丰焦化、京唐钢铁、三友集团等企业和曹妃甸原油商业储备基地、矿石码头、国家矿山应急救援开滦队，调研检查安全生产工作。国家安全监管总局局长杨栋梁，总局副局长、国家煤矿安监局局长付建华，国家煤矿安监局副局长李万疆等陪同调研。

4月12日　国家减灾委员会发出《关于做好2013年防灾减灾日有关工作的通知》（国减电〔2013〕1号），部署第五个“防灾减灾日”活动。

4月14日　6时许，位于湖北省襄阳市的一景城市花园酒店二层迅驰星空网络会所发生火灾事故，导致酒店整栋建筑二层以上大部分过火或过烟，造成14人死亡、47人受伤。

4月18—19日,25—26日　民政部分别在陕西西安和安徽合肥召开全国救灾处长业务交流会,推动做好全年减灾救灾各项工作。

4月20日　四川雅安发生7.0级地震灾害,国家减灾委、民政部启动国家Ⅲ级救灾应急响应,民政部副部长姜力率领由民政部、国家发改委、教育部、财政部、国土资源部、交通运输部、卫生部、地震局等八部门组成的国家减灾委工作组赶赴灾区,察看灾情,指导开展救灾工作。

4月20日　8时2分,在四川省雅安市芦山县(北纬30°3″,东经103°0″)发生7.0级地震。截至4月23日,地震共造成193人死亡,25人失踪,12 211人受伤,其中968人重伤。地震发生后,安全监管总局于8时35分启动应急预案,调集国家矿山应急救援芙蓉队及四川、重庆两省(市)共计37支矿山救护队、788人赶赴灾区投入抢险救灾。截至4月22日13时,已救出被困群众36名,救治伤员310多人,疏散转移556人。

4月20日　13时20分,吉林省延边州和龙市庆兴煤矿发生瓦斯爆炸事故,造成18人死亡、12人受伤。

4月21日　民政部发出关于四川芦山7.0级强烈地震抗震救灾捐赠活动的公告(第277号),进一步规范救灾捐赠活动。

4月24日　全国安全生产应急管理工作视频会在北京召开,国家安全监管总局副局长、国家安全生产应急救援指挥中心主任王德学指出,要本着布局合理、专兼结合、反应迅速、处置高效的原则,进一步优化应急救援队伍、社会志愿者队伍构成,形成结构合理、互为补充、满足需要的安全生产应急救援体系。

5月6日　国家安全监管总局局长杨栋梁会见了来访的美国豪士科集团首席执行官察尔斯·休斯一行。杨栋梁表示,欢迎和支持国外企业以多种方式参与中国的安全生产保障能力及应急救援能力建设与研究。

5月10日　19时许,贵州省安顺市平坝县乐平乡大山煤矿在超出矿界范围外非法组织生产时,发生瓦斯爆炸事故,当班入井30人,事故发生后16人自行安全升井,12人死亡。

5月10日　“第四届国家综合防灾减灾与可持续发展论坛”在成都举行。

5月11日　14时15分左右,四川省泸州市泸县桃子沟煤矿发生瓦斯爆炸事故,造成28人遇难、8人重伤(其中2人因伤势过重死亡)、10人轻伤。

5月12日　国家减灾委员会全体会议在京举行,国务委员、国家减灾委员会主任王勇出席会议并做重要讲话。

5月20日　10时45分许，位于山东省章丘市的保利民爆济南科技有限公司乳化震源药柱生产车间发生爆炸事故，共造成33人死亡、19人受伤，直接经济损失6 600余万元。

5月23日　9时左右，山东省济南章丘市埠村镇埠东粘土矿（附近为原埠村一号煤矿，2004年关闭）在非法盗采煤炭时，打通煤矿老空区引发透水事故，事故发生时井下有14人，其中4人升井，10人被困井下。事故发生后，矿方自行组织搜救并转移了9名遇难人员遗体，仍有1人失踪。此次事故最终造成10人死亡。

6月2日　19时55分，湖南省邵阳市邵东县周官桥乡司马冲煤矿在掘进头放炮时发生瓦斯爆炸。当班下井39人，29人安全出井，10人遇难。

6月3日　6时30分许，吉林省长春市德惠市米沙子镇宝源丰禽业有限公司发生火灾事故，过火面积约1.7万平方米，造成121人死亡（其中1人于6月9日21时抢救无效死亡）、76人受伤。

6月6日　中共中央总书记、国家主席、中央军委主席习近平就做好安全生产工作作出重要指示。习近平指出，近期接连发生的重特大生产安全事故，造成重大人员伤亡和财产损失，必须引起高度重视。人命关天，发展不能以牺牲人的生命为代价，这是一条不可逾越的红线。习近平要求，国务院有关部门要将这些事故及发生原因通告各地区、各部门，使大家进一步警醒，吸取教训，举一反三，开展一次彻底的安全生产大检查，坚决堵塞漏洞、排除隐患。习近平强调，要始终把人民生命安全放在首位，以对党和人民高度负责的精神，完善制度、强化责任、加强管理、严格监管，把安全生产责任制落到实处，防范重特大生产安全事故的发生。

6月11日　7时26分左右，江苏省苏州市苏州燃气集团液化气经销分公司横山储罐场生活区综合办公楼一楼职工食堂厨房，因液化气泄漏引发爆炸，导致办公楼坍塌，造成11人死亡、9人受伤。

6月17日　2013年全国安全生产万里行新疆行、全国安全生产应急预案演练周启动仪式在新疆维吾尔自治区乌鲁木齐市举行。杨元元在启动仪式上讲话并宣布2013年安全生产万里行新疆行出发、全国安全生产应急预案演练周正式启动。启动仪式上，成功举行了2013年新疆危险化学品道路运输事故综合应急演练，首次采取全程评估的方式对演练策划组织到现场演练进行了全方位覆盖评估，并通过视频系统向国务院应急办进行了直播。

6月18日　17时10分左右，新疆自治区昌吉州庙儿沟乡一辆载有36人的大巴车(核载36人，实载36人)侧翻入约40m的沟里，造成15人死亡、21人受伤。

6月25日　第四届中国国际安全生产应急管理论坛暨应急技术与装备展览会在北京开幕。国家安全监管总局局长杨栋梁出席开幕式并致辞。开幕式由国家安全监管总局副局长孙华山主持。本次论坛的主题是“以人为本、科学施救”，为期两天。与会人员围绕应急管理体制机制法制建设等六个议题展开演讲和讨论。共500余名国内外代表参加了论坛和展览会。

6月25日　国家安全监管总局在全国农业展览馆举行国家矿山应急救援队授旗仪式。国家安全监管总局局长杨栋梁向7支救援队代表授旗并讲话。国家安全监管总局副局长、国家安全生产应急救援指挥中心主任王德学主持仪式。这标志着7支国家矿山应急救援队将正式履行新的使命。

7月10日　针对四川绵阳、德阳等地洪涝灾害，国家减灾委、民政部启动国家Ⅲ级救灾应急响应，民政部副部长姜力率领由民政部、国家发改委、财政部、国土资源部、交通运输部、农业部、卫生计生委等七部门组成的国家减灾委工作组赶赴灾区指导开展救灾工作。

7月22日　甘肃岷县漳县发生6.6级地震，国家减灾委、民政部启动国家Ⅲ级救灾应急响应，民政部副部长姜力率领由民政部、公安部、财政部、国土资源部、住房城乡建设部、交通运输部、卫生计生委、地震局和总参作战部等九部门组成的国务院工作组赶赴灾区指导开展救灾工作。

7月23日　12时左右，陕西省渭南市澄城县硫磺矿井下发生火灾事故，事故发生时井下有27名工人，经救援有17人升井，10人遇难。

7月23日　20时40分左右，江西省抚州市南丰县傅坊乡与福建省建宁县交界处的江西省道209线，一辆载有28人、装有28.5吨黄花梨木的大货车发生侧翻，造成16人死亡、10人受伤。

7月26日　《安全生产应急管理工作条例》立法研究启动会在京举行，会议成立了条例立法研究领导小组，审议了条例立法研究工作方案，研究部署了条例起草工作任务。

8月9日　3时30分左右，一辆号牌为沪B67525号的大型客车(核载53人，实载53人)，行驶至蚌合高速公路111km+500m处时，与前方一辆号牌为皖S55940号的重型半挂货车(核载33吨，实载35吨)发生追尾碰撞，撞击后大客车头部陷入货车尾部，造成大客车上 10 人死亡、36 人受伤。

8 月 12 日　15 时 59 分，312 国道河南省信阳市光山县寨河镇一辆大型货车（豫 P-P6696）与一辆中巴客车（豫 S-A0905）相撞，造成 11 人死亡、12 人受伤。

8 月 19 日　针对辽宁抚顺、铁岭等地洪涝灾害，国家减灾委、民政部启动国家Ⅲ级救灾应急响应，民政部副部长姜力与水利部副部长李国英率领由民政部、水利部、发展改革委、财政部、国土资源部、交通运输部、卫生计生委等七部门组成的国务院工作组赶赴灾区，察看灾情，协助地方政府做好救灾工作。

8 月 22 日　国家安全监管总局与国家测绘地理信息局在京签署应急联动工作协议。国家安全监管总局副局长、国家安全生产应急救援指挥中心主任王德学，国土资源部副部长、国家测绘地理信息局局长徐德明出席签字仪式并讲话。根据应急联动工作协议，两部门将在信息共享、技术支持、联合行动、共同处置等方面进行合作，从而大幅度地提高应急反应速度和应急处置能力，有效地降低和减少生产安全事故和其他突发事件的影响和损失。

8 月 26 日　16 时 47 分，一辆重型自卸货车（核载 15.8 吨，实载 31 吨）行驶至 310 国道 305km＋140m 处砀山县境内时，与一辆中型普通客车（核载 15 人，实载 15 人）发生正面相撞，造成客车上 10 人死亡、5 人受伤。

8 月 31 日　10 时 50 分左右，上海市宝山区丰翔路 1258 号上海翁牌冷藏实业有限公司发生一起重大液氨泄漏事故，造成 15 人死亡、8 人重伤、17 人轻伤。

9 月 6 日　国家减灾委员会发出《关于做好 2013 年国际减灾日主题宣传的通知》（国减发〔2013〕3 号），部署第 24 个国际减灾日活动。

9 月 6 日　国家减灾委员会办公室印发《全国综合减灾示范社区标准》（国减办发〔2013〕2 号）。

9 月 15 日　13 时 20 分左右，川 S31500 客车（核载 24 人，实载 27 人）行驶至达州市渠县李馥乡真武村 5 组，与川 S37789 货车相撞，客车翻至桥下，造成 21 人死亡、7 人受伤。

9 月 24 日　1 时 19 分，安徽省亳州市利辛县一辆重型半挂货车碰撞一辆大型普通客车（号牌为皖 KG5551，核载 47 人，实载 37 人），造成 10 人死亡、28 人受伤。

9 月 28 日　3 时 10 分，山西省焦煤集团汾西矿业公司正升煤业公司东翼回风巷发生透水事故，当班井下作业人员 42 人，其中 30 人安全升井，12 人被困井下。经过救援人员的全力救援，2 人获救，10 人遇难。

9月30日　5时40分,丰城曲江煤炭开发有限责任公司603东顺槽(运输巷)发生煤与瓦斯突出事故。事故区当班有16人,5人安全升井,11人遇难。

10月8日　17时56分许,博兴县诚力供气有限公司焦化装置的煤气柜在生产运行过程中发生重大爆炸事故,造成10人死亡、33人受伤,直接经济损失3 200万元。

10月12日　10时33分,重庆市丰都县在建长江二桥工程的4号桥墩围堰发生坍塌事故,共造成11人失踪、2人轻伤。此次事故最终造成11人死亡、2人受伤。

10月25日　国务院办公厅发布《国务院办公厅关于印发突发事件应急预案管理办法的通知》(国办发〔2013〕101号),本办法自印发之日起施行。

11月1日　16时左右,广西壮族自治区梧州市岑溪市三堡镇炮竹厂发生爆炸事故,造成12人死亡、16人受伤。

11月15日　国务院安委会印发《关于进一步加强生产安全事故应急处置工作的通知》(安委〔2013〕8号)。着力解决应急主体责任不落实、救援指挥不科学、救援现场管理混乱等突出问题。强调要牢固树立"以人为本、安全第一、生命至上"和"不抛弃、不放弃"的理念,坚持"属地为主、条块结合、精心组织、科学施救"的原则,在确保救援人员安全的前提下实施救援,全力以赴搜救遇险人员,精心救治受伤人员,妥善处理善后,有效防范次生衍生事故。

11月19日　20时30分许,位于北京市朝阳区十八里店乡小武基村的一个汽车配件库房发生火灾,造成12人死亡、4人受伤,过火面积约500平方米。

11月22日　10时30分许,山东省青岛开发区秦皇岛路中石化管道储运分公司东黄输油管线发生爆炸事故,造成62人死亡、166人受伤。

中共中央总书记、国家主席、中央军委主席习近平在得知山东青岛经济技术开发区中石化东黄输油管道泄漏引发重大爆燃事故,造成人民群众生命财产重大损失的消息后,立即作出批示,要求山东省和有关部门、企业组织力量排除险情,千方百计搜救失踪、受伤人员,并查明事故原因,总结事故教训,落实安全生产责任,强化安全生产措施,坚决杜绝此类事故,并要求国务院立即派出领导前往指导抢险搜救工作。

下午,受习近平总书记、李克强总理委托,王勇国务委员带领相关部门负责同志赶赴现场,组织指挥抢险救援。

11月24日　中共中央总书记、国家主席、中央军委主席习近平专程来到青岛市，考察青岛经济技术开发区中石化东黄输油管道事故抢险工作，看望慰问伤员、医护人员和遇难者家属。习近平强调，必须建立健全安全生产责任体系，强化企业主体责任，深化安全生产大检查，认真吸取教训，注重举一反三，全面加强安全生产工作。所有企业都必须认真履行安全生产主体责任，做到安全投入到位、安全培训到位、基础管理到位、应急救援到位，确保安全生产。

12月9日　财政部、民政部下拨58.4亿元中央冬春救灾资金，帮助各地解决冬春期间受灾群众口粮、衣被、取暖等基本生活困难。

12月10日　民政部、财政部联合召开2013—2014年度全国冬春救助工作视频会议，安排部署全国冬春救助等工作。

12月11日　1时许，广东省深圳市光明新区荣健农产品批发市场发生火灾，造成16人死亡、5人受伤，过火面积1290平方米。

12月12日　17时许，河北省唐山遵化市兴旺寨乡发生一起农民自建建筑物坍塌事故，造成10人死亡、1人受伤。

12月13日　1时26分左右，新疆昌吉州呼图壁县白杨沟煤炭有限责任公司井下发生瓦斯爆炸。事故发生时，井下共有34人，成功升井12人，22人遇难。

12月24日　国家安全生产应急救援指挥中心在京召开宣传贯彻国务院安委会《关于进一步加强生产安全事故应急处置工作的通知》(安委〔2013〕8号)视频动员会，国家安全监管总局副局长、国家安全生产应急救援指挥中心主任王德学在会上强调，要坚决贯彻习近平总书记、李克强总理关于安全生产重要指示要求，深刻吸取事故处置不当教训，领会好、落实好安委会8号文件精神，切实提高应急处置能力，保护人民群众生命财产安全。

12月26日　民政部印发《自然灾害情况统计制度》(民发〔2013〕54号)。